教育部高等学校机械类专业教学指导委员会规划教材

汽车CAD/CAE技术 与工程应用

羊　玢　鄂加强　主　编

杨　敏　张袁元　副主编

清华大学出版社

北京

内 容 简 介

本书以国内汽车行业产品设计开发的技术现状及发展趋势为背景,围绕汽车产品设计开发这一主线,结合汽车产品的结构特点和开发模式,系统介绍了 CAD/CAE 技术在汽车工程领域应用的基本原则和实施要点,并以大量汽车产品开发项目为案例,在介绍典型汽车零部件功用和结构形式的基础上,结合典型汽车 CAD/CAE 系统,针对 CAD/CAE 设计开发目标、设计流程、要素分析等关键问题进行讨论。本书旨在引导读者逐步树立系统化的 CAD/CAE 技术实施理念,透彻理解 CAD/CAE 核心技术,既注重阐述必要的基础知识,又力求理论联系实际。书中紧密结合工程实际,列举了大量应用案例,内容由浅入深,各章节相互独立又前后关联。

本书既可作为高等院校车辆工程、机械工程等相关专业的基础课教材,也可供其他相关专业学生和使用 CAD/CAE 系统从事产品开发与设计、三维建模的工程技术开发人员参考。

图书在版编目(CIP)数据

汽车 CAD/CAE 技术与工程应用/羊玢,鄂加强主编.—北京:清华大学出版社,2019(2022.3 重印)
(教育部高等学校机械类专业教学指导委员会规划教材)
ISBN 978-7-302-52798-5

Ⅰ.①汽… Ⅱ.①羊…②鄂… Ⅲ.①汽车—计算机辅助设计—高等学校—教材 Ⅳ.①U462-39

中国版本图书馆 CIP 数据核字(2019)第 076937 号

责任编辑:许 龙
封面设计:常雪影
责任校对:刘玉霞
责任印制:宋 林

出版发行:清华大学出版社
  网 址:http://www.tup.com.cn,http://www.wqbook.com
  地 址:北京清华大学学研大厦 A 座   邮 编:100084
  社 总 机:010-83470000   邮 购:010-62786544
  投稿与读者服务:010-62776969,c-service@tup.tsinghua.edu.cn
  质量反馈:010-62772015,zhiliang@tup.tsinghua.edu.cn
印 装 者:三河市铭诚印务有限公司
经 销:全国新华书店
开 本:185mm×260mm   印 张:21.75   字 数:530 千字
版 次:2019 年 6 月第 1 版   印 次:2022 年 3 月第 2 次印刷
定 价:59.80 元

产品编号:078545-01

当代汽车工业已成为国民经济的支柱产业,其发展水平反映了国家工业技术的综合实力,而是否具有独立自主的产品设计开发能力,则关系到民族汽车工业的生死存亡。现阶段,作为先进设计技术的代表,CAD/CAE 技术已成为汽车企业产品设计开发的有效手段,以 CAD/CAE 为核心的技术体系成为企业核心技术的有效载体。目前,我国汽车产销量均跃居世界第一,随着行业总量的不断提升和市场竞争的白热化,加上知识产权问题的压力,产品自主设计开发能力的培养和提升已成为汽车企业生存与发展的关键问题,而 CAD/CAE 技术的推广应用正是解决这一问题的锐利武器。

现阶段,CAD/CAE 技术的推广应用已受到国内汽车行业的高度重视,相关企业迫切需要掌握 CAD/CAE 技术的高素质人才,而国内高校汽车专业针对这方面的人才培养工作明显滞后于企业需求。其中,缺乏针对性的教材成为亟待解决的问题。为了适应培养高素质应用型工程技术人才的需要,作者抛弃了现有市面有关汽车(机械)CAD 或 CAE 书籍主要介绍一两种软件具体操作的弊端,将重点放在汽车零部件 CAD/CAE 的具体操作和学习上。作者结合了多年来在汽车 CAD/CAE 技术教学、科研和工程培训实践中的经验,在编写过程中形成如下的鲜明特点:

1. 强调系统集成应用的观念,注重现代设计方法与技术手段的结合。

汽车 CAD/CAE 技术正经历着由传统单元技术向系统集成的重要转变,CAD/CAE 作为建模和分析的工具是建立在科学和系统的技术与设计方法的基础之上的。针对车辆工程设计的特点,本书有选择地介绍了现代设计方法的常用技术,并且融入设计案例之中,读者在掌握应用工具软件的同时,可以学习 CAD 建模技术、动态设计、有限元分析、系统动力学等设计思想,培养现代设计思维。

2. 加强与相关课程和教材的衔接,注重专业知识与 CAD/CAE 技术的结合。

为了加强与"工程制图""汽车设计""汽车理论""汽车构造"等课程及其教材的衔接,本书从三维设计分析软件的教学入手,利用三维设计功能完成汽车系统及其零部件的结构设计、分析仿真及结构优化。

3. 理论联系实际,提高解决问题的能力。

本书理论联系实际,结合设计对象,把 CAD 建模与系统分析和仿真结合起来,通过案例给出解决问题的具体思路、应用技术和方法,注重提高解决实际问题的能力。从工程应用的角度出发,带领读者学习相关的技能和应用方法。

针对国内汽车 CAD/CAE 技术日益增长的需求,本书作者在长期从事 CAD/CAE 领域教学和科研的基础上,参阅了国内外数十种同类书籍和有关文献资料,同时紧密结合现代设计和工程应用现状,以三维实体建模、运动学和动力学仿真、有限元分析为主线,介绍了现代设计理论与方法。以具有代表性的 CAD 软件 CATIA/UG NX、有限元软件 ANSYS/NASTRAN、机械系统动力学仿真软件 ADAMS/RecurDyn 为对象,对汽车 CAD/CAE 的建模理论、方法、求解及典型工程应用等进行了由浅入深的讲解,力求做到汽车基础知识和最新方法介绍两者兼顾。全书结合实例编写,方便读者学习,并做到举一反三,触类旁通。本书可作为高校本科生教材,也可作为研究生和工程技术人员的参考书,教学时数为 40 学时。为适应各类不同院校、不同专业的教学需要,教师可根据各校具体情况选择其中的部分章节,仍能保持整个教材体系结构的完整性。

在学习新技术时,边学边动手是更有效的方法,边学边做正是学习本教材的方法。为此,本教材非常强调实战能力的提高,在每一章里都有一个实例,带领读者去学习相关的技能和应用方法。读者只要在计算机上照着做一遍,就可以基本了解汽车 CAD/CAE 的功能及其方法。另外,由于汽车 CAD/CAE 技术发展迅猛,软件系统版本更新周期很短,读者在使用本教材时,建议注重汽车零部件建模和分析思维的训练。本书示例所用的模型文件,读者可通过清华大学出版社网站下载,也可通过 E-mail 向作者索取。书中示例中打开的文件如无特别说明,即为下载文件中的同名文件。

本书由南京工程学院羊玢和湖南大学鄂加强任主编,南京理工大学紫金学院杨敏、南京工程学院张袁元任副主编,湖南大学曹立波教授担任主审。南京工程学院张袁元和臧利国、长沙理工大学吴钢、南京理工大学紫金学院谢继鹏、Altair 大中国区徐成斌和王琼翔参编,全书由羊玢统稿。

本书在编写过程中参阅了国内外有关的书籍和资料,并得到了南京工程学院车辆工程系、Altair 大中国区总部李征的大力支持,王群、苗中良、张清、周健、张维民、郑庆乾等同学也付出了不少努力,在此一并表示感谢。

由于作者水平有限,编写时间仓促,虽经反复琢磨,书中错误和不足之处在所难免,敬请专家和广大读者不吝指正,也欢迎读者来信共同探讨。联系方式: yangb123@126.com。

编 者

2019 年 2 月

目　录

CONTENTS

第 1 章

绪 论

1.1 汽车 CAD/CAE 技术概述

1.1.1 汽车 CAD/CAE 概念

在汽车产品开发过程中,设计人员迫切需要一种能对所作的设计进行正确评价和精确分析的工具,而不再仅仅依靠以往积累的经验和知识去估计。鉴于这种目的,人们希望将工程领域里广泛应用的有限元分析方法与计算机辅助设计技术集成,共同实现"设计—评价—再设计"任务的自动化,以提高设计的精确程度和效率。

汽车 CAD/CAE(Computer Aided Design/Computer Aided Engineering)技术就是通过计算机及图形输入/输出设备进行汽车产品的交互设计,并建立产品的数字模型,然后在统一的产品数字模型下进行结构的计算分析、性能仿真、优化设计、自动绘图。汽车 CAD/CAE 技术是用于支持汽车产品开发的计算机辅助设计、分析的理论、方法与工具等相关技术的总称,包括现代设计理论与方法学(如并行设计、协同设计、虚拟设计、大规模定制设计、分形设计等),以及与设计工具相关的技术(如产品数字化定义及建模技术、基于 PDM 的产品数据管理与过程管理技术、集成的 CAx 和 DFx 工具、智能技术等),能使设计工作实现信息化、集成化、网络化和智能化,达到产品设计质量高、成本低和周期短的目标。

以汽车 CAD/CAE 为基础,还可以将产品的数字模型高效及时地传送并应用到整个汽车企业产品价值链所涉及的各个重要环节,包括工艺规划、工装设计、生产、加工、质量控制、编制技术文档、供应、销售和服务,实现人、财、物、产、供、销信息的集成管理、科学决策。它从根本上改变了从设计到产品生产整个过程的传统工作方式和管理方法,使设计和制造领域发生了深刻的变革。

随着中国加入 WTO,汽车制造业企业不得不参与国际市场竞争,传统的产品开发方式已不再适应企业对产品的时间、质量、成本的要求,特别是基于二维 CAD 的设计过程,只能处理二维图形信息,无法直观地得到三维实体产品模型,进行产品的装配分析、工程分析、物理特性计算等。而汽车 CAD/CAE 设计分析平台,以建立全参数化三维实体模型为基础,再用有限元分析等方法进行关键零部件的强度、稳定性以及整车或零部件的运动性能和动力性能的仿真分析,为汽车企业建立起一套产品开发体系。它支持"自顶向下"和"自底向上"等设计方法,使设计更加符合实际设计过程,比使用二维 CAD 设计的质量高,设计原型错误减少 80%,重复设计减少 50%,节省了时间和资金,可以大批量生产的速度生产定制产品,缩短产品开发周期,便于企业增进全球性合作。因此,汽车 CAD/CAE 是一种崭新的设计模式,汽车制造企业应从设计和管理两方面分析考虑,通过产品设计手段与设计过程的数字化和智能化,缩短产品开发周期,促进产品设计的数字化,提高企业的产品创新能力。

汽车 CAD/CAE 应包括如下几方面的内容:

(1) 建立汽车产品所有零部件及各系统总成和整车的三维 CAD 模型,并使三维模型参数化,适合于变形设计和部件模块化设计;

(2) 与三维 CAD 模型相关联的二维工程图;

(3) 零部件和整车的三维 CAD 模型能适合运动分析、动力分析和优化设计;

(4) 汽车 CAD/CAE 的过程就是基于三维 CAD 的产品并发体系建立的过程,要形成基于三维 CAD 的 PDM(Product Data Management,产品数据管理)结构体系;

(5) 从汽车 CAD/CAE 过程中摸索出定制产品的开发模式及所遵循的规律;

(6) 为了验证和修正 CAD/CAE 模型,需要与整车和零部件的检测与试验相结合。

1.1.2   汽车 CAD/CAE 集成的关键技术

在 CAD/CAE 技术的集成中,目前存在的主要困难是:

(1) 如何实现从几何模型到 CAE 分析模型的自动转换;

(2) 如何从 CAE 分析的结果出发提出评价和修改设计。

产生有限元分析模型需要把 CAD 建立的几何模型经过简化,并进行网格划分、载荷、约束和材料的定义。而这种模型抽象化的过程常常要依赖于有经验的分析人员,而且需要花费大量的时间和精力。虽然各种有限元分析软件的后处理器凭借优异的图形功能,能以等高线、矢量、阴影、动画、多模型、多窗口、图表、表格等方式表现解析结果,但都不具备对有限元分析结果进行解释和评价的功能。同时,对设计的修改也要由设计者经过分析和判断后自行给出方案,而没有利用计算机强大的计算和推理功能对设计的修改进行优化指导。因此,有必要应用人工智能技术,结合先前积累的知识和经验,建立一个包括有限元分析模型的建立、分析和解释的专家系统,并加入到 CAD 与有限元分析集成系统中,在"机器专家"的指导下,自动完成有限元分析模型的建立、分析和解释,并可自动评价有限元计算结果及修改设计,进一步丰富和完善前后处理功能,使其与设计者共同完成设计的优化。

机械系统自动动力学分析软件(Automatic Dynamic Analysis of Mechanical System, ADAMS)、动力学分析和设计系统软件(Dynamic Analysis and Design System,DADS)等,它们集成了多体系统仿真的基本步骤、动力学理论成果、参数化的建模工具,可以提供静力学、运动学和动力学分析的求解器、功能强大的后处理模块和可视化界面等,极大地提高了机械系统仿真的效率。然而,由于这些软件的重点是在力学分析上,在建模方面还是有很多不足,尤其是一些复杂汽车系统零部件的三维建模很难实现,所以很有必要利用 CAD 软件建模来解决这个问题,同时需要合适的接口程序来完成。

特征造型是几何造型技术的延伸,它是从工程的角度,对形体各个组成部分的形状、尺寸及其结构、材料和精度等特征进行定义,使所描述的形体信息具有工程意义。特征模型既包含低层几何信息,又能为下游的分析、加工提供高层语义信息。因此,实现特征建模是实现 CAD 与 CAE 集成的关键。CAD/CAE 技术集成系统的结构如图 1.1 所示。

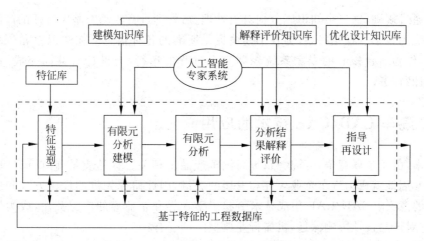

图 1.1　CAD/CAE 技术集成系统的结构图

1. 特征造型

设计者通过调用特征库里的特征(必要时自定义特征)进行产品特征建模。在特征造型过程中,设计者要全面周到地考虑设计对象,尽可能地将以后各种应用(如分析、加工等)所要用到的特征信息考虑进来。

2. 有限元分析建模

从特征的观点看,有限元分析建模就是将设计特征转换成有限元分析特征;从集成的观点看,有限元分析建模就是有限元分析的前处理部分。在建模过程中,专家系统访问建模知识库,利用其中存储的规则进行判断推理;访问基于特征的产品数据库,利用其中的数据信息进行逐步计算,最终形成分析模型。

3. 有限元分析

目前,有限元求解算法已经比较完善和成熟,工程化的分析软件也不少,可直接应用。

4. 分析结果解释和评价

在解释和评价知识库的指导下,对分析结果进行解释,对本次设计进行评价。该模块决定是否对本次设计进行修改。如果不修改设计,则系统将各种数据存入产品数据库,并将任务交给其他系统;如果需要修改设计,则任务转入修改设计模块。

5. 指导再设计

根据优化知识库中的规则做出判断,对产品数据库中的特征信息进行修改,同时对于多种修改方案进行优化选择。

从汽车 CAD/CAE 总体架构来看,CAD/CAE 集成系统有两方面工作要做:①基于特征的有限元前处理;②基于特征的有限元后处理。系统存在三个知识库和一个基于特征的产品数据库。建模知识库与前处理相联系,解释评价知识库和优化设计知识库与后处理发生作用。通过规则,这三个知识库分别对前处理、后处理进行驱动。基于特征的产品数据库与集成系统的整个过程相联系,为各个模块提供所需的各种信息。在知识库和产品数据库的支持下,作为后台核心的专家系统控制整个过程的运行,与设计者共同完成"设计—分析—再设计"任务。

1.1.3　汽车 CAD/CAE 技术的应用

近年来,由于市场竞争日益激烈,提高汽车产品及相关过程的质量,降低产品成本和缩短产品开发周期就成为汽车企业生存和发展的关键,因此研究先进的设计方法和理论具有极其重要的意义。CAD/CAE 集成技术引起了学术界和企业界的广泛关注,成为研究的热点之一,它对产品设计影响深远,机械行业典型的例子有:

(1) 波音 777 整机设计、部件测试、整机装配以及各种环境下的试飞均是在计算机上完成的,使其开发周期从过去的 8 年时间缩短到 5 年。

(2) 欧洲"空中客车"飞机采用 CAD/CAE 集成技术,改变传统产品研制及开发方法,把"空中客车"的试制周期从 4 年缩短为 2.5 年,不仅提前投放市场,而且显著降低了研制费用及生产成本,大大增强了全球竞争能力。

(3) 作为制造业的中坚,汽车工业一直是 CAD/CAE 系统应用的先锋。CAD 技术的应用,有效地推动了汽车制造业的前进,汽车业的需求也极大地带动了 CAD 技术的发展。

(4) 福特汽车公司通过设施 C3P(CAD/CAM/CAE/PDM),用一个 PDM 把 CAD、CAE 和 CAM 集成起来,融汇到一个遍布全球的公用数据系统之中。一个新车型的开发周期从过去的 36 个月缩短到 18 个月乃至 12 个月,新车开发的后期设计修改减少 50%,原型车制造和测试成本减少 50%,投资收益提高 30%。

(5) 我国的汽车模具制造业 20 年前是以传统的手工设计、有经验的钳工师傅为主导的技艺型生产方式为主,模具工业年产值只有约 20 亿元,模具进出口总额只有约 2600 万美元,进出口之比是 18∶1。而如今,通过 CAD/CAE/CAM 技术的应用,我国汽车模具制造业已进入现代模具工业生产的时代,数字化、信息化、CAD/CAM/CAE 技术和数控加工机床已普遍采用,成为技术密集型和资金密集型的高技术产业。模具制造水平有了很大的提高,生产的模具精度已达到微米级,模具寿命提高了几十倍,模具生产周期缩短了约 3/4,模具标准件的使用覆盖率几乎是从零发展到现在的 45% 左右,模具工业年产值现在已达到450 亿元以上,进出口总额达到 17 亿美元,进出口之比达到 4∶1。

1.2　汽车 CAD/CAE 技术的发展

1.2.1　CAD/CAE 技术发展的历史

20 世纪五六十年代初,CAD 技术处于准备和酝酿时期,被动式的计算机绘图是这一阶段 CAD 技术的特征。60 年代,交互式计算机图形学的创立为 CAD 技术的进一步发展和应用打下了理论基础,不断成熟的图形输入/输出设备的出现推动了 CAD 技术的蓬勃发展。

70 年代,CAD 技术进入广泛的使用时期,1970 年美国 Applicon 公司首先推出了面向企业的 CAD 商品化系统。80 年代 CAD 技术进入迅猛发展时期,这一阶段的技术特征是 CAD 技术从大中型企业向小企业扩展;从发达国家向发展中国家扩展;从用于产品设计发展到用于工程设计和工艺设计。90 年代以后,CAD 技术进入开放式、标准化、集成化和智能化的发展时期,这一阶段的 CAD 技术都具有良好的开放性,图形接口、功能日趋标准化。"微机＋Windows 操作系统"与"工作站＋UNIX 操作系统"在因特网的环境下构成 CAD 系统的主流工作平台,同时网络技术的发展使得 CAD/CAE/CAM 集成化体系摆脱空间的约束,能够更好地适应现代企业的生产布局及生产管理的要求。在 CAD 系统中,正文、图形、图像、语音等多媒体技术和人工智能、专家系统等高新技术得到综合应用,大大提高了 CAD 自动化设计的程度,智能 CAD 应运而生。智能 CAD 把工程数据库及管理系统、知识库及专家系统、拟人化用户界面管理系统集于一体。CAD 体系结构大体可分为基础层、支撑层和应用层三个层次。基础层由计算机及外围设备和系统软件组成。随着网络的广泛使用,异地协同虚拟 CAD 环境将是 CAD 支撑层的主要发展趋势。应用层针对不同应用领域的需求,有各自的 CAD 专用软件来支持相应的 CAD 工作。

CAE 技术的研究始于 20 世纪 50 年代中期,CAE 软件出现于 70 年代初期,80 年代中期 CAE 软件在可用性、可靠性和计算效率上已基本成熟。国际上知名的 CAE 软件有 NASTRAN、ANSYS、ASKA、MARC、DYNA-3D 等。但其数据管理技术尚存在一定缺陷,运行环境仅限于当时的大型计算机和高档工作站。近十多年是 CAE 软件的商品化发展阶段,其理论和算法日趋成熟,已成为航空、航天、机械、土木结构等领域工程和产品结构分析必不可少的数值计算工具,同时也是分析连续过程各类问题的一种重要手段,其功能、性能、前后处理能力、单元库、解法库、材料库,特别是用户界面和数据管理技术等方面都有了巨大的发展。前后处理是 CAE 软件实现与 CAD、CAM 等软件无缝集成的关键部分,通过增设与 CAD 软件(如 CATIA、UG、Pro/E、SolidEdge 以及 SolidWorks 和 MDT 等软件)的数据接口模块,实现有效的集成,通过增加面向行业的数据处理和优化算法模块,实现特定行业的有效应用。CAE 软件对工程和产品的分析、模拟能力,主要取决于单元库和材料库的丰富和完善程度,知名 CAE 软件的单元库一般都有百余种单元,并拥有一个比较完善的材料库,使其对工程和产品的物理、力学行为具有较强的分析模拟能力。一个 CAE 软件的计算效率和计算结果的精度,主要取决于解法库;特别是在并行计算机环境下运行,先进高效的求解演算法与常规的求解算法,在计算效率上可能有几倍、几十倍甚至几百倍的差异。CAE 软件现已可以在超级并行机,分布式微机群,大、中、小、微型各类计算机和各种操作系统平台上运行。目前,国际上先进的 CAE 软件,已经可以对工程和产品进行以下的性能分析、预报及运行行为的模拟:

(1) 静力和拟静力的线性与非线性分析。包括对各种单一和复杂组合结构的弹性、弹塑性、塑性、蠕变、膨胀、几何大变形、大应变、疲劳、断裂、损伤,以及多体弹塑性接触在内的变形与应力应变分析。

(2) 线性与非线性动力分析。包括交变载荷、爆炸冲击载荷、随机地震载荷以及各种运动载荷作用下的动力过程分析、振动模态分析、谐波响应分析、随机振动分析、屈曲与稳定性分析等。

(3) 声场与波的传播计算。包括静态和动态声场及噪声计算,固体、流体和空气中波的传播分析,以及稳态与瞬态热分析(传导、对流和辐射状态下的热分析、相变分析等)。

(4) 静态和交变态的电磁场和流体计算。包括电磁场分析、电流分析、压电行为分析、常规的管内和外场的层流、湍流分析等。

模态分析与参数辨识作为结构动力学中的一种逆问题分析方法,其在工程实践中应用是从 20 世纪 60 年代中、后期开始的。这一技术首先在航空、航天及汽车工业中开始发展。由于电子技术、信号处理技术与设备的发展,到 80 年代末这项技术已成为工程中解决结构动态性能分析、振动与噪声控制、故障诊断等问题的重要工具。

模态分析技术发展到今天已趋成熟,特别是线性模态理论方面的研究已日臻完善,但在工程应用方面还有不少工作可做。首先是如何提高模态分析的精度,扩大应用范围。增加模态分析的信息量是提高分析精度的关键,单靠增加传感器的测点数目很难实现,目前提出的一种激光扫描方法是大大增加测点数的有效办法,随着测点数目的增加将增大数据采集与分析系统的容量并提高分析处理速度,在测试方法、数据采集与分析方面还有不少研究工作可做。复杂结构空间模态的测量分析、频响函数的耦合、高频模态检测、抗噪声干扰等方面的研究尚需进一步开展。

1.2.2 CAD/CAE 技术发展的趋势

1.2.2.1 CAD 技术的发展趋势

CAD 技术的发展趋势主要体现在以下几个方面:

1. 标准化

随着 CAD 技术的发展,标准化问题越来越重要。迄今已制定的标准有许多,例如,面向图形设备的标准 CGI,面向用户的图形标准 GKS 和 PHIGS,面向不同 CAD 系统的数据交换标准 IGES、STEP 和窗口标准等。此外,还有《CAD 文件管理》《CAD 电子文件应用光盘存储归档与档案管理要求》等标准。

在航空、航天、汽车等一些大的行业中,针对某种 CAD 软件的应用也已经制定了行业的 CAD 应用规范。随着技术进步,新标准还会陆续出现。这些标准对 CAD 系统的开发和 CAD 技术的应用具有指导性作用,是必须遵守的法则。基于这些标准推出的有关软件是一批宝贵的应用资源。更为重要的是,有些标准还指明了 CAD 技术进一步发展的方向,例如,STEP 既是标准,又是方法学,由此构成了 STEP 技术,该技术深刻地影响着产品建模、数据管理及接口技术等。目前,除了 CAD 支撑软件逐步实现 ISO 标准和工业标准外,面向应用的标准零部件库、标准化设计方法已成为 CAD 系统中的必备内容,且向合理化工程设计的应用方向发展。

2. 开放性

CAD 系统目前广泛建立在开放式操作系统 Windows/VISTA/XP/NT 和 UNIX 平台上,为最终用户提供二次开发环境,甚至这类环境可开发其内核源代码,使用户可以定制自己的 CAD 系统。

3. 集成化

计算机集成制造系统(Computer Integrated Manufacture System,CIMS)是在新的生产组织原理指导下形成的一种新型生产模式,它将计算机辅助设计(CAD)、计算机辅助制造(CAM)、计算机辅助工程分析(CAE)、计算机辅助工艺规划设计(CAPP)集成起来。CAD/CAM/CAE/CAPP 的集成是从概念设计开始就考虑到集成,是建立一种新的设计、生产、分析以及技术管理的一体化。CIMS 是现代制造企业的一种生产、经营和管理模式,它以计算机网络和数据库为基础,利用信息技术(包括计算机技术、自动化技术、通信技术等)和现代管理技术将制造企业的经营、管理、计划、产品设计、加工制造、销售及服务等全部生产活动集成起来,实现整个企业的信息集成,保证企业内工作流、物质流和信息流的畅通,达到实现企业全局优化、提高企业综合效益和提高市场竞争力的目的。CIMS 集成主要包括人员集成、信息集成、功能集成、技术集成。

CIMS 的目标在于企业效益最大化,这在很大程度上取决于企业内部的协调。一般来说,企业集成的程度越高,协调性就越好。只有通过集成,正确的信息才能在正确的时刻以正确的方式到达正确的地方,因此,集成是企业成功的关键因素。计算机图形处理技术、图形输入和工程图识别技术、产品造型技术和参数化设计方法、CAPP 技术、数据库技术、数据交换技术等关键技术的快速发展推动了 CIMS 的发展。由于设计是产品开发的首要环节,因此,CAD 信息处于产品生命周期中信息链的源头。

CAD 技术的集成化将体现在三个层次上:其一是广义的 CAD 功能,CAD/CAE/CAPP/CAM/CAQ/PDM/ERP(Enterprise Resource Planning,企业资源规划)通过多种集成形式,成为企业一体化解决方案;新产品的设计能力与现代企业管理能力的集成,将成为企业信息化的重点;其二是将 CAD 技术采用的算法,甚至功能模块或系统,做成专用芯片,以提高 CAD 系统的使用效率;其三是 CAD 基于计算机网络环境实现异地、异构系统在企业间的集成,应运而生的虚拟设计、虚拟制造、虚拟企业就是该集成层次上的应用。例如,美国通用汽车公司的生产过程中,大量的零部件生产、装配都通过"虚拟工厂""动态企业联盟"的方式完成,本企业只负责产品总体设计和生产少数零部件,并最终完成产品的装配。

4. 网络化

互联网及其 Web 技术的发展,迅速将设计工作推向网络协同的模式,因此,CAD 技术必须在以下几个方面提高水平:

(1)能够提供基于因特网的完善的协同设计环境。该环境具有电子会议、协同编辑、共享电子白板、图形和文字的浏览与批注、异构 CAD 和 PDM 软件的数据集成等功能,使用户能够进行协同设计。

(2)提供网上多种 CAD 应用服务。例如,设计任务规划、设计冲突检测与消解、网上虚拟装配等工具。

5. 智能化

现有的 CAD 技术在机械设计中只能处理数值型的工作,包括计算、分析与绘图。然而在设计活动中存在另一类符号推理型工作,包括方案构思与拟定、最佳方案选择、结构设计、评价、决策以及参数选择等。这些工作依赖于一定的知识模型,只有采用符号推理方法才能获得圆满解决。因此,将人工智能技术、知识工程技术与 CAD 技术结合起来,形成智能化 CAD 系统是机械 CAD 发展的必然趋势。对以下几个问题应给予更多的注意。

（1）发展新的设计理论与方法。例如,并行设计、大规模定制设计、概念设计、创新设计、标准化设计、模块化设计、协同设计等都是当前研究的热点。只有在新的理论与方法指导下才可能建立新一代的智能 CAD 系统,才能解决目前尚不能有效解决的方案设计、创新设计等问题。

（2）继续深入研究知识工程在机械设计领域中应用的一些基本理论与技术问题。例如,设计知识的表示与建模、知识利用中的各种搜索与推理方法、知识挖掘、知识处理技术等。

6. 并行工程

并行工程(Concurrent Engineering)是随着 CAD、CIMS 技术的发展而提出的一种新的系统工程方法。这种方法的思路,就是并行地、集成地设计产品及其开发的过程。它要求产品开发人员在设计阶段就考虑产品整个生命周期的所有要求,包括质量、成本、进度、用户要求等,以便更大限度地提高产品开发效率及一次成功率。并行工程的关键是用并行设计方法代替串行设计方法。在串行设计方法中,信息流向是单向的;而在并行设计方法中,信息流向是双向的。

在并行工程运行模式下,每个设计者可以像在传统的 CAD 工作站上一样进行自己的设计工作。借助于适当的通信工具,在公共数据库、知识库的支持下,设计者之间可以相互进行通信,根据目标要求,既可随时根据其他设计人员的要求修改自己的设计,也可要求其他设计人员响应自己的要求。通过协调机制,群体设计小组的多种设计工作可以并行协调地进行。

7. 虚拟现实与 CAD 集成

虚拟现实(Virtual Really,VR)技术在 CAD 中的应用很广,首先可以进行各类具有沉浸感的可视化模拟,用以验证设计的正确性和可行性。例如,利用这种模拟技术进行设计分析,可以清楚地看到物体的变形过程和应力分布情况。其次,VR 还可以在设计阶段模拟产品装配过程,检查所用零部件是否合适和正确。在概念设计阶段,VR 可用于方案优化,特别是利用 VR 的交互能力,支持概念设计中的人机工程学,检验操作时是否舒适、方便,这对摩托车、汽车、飞机等的设计作用尤其显著。在协同设计中,利用 VR 技术,设计群体可直接对所设计的产品进行交互,更加逼真地感知到正在和自己交互的群体成员的存在以及相互间的活动。

基于虚拟现实的 CAD 系统,用户可以在虚拟环境中进行设计活动,包括三维设计。这种系统易于学习掌握,用户很快就可以熟悉并利用这样的系统进行产品设计,其设计效率比现行的 CAD 系统可提高 5～10 倍。

虚拟现实技术对缩短产品开发周期、节省制造成本具有重要意义,很多大公司在产品设计中已采用这项技术,例如,通用汽车公司、波音公司、奔驰公司、福特汽车公司等。随着科技的发展,虚拟设计在产品的概念设计、装配设计、人机工程学等方面必将发挥更大的作用。

1.2.2.2 CAE 技术的发展趋势

CAE 技术的发展趋势体现在以下几个方面：

1. 真三维图形处理与虚拟现实

随着专用于图形和多媒体信息处理的高性能 DSP 芯片的发展，PC 的图形处理能力近两年有成百倍的提高，再加上三维图形算法、图形运算和参数化建模算法的发展，快速真三维的虚拟现实技术将会更加成熟。因此，CAE 软件的前后处理系统将会在复杂的三维实体建模及相关的静态和动态图形处理技术方面有新的发展。例如，复杂的三维实体建模及相应的自适应有限元剖分、复杂的动态物理场的虚拟现实与实时显示等。

2. 面向对象的工程数据库及其管理系统

高性价比的大容量存储器及其高速存取技术迅速发展，PC 的硬盘容量很快将由 GB 量级达到 TB 量级，用户将要求把更多的计算模型、设计方案、标准规范和知识性信息纳入 CAE 软件的数据库中，这必将推动 CAE 软件数据库及其数据管理技术的发展，高性能的面向对象的工程数据库及管理系统将会出现在新一代 CAE 软件中。

3. 多相多态介质耦合、多物理场耦合以及多尺度耦合分析

目前的 CAE 软件，都仅限于宏观物理、力学模型的工程和产品分析，虽然有少数软件涉足了微机电系统分析，但其物理力学模型尚存在一定问题。值得指出的是，对于多物理场的强耦合问题、多相多态介质耦合问题，特别是多尺度模型的耦合问题，目前尚处于基础性前沿研究阶段。但是，它们已成为国内外科学家的重点研究课题，由于其强烈的工业背景，基础研究的任何突破，都会被迅速地纳入 CAE 软件。不久的将来，将形成从材料性能的预测、仿真，到构件与整个产品性能的预测、仿真，集计算机辅助材料设计制备，到工程或产品的设计、仿真与优化于一体的新一代 CAE 系统。

4. 适应超级并行计算机和机群的高性能 CAE 求解技术

CAD/CAE/CAM 已成为技术人员实施技术创新的得力工具，每秒千亿次、万亿次、千万亿次及量子计算机即将诞生，分布式并行计算机群即将投入使用。为适应这种情况，新型的高精度和高效率并行算法正在被研究，一些实用的新算法将不断问世。这些新的高性能算法必然会被做成 CAE 的软件模块，使其在对复杂的工程或产品仿真时，能够充分发挥超级并行计算系统的软、硬件资源，高效率和高精度地获得计算结果。

5. GUI＋多媒体的用户界面

伴随着计算机图形用户界面(GUI)和联机共用的图形与数据库软件的发展，狭义的语音输入/输出已成现实，计算机视觉系统很快能在一定范围内分析体态、眼神和手势，不久的将来，会听、看、说、写和学习的计算机将问世，这些多媒体技术一定会使未来 CAD/CAE/CAM 软件的用户界面具有更强的直观、直感和直觉性，CAE 软件将来不仅具有常见的弹出式下拉菜单、对话框、工具栏和多种数据导入的宏命令，还要开发若干专用的智能用户界面，

帮助用户选择单元形态、分析流程、判断分析结果等,使某些专业用户使用 CAE 软件,就像使用"傻瓜"相机一样,具有一按即得的功效。

6. 模态分析由线性向非线性问题方向发展

非线性模态的概念早在 1960 年就由 Rosenberg 提出,虽有不少学者对非线性模态理论进行了研究,但由于非线性问题本身的复杂性及当时工程实践中的非线性问题并未引起重视,非线性模态分析的发展受到限制。近年来,在工程中的非线性问题日益突出,因此非线性模态分析亦日益受到人们的重视,最近已逐步形成了所谓非线性模态动力学。关于非线性模态的正交性、解耦性、稳定性、模态的分叉、渗透等问题是当前研究的重点。在非线性建模理论与参数辨识方面的研究工作亦是当今研究的热点。非线性系统物理参数的识别、载荷识别方面的研究亦已开始。展望未来,模态分析与试验技术仍将以新的速度和新的内容向前发展。

1.2.2.3　CAD/CAE 集成技术发展趋势

CAD/CAE 集成技术的发展趋势体现在以下几个方面:

1. 数字化设计制造集成技术

建立若干行业的产品数字化和智能化设计制造平台,开发面向产品全生命周期的、网络环境下的数字化、智能化创新设计方法及技术,计算机辅助工程分析与工艺设计技术,设计、制造和管理的集成技术。结合装备/产品研制和工程建设,开发以创新设计、敏捷制造和协同管理为主要内容的数字化综合集成技术,突破多业务、多系统、多企业综合集成技术难点,建立数字化综合与协同能力平台,实施集团企业及其合作伙伴、供应商、客户间的数字化综合集成应用,提升集团企业信息化应用水平,增强自主创新能力,引领行业信息化技术发展。

2. 实现了 3C 无缝集成

只有当 CAD 系统一次性输入的信息能在后续环节(如 CAE、CAM)中一再被应用才是最经济的。PDM 的电子资料库和文档管理提供了对多种数据的存储、检索和管理功能,是沟通产品设计、工艺部门和 MRPII、ERP 之间信息传递的桥梁,使制造资源规划(Manufacturing Resource Planning,MRP Ⅱ)、ERP 从 PDM 平台自动得到所需的产品信息,如材料清单(BOM)等,ERP 也可通过 PDM 这一桥梁将有关信息自动传递或交换给 3C 系统。目前,PDM 系统是最好的 3C 集成平台,它支持分布、异构环境下的不同软硬件平台、不同网络和不同数据库,不同的 CAD/CAE/CAM 系统都可以从 PDM 中提取各自所需的信息,再把结果放回 PDM 中,从而真正实现 3C 的无缝集成。结合装备/产品研制和工程建设,把产品创新设计方法、协同设计技术、设计制造集成技术等融入 CAD/CAE/CAM/PDM 集成平台,构建产品创新开发平台,实现企业级及企业间的产品开发协同与全生命周期管理,提升企业的核心能力和国际竞争力。

1.3 汽车 CAD/CAE 系统结构

1.3.1 CAD/CAE 集成系统的特点

CAD/CAE 集成的实现需要一系列的工具,在 CAD 方面要建立产品的三维特征模型,在 CAE 方面要进行系统性能仿真分析,所以必须建立一个基于 CAD/CAE 集成技术的汽车产品开发平台。

汽车产品开发平台涵盖了从产品概念设计、详细设计、分析优化、制造、市场直至使用、维护、报废等产品全生命周期(Product Lifecycle Management,PLM),涉及一切围绕产品而进行的活动和过程以及活动的执行部门及人员,融合了并行工程、工作流管理、知识管理等先进设计制造管理理念,以集成产品模型技术、多学科综合优化技术、建模与仿真技术为技术核心,支持产品持续创新的、由一系列软件工具和软件子系统组成的软件套件和解决方案集成于一体,在数据、过程、应用三个层面实现集成与协同。其技术特点是:

(1) 通过知识工程接口有效地实现 CAD 产品的建模过程、CAE(工程分析过程)和 CAO(设计优化过程)(Computer Aided Optimization,计算机辅助优化)之间的关联。

(2) 和企业 PDM 系统集成,利用 CAE 开发平台从 PDM 系统调入原有的 CAD 模型和网格模型,同时把分析过程中的材料数据、测试数据和分析结果存到 PDM 数据库中,以便其他分析使用。

(3) 能够用多学科设计优化智能算法驱动并行、分布计算,协同企业内部和企业间的工程分析和设计工作流,最终为 PLM 解决方案提供富于操作性、灵活性和协同性的执行能力,形成 PLM 解决方案的 CAX(CAD/CAE/CAO/MDO)工程过程的执行层。

1.3.2 CAD/CAE 集成系统的典型体系结构

产品研发需要大量与产品创新相关的信息技术作为支撑,C3P(CAD/CAM/CAE/PDM)技术已为企业信息化做出了显著贡献。近年来,CAO 和多学科设计优化(Multi-Disciplinary Design Optimization,MDO)技术为分析设计自动化、多学科设计优化、可靠和稳健设计带来了新的力量,能够帮助企业缩短设计周期、提高设计品质,以便降低试制成本。FIPER(Federated Intelligent Product EnviRonment)作为一种集成 CAX 过程管理和设计协同平台的框架模型,无缝地将 PLM 项目业务流程和 CAX 技术流程融合,如图 1.2 所示。

FIPER 基于高可扩展性的 J2EE 多层体系架构下的解决方案示意图,如图 1.3 所示。

FIPER 在建立复杂的专业应用平台系统中的定位,如图 1.4 所示。

通过 FIPER 技术构成融合 CAX 数据和过程的产品开发平台,不仅能够有效地为 PDM 集成 CAX 工程数据,也能够清晰地将 CAX 工程过程融入产品开发全生命周期,使 CAX 设计工具和设计技术可以更灵活地适应产品开发的不断变化,从而为管理者提供一个更高效的技术管理窗口,为开发人员提供更方便的设计工具和知识库,以便最终能够大大加快新产

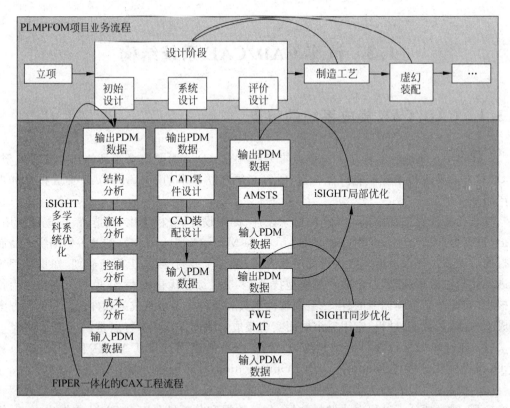

图 1.2   集成 CAX 过程管理和设计协同平台的框架模型

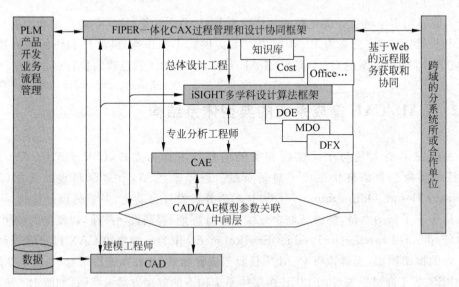

图 1.3   FIPER 解决方案示意图

品的开发速度,提高产品品质,协助企业取得新的竞争优势。

　　总之,通过 FIPER 与 PDM 实现 CAX 数据和过程相融合的统一产品开发平台,适用于产品研制阶段的 CAX 工程数据和工程过程的集成和优化,一方面能够有效地整合企业内各 CAX 软件和硬件计算资源,提高设计效率,以增强对市场需求的快速反应能力;另一方

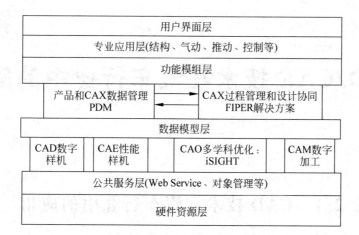

图 1.4 FIPER 应用的多层体系架构图

面也加强了企业的自主设计能力以及整体协作能力,可以进一步提高产品质量,缩短产品研制周期,降低研制成本,并为企业未来的快速发展奠定坚实的技术基础。

第 2 章

CAD/CAE 技术在汽车行业中的应用

2.1　CAD 技术在汽车行业中的应用

2.1.1　CAD 技术在汽车行业中的应用领域

CAD 技术广泛应用于汽车领域,带来了汽车设计、生产方式的新变革。CAD 技术在汽车行业的应用主要体现在汽车整车及零部件行业,主要有汽车底盘设计、车身设计、零部件设计、模具设计、轻量化设计等应用领域。CAD 技术在汽车领域中的应用不仅涉及机械系统设计,而且涉及电气与电子系统的设计,机械设计 CAD 系统与电气设计 CAD 系统之间相互联系。随着科技的发展,汽车 CAD 技术正向数字化、集成化、网络化、智能化、标准化、可视化、专业化、多领域、多学科等方向发展。

1. 汽车底盘设计 CAD 技术

汽车底盘的设计涉及动力及传动系、行驶系、转向系、制动系等的布置设计与匹配,汽车动力性、燃油经济性、操纵稳定性、制动性、平顺性、通过性等汽车基本性能的分析。在底盘设计时充分运用 CAD/CAE 技术,能大大提高产品的设计效率和产品质量,同时减少开发成本。例如,作为汽车整车设计重要环节之一的总体布置设计对汽车产品的设计质量具有决定性的作用。现在,汽车的总体布置设计都采用模块化设计,各模块之间相互关联,彼此之间可交换数据。在进行汽车的总体布置设计时,首要工作是确定整车的基本参数和总成及零部件位置,建立整车坐标系及总成的坐标系,然后在已建立的坐标系中建立数学模型,用坐标点的方法完成总成装配。初步总体布置设计完成后,不仅要计算质量参数和质心的位置,还要进行位置干涉检查和运动干涉校核,并对汽车的基本性能进行详细的分析。

汽车底盘总体布置设计采用以数据库、图形库为基础的汽车总体布置 CAD 系统(如基于 UG、CATIA 等软件的二次开发 CAD 系统)后,由总体布置数据库包含设计中一些动态性的中间参数和数学模型运行结果,总成图形库存储着与整车总体布置密切相关的零部件及包含总成特征结构和尺寸描述的数据,因此,设计过程中产生的一系列数据可作为后期设计工作和改进设计的参考依据,从而可节省大量的设计工作量。

2. 汽车车身设计 CAD 技术

车身是汽车的重要总成之一,其设计水平和质量直接影响汽车的使用性能。车身不仅要求造型美观、重量轻、有良好的空气动力学性能,还要有足够的强度、刚度以及减振降噪等性能,以实现汽车的安全、节能、环保、高可靠性、高使用寿命等目标。汽车车身设计通常分为概念设计和工程设计两个阶段。概念设计的主要内容有产品开发目的、必要性和可行性分析、产品的性能目标和先进性分析、产品的造型设计、布置和尺寸要求、产品的使用调查、产品的目标成本分析、产品设计任务书的确定、产品开发的组织管理等。工程设计的主要内容是:在车身(总)布置的配合下,进行 1∶1 内部模型和外部模型的设计,以及样车试制与试验等,包括结构设计、工程分析、试验和试制等。

传统的汽车车身设计是由手工设计完成的,随着计算机技术和 CAD 技术的发展,现在车身设计普遍采用以三维造型为基础的 CAD 技术,不仅提高了车身设计的质量和精度,而且缩短了车身开发的周期,同时降低了车身开发的成本,满足了用户对产品的多样化和个性化需求,从而提高汽车制造企业的市场竞争力。CAD 技术在车身设计中的应用有很多,主要有造型设计、总体布置设计、结构设计与分析、模态分析、NVH(Noise、Vibration、Harshness)分析、碰撞安全性分析、优化设计、计算机绘图等。同时,车身 CAD 技术面向制造和装配,CAD 系统提供的数据应保证其完整性和一致性,直接作为数控机床或数控加工中心的输入数据。车身 CAD 技术基于产品数据管理技术,在车身部件的开发中,可能会遇到多个车型设计交替进行的情况,会产生多种数据,因此,基于产品数据管理技术建立统一的 CAD 工程数据库,消除车身开发过程中各部分内部信息和数据间的矛盾以及数据冗余,从而保证车身开发过程顺利进行。车身 CAD 技术的广泛应用使车身设计的平台化战略和汽车系列化变得易于实现。目前,车身 CAD 技术已经是车身开发过程中的基础性应用技术。在车身造型设计中广泛应用计算机辅助造型(Computer Aided Styling, CAS)技术,常用的计算机辅助造型软件有 Photoshop、Rhino、Alias 等;车身布置和结构设计等都是应用大型三维 CAD/CAE/CAM 一体化的软件完成,如 UG NX、CATIA、I-DEAS NX 等商业化软件。

3. 汽车零部件设计 CAD 技术

汽车零部件设计包括机械零部件和电气与电子零部件的设计,CATIA、UG NX、Pro/E、CAXA 三维实体设计、AutoCAD、SolidWorks 等软件在汽车机械零部件设计中应用较广,如汽车发动机、变速器、悬架等总成及零部件 CAD 设计。很多软件同时具有机械零部件和电气电子元器件设计功能,如利用 CATIA、UG NX、电气 AutoCAD、CAXA 电子图版等软件就可以进行电气电子系统的 CAD 设计。就目前来讲,平均每辆汽车上的电子设备的成本已经占到了整车成本的 20%～30%,一些高档轿车上电子设备的成本已占到了整车成本的 50%以上,特别是随着电动汽车的发展,电力电子等新技术在汽车上的应用将更加广泛。与汽车机械零部件的开发比较,国内在汽车电子方面的开发水平与国外差距更大,汽车电子技术的应用研究大多也是基于 CAD 平台来实现,如 CAD 布线技术、电控系统 CAD 设计等,因此国内应重视利用计算机辅助设计技术提高汽车电子产品的开发水平。利用 MATLAB、MATLAB/Simulink 等可进行汽车电子控制系统软件的计算机辅助设计与分析,德国 dSPACE 公司开发的 dSPACE 实时仿真系统则是一套基于 MATLAB/Simulink 的控制系统开发及半实物仿真的软硬件工作平台,实现了和 MATLAB/Simulink/RTW 的完全无缝连接。由于 dSPACE 实时系统拥有实时性强、可靠性高、扩充性好等优点,在汽车电子控制系统的计算机辅助设计中有着广泛的应用。

汽车电子电路的 CAD 包括电路原理图的编辑、电路功能仿真、工作环境模拟、印制电路板(Printed Circuit Board,PCB)设计(自动布局、自动布线)与检测等计算机辅助设计内容。而且电子电路 CAD 软件还能迅速形成各种各样的报表文件(如元件清单报表),为元器件的采购及工程预算等提供了方便。Protel 系列软件是目前电子电路设计中应用最广泛的软件之一,它能方便地完成电子电路原理图的设计和印制电路板的设计。另外,法国 IGE+XAO 集团的"电气 CAD"系列软件在汽车电气系统的设计中也有着广泛的应用,上海利驰软件有限公司开发的电气设计 CAD 软件 SuperWORKS IEC 版在汽车行业也有应用。

4. 汽车轻量化设计 CAD 技术

汽车自重的减小,可节省原材料,提高汽车的燃油经济性和运输生产率。因此,汽车的轻量化设计具有重要意义。汽车的轻量化设计包括材料和结构两方面,主要是采用复合材料、减小或优化汽车结构尺寸,但考虑到汽车要求具有较高的安全性,缩减尺寸要有一定限度。目前,复合材料在汽车上已有较为广泛的应用,但还没有真正达到节省资源的目的。因此,一方面必须进一步研究性能更为优越的轻量化复合材料;另一方面应加强汽车结构优化设计 CAD 技术的应用。一个现代化的 CAD 系统应能同时建立实体内部的几何和拓扑信息及材料信息,即在一个实体内可以有不同的材料结构。在国内,能同时进行几何结构和材料设计的 CAD 技术还没有从理论走向实际应用,但这将成为今后汽车轻量化设计 CAD 技术研究的热点。

5. 汽车模具 CAD 技术

汽车上有很多覆盖件(如车身)、锻造件、铸造件和注塑件等,这些都需要用模具制造,模具的设计周期、精度、质量直接影响汽车的生产准备周期、零部件的精度、质量、安全可靠性和寿命等。国外一些大型跨国汽车制造企业早在 20 世纪 60 年代就开始了汽车模具 CAD 的研究与应用,大大缩短了整个生产准备周期,并提高了汽车零部件的制造质量。目前,我国多数模具制造企业都采用模具 CAD 技术,模具精度和生产率大幅提高,但由于多方面的原因,很多企业的模具 CAD 工作局限于计算机绘图和二维设计,只有少数企业汽车模具的设计和制造水平接近国际先进水平。过去我国汽车新车型的开发周期远远落后于发达国家,其中一个重要原因就是汽车覆盖件模具的设计效率低。国外汽车覆盖件模具 CAD 技术已达到实质性的应用。近年来,我国在汽车覆盖件模具 CAD 技术的应用方面已取得了长足的进步,但目前还存在设计效率低、标准化程度低、专用性差、开发手段落后、用户界面不能满足要求等问题。对于以上问题,应引起国内汽车制造企业的足够重视。

2.1.2　国外汽车行业 CAD 技术应用情况

汽车行业是最早应用 CAD 技术的领域之一。汽车工业有技术密集度高、设计要求高等特点,尤其适合 CAD 系统优势的发挥,所以,CAD 一开始就在汽车工业中得到了应用。目前,国外的汽车大约每 4 年进行一次换代,而新的乘用车产品的开发周期已缩短至 2～3 年,汽车的每次换代都力求提高汽车的各项性能指标,使外形美观,增加新功能,适应有关排气、噪声、安全、燃料消耗等各种规定指标,应用 CAD 技术可以有效地解决这类问题。现在,几乎所有汽车公司都采用 CAD 技术。CAD/CAE/CAM 技术的应用水平,已成为评价各国汽车工业发展水平的重要标志之一。

1964 年,美国通用汽车公司宣布 DAC-1 系统的诞生,这是最早的 CAD 系统软件之一,是 CAD 技术步入实用性的重要标志。20 世纪 60 年代出现的三维 CAD 系统只是极为简单的线框式系统。这种初期的线框造型系统只能表达基本的几何信息,不能有效表达几何数据间的拓扑关系。CAD 系统的功能主要集中在辅助绘图和有限元分析等计算方面。20 世纪 80 年代初,美国福特汽车公司就开始了 CAD 系统的规划与实施;1985 年,有一半以上的产品设计工作是在图形终端上实现的;90 年代初,其产品开发已达到全面采用 CAD 技术的水平。

20 世纪 70 年代,正值飞机和汽车工业的蓬勃发展时期,此间汽车及飞机制造中遇到了大量的自由曲面问题,要求更新设计手段的呼声越来越高。法国的达索飞机制造公司率先推出了三维曲面造型系统 CATIA。它的出现,标志着计算机辅助设计技术从单纯模仿工程图纸的三视图模式中解放出来,首次实现了以计算机完整描述产品零件的主要信息,同时也使得 CAM 技术的开发有了现实的基础。曲面造型系统 CATIA 为人类带来了第一次 CAD 技术革命,改变了以往只能借助油泥模型来近似准确表达曲面的落后工作方式。曲面造型系统的技术革新,使汽车开发手段比旧的模式有了质的飞跃,新车型开发速度也大幅度提高,许多车型的开发周期由原来的 6 年缩短到只需约 3 年。CAD 技术给使用者带来了巨大的好处及颇丰的收益,汽车工业开始大量采用 CAD 技术。

20 世纪 70 年代,软件商品化程度低,开发者本身就是 CAD 大用户,彼此之间技术保密。只有少数几家受到国家财政支持的军火商,在 70 年代冷战时期才有条件独立开发或依托某个厂商发展 CAD 技术。例如,CADAM 由美国洛克希德(Lochheed)公司支持;CALMA 由美国通用电气(GE)公司开发;CV 由美国波音(Boeing)公司支持;I-DEAS 由美国国家航空航天局(NASA)支持;UG 由美国麦·道(MD)公司开发;CATIA 由法国达索(Dassault)公司开发。与此同时,汽车业的巨人也开始开发自己的 CAD 系统,如大众汽车公司的 SURF、福特汽车公司的 PDGS、雷诺汽车公司的 EUCLID;另外,丰田、通用汽车公司等也都开发了自己的 CAD 系统。

20 世纪 80 年代初,CAE、CAM 技术开始有了较大发展。但由于 CAD 系统价格太高,限制了 CAD 技术的市场应用。20 世纪 70 年代末到 80 年代初,SDRC 公司在当时"星球大战"计划的背景下,由美国 NASA 支持及合作,开发出了许多专用分析模块,用以降低巨大的太空试验费用,同时在 CAD 技术领域也进行了许多开拓。UG 则着重在曲面技术的基础上发展 CAM 技术,用以满足零部件的加工需求。CAD 技术在汽车中得到了广泛的应用。

有了表面模型,CAM 的问题可以基本解决。但由于表面模型技术只能表达形体的表面信息,难以准确表达零件的其他特性,如质量、重心、惯性矩等,对 CAE 的应用十分不利,最大的问题在于分析的前处理特别困难。基于对 CAD/CAE 一体化技术发展的探索,SDRC 公司于 1979 年发布了世界上第一个完全基于实体造型技术的大型 CAD/CAE 软件——I-DEAS。可以说,实体造型技术的普及应用标志着 CAD 发展史上的第二次技术革命,因此迅速在汽车工业中得到应用。

实体造型技术带来了算法的改进和未来发展的希望,但数据计算量庞大,因此以 CV 公司为代表的软件厂商转去攻克相对容易实现的表面模型技术。CV 公司最先在曲面算法上取得突破,计算速度提高较大。

20 世纪 80 年代中期,出现了以 Pro/E 为代表的参数化实体造型软件。进入 90 年代,参数化技术变得比较成熟起来,充分体现出其在许多通用件、零部件设计上具有的简便易行的优势。PTC 与 CATIA、I-DEAS、CV、UG 等大型 CAD 软件在汽车制造业都有了更广泛的应用。

SDRC 于 1993 年推出全新体系结构的 I-DEAS Master Series 软件,并就此形成了一整套独特的变量化造型理论及软件开发方法。变量化技术既保持了参数化技术的原有优点,同时又克服了它的许多不利之处。它的成功应用,为 CAD 技术的发展提供了更大的空间和机遇。

2.1.3　我国制造业和汽车行业 CAD 技术应用情况

我国从 20 世纪 70 年代开始研究和推广 CAD,许多科研单位、高校和企业做了大量的工作,并且取得了一些成绩,使得 CAD 技术在国内得到了广泛的应用。从 20 世纪 80 年代中期开始,国内主要的汽车制造企业如中国第一汽车集团公司(简称一汽)、东风汽车公司等都引进了国外的 CAD 系统,并用于产品设计和改进,一些中小型汽车企业也相继逐步开始开展 CAD 工作。CAD 技术在我国汽车工业中的应用已基本普及,但由于我国 CAD 软件自主研发水平与发达国家之间存在较大差距,国内一些研究机构和公司推出的 CAD 系列软件得不到更广泛的应用,市场占有率低,尤其在 CAD 系统集成方面还是刚刚起步,汽车设计的 CAD 应用水平还很不平衡。随着我国市场化程度的加深和市场竞争的加剧,汽车企业必须改变传统的设计、制造、管理、销售模式,来提升企业竞争力和市场应变能力。可以说,实施 CAD 系统是最有效的方式之一。

分析我国制造业和汽车行业 CAD 技术的应用情况,大致可分为以下 4 种不同的应用层次:

(1) 计算机绘图应用层次。这个层次基本属于"画图板"层次,其特点是:提高了绘图效率,一定程度上加快了产品的设计过程。

(2) 三维设计应用层次。从三维着手进行产品设计,采用特征参数化 CAD 系统建立零部件的三维几何模型,实现装配仿真和装配干涉检查,由三维模型生成零件二维工程图。由此可实现无纸设计和有纸制造,即三维模型→二维零件工程图→加工制造,或者实现无纸设计和无纸制造,即三维模型→数控加工。

(3) 数字化设计应用层次。数字化设计是指用计算机进行产品的设计、工程分析、模拟装配和制造等过程。工程分析是指在设计中利用有限元分析、优化设计及其他分析软件对产品的性能和结构进行分析,以保证产品性能优良,结构合理。数字化设计的目标是建立产品的数字化样机,即产品外形的数字化定义,产品零部件 100% 的数字化定义,产品中机、电、液等主要系统 100% 的数字化定义,产品 100% 的数字化预装配。目前在我国的汽车产品设计中能够做到这种水平的还比较少。

(4) 企业信息化应用层次。这个层次的应用体现在 CAD/CAE/CAPP 等的集成;应用

PLM 软件实现企业内部的文档管理、产品结构管理、配置管理以及工作流程管理；实现 CAX/PDM/ERP 的集成等。这一层次是 CAD 技术的深化应用，是现阶段开展制造业信息化工程的主要内容，其目的是达到企业内部，乃至企业间的信息交换和共享。目前在实施制造业信息化的汽车整车和零部件生产企业中，根据各自的具体情况，已经在不同程度上实现了这一应用层次。

进入 21 世纪，CAD 技术已成为汽车设计的主要方法和手段。在我国，汽车产业已初步发展成为我国国民经济的支柱产业，汽车工业也是 CAD 技术应用的先锋。CAD 技术在企业中的成功应用，不仅带来了企业技术上的创新，同时带动了企业落后的经营、管理模式的变革。因此，它对我国传统产业的改造、新技术的兴起，以及汽车工业提高国际竞争力等方面，起到了巨大的推动作用。步入 21 世纪的中国汽车工业将受到来自跨国汽车公司的巨大生存压力，以及数字化和产品、技术不断创新的严峻挑战。因此，CAD 技术的全面应用是中国汽车工业发展的必由之路，应纳入汽车企业的发展战略中。

2.1.4　我国制造业和汽车企业应如何应用 CAD 技术

尽管我国在 CAD 技术的应用方面已取得了巨大成就，但与发达国家相比仍有较大差距。据资料介绍，1990 年美国制造业做到了"三个 3"，即产品生命周期 3 年，产品制造周期 3 个月，产品设计周期 3 周。相比之下，2000 年我国主导产品的生命周期约为 10.5 年，开发周期为 18 个月。在德国，提出了"合理化工程"，其口号是：企业在接到订单的当天就开始生产。这种差距不仅有技术上的原因，还有思想观念、管理等方面的原因。但仅从技术上说，怎样使我国的制造业和汽车企业用好 CAD 技术，充分发挥 CAD 技术的优势，让 CAD 技术为实现企业的战略目标服务是一个需要研究和重视的问题。

面对 21 世纪全球快速多变的市场的激烈竞争，需要用很短的开发周期，开发出具有个性化、多品种、高质量、低成本、绿色环保、具有良好服务的新产品。这是制造业和汽车企业的战略目标，也是制造业和汽车企业应用 CAD 技术的目标。

为实现企业战略目标，下面通过对机械和汽车产品开发的分析，讨论 CAD 技术的应用必须做好的工作。机械和汽车产品设计本身的最大特点是存在着相似性，通过成组技术、标准化技术和模块化技术，可以把 90% 的结构要素标准化，把部分部件模块化。这部分标准化、规范化和模块化的零部件是产品设计的基础，可供设计者选用。这些零部件一旦选中，其数字化模型、图纸、工艺规程、制造代码、工装、量具等都是现成的，无须重新设计或制造，可以直接开始生产。因此，只要按相似性原理做好产品的成组、标准化和模块化设计，就可以将新设计的零部件数量控制在 10%～15% 的范围内，其余零部件的结构设计、工艺设计、工装设计和数控代码设计等都可以省略，这样就能够大大缩短产品的设计周期和开发周期，实现收到订单的当天就开始生产的目标。无疑，上述目标的实现必须依靠 CAD 技术。因此，实现企业战略目标从技术层面上说，就是应用 CAD 技术来实施成组技术、标准化技术、模块化技术，以及其他先进的设计和制造技术。为此，制造业和汽车企业的 CAD 应用必须做好以下工作：①CAD 技术的应用必须与先进的设计、制造理论和方法相结合；②必须进行企业 CAD 应用的二次开发；③在汽车整车和机械零部件的产品开发中推广运用同步工程方法和平台化战略。

　　二次开发的目标是把一个买来的商用支撑性 CAD 系统,通过系统分析和系统设计,变成一个能够实现企业需求的 CAD 应用系统,或者把一个已经初具规模的 CAD 应用系统进一步充实和完善。二次开发一般有以下几方面的内容:

　　(1) 建立产品开发数据库。包括基础通用数据、常用材料数据、产品标准和技术规范、专业设计数据、制造工艺数据、工装数据等。

　　(2) 建立产品图形库。包括结构要素、通用零件、标准件、机电配套件、通用部件、模块件、基础构件等。

　　(3) 建立方法库。包括优化方法、相似性分析、模块设计分析、可靠性分析、成本分析、决策方法等。

　　(4) 商用 PDM 系统的二次开发。

　　(5) 与其他系统的接口及集成。包括与 CAPP、CAM、PDMERP 等的接口及集成。

　　(6) 提高汽车整车数字化开发水平,加强汽车产品开发的平台化战略。

　　(7) 加强 STEP 标准在汽车 CAD 技术中的应用。

2.2　CAE 技术在汽车设计中的应用

2.2.1　计算机辅助工程概述

　　计算机辅助工程(Computer Aided Engineering,CAE)是采用虚拟仿真方法对结构(场)的性能进行模拟(仿真),预测其性能,优化结构(场)的设计,为产品研发提供基础,为解决实际工程问题提供依据。早在 1980 年,SDRC 的创始人 J. Lemon 就提出了计算机辅助工程的概念。近年来随着计算机技术的迅速发展,CAE 技术已经成为汽车企业提高产品质量和建立产品开发能力不可缺少的一环。

　　CAE 技术具体包括工程数值分析、结构与过程优化设计、结构强度与寿命评估、运动学/动力学仿真等。工程数值分析用来分析确定产品的性能;结构与过程优化设计用来保证产品和工艺过程的性能最优;结构强度与寿命评估用来评估产品的设计精度、可靠性以及使用寿命;运动学、动力学仿真用来对 CAD 建模得到的虚拟样机计算其运动学、动力学性能。从过程化、实用化技术发展的角度看,CAE 的核心技术为有限元分析方法与基于虚拟样机的运动学、动力学仿真技术。

2.2.2　CAE 技术在汽车产品开发中的全面引入

　　当前,CAE 技术已越来越广泛地应用于汽车产品的概念设计、详细设计及样车验证中,并在各自阶段发挥着不同的作用。

　　(1) 概念设计阶段。概念设计阶段确定整个汽车产品的目标定位,确定整车、各系统的性能参数,制定各大总成设计任务书,规定设计控制数据,完成可行性研究报告。概念设计是汽车设计中最重要的阶段,许多整车参数都在此阶段确定,这些参数决定了整车结构尺寸的详细设计。由于整个系统的复杂性,单单依靠设计者的经验无法准确地给出这些数据。

基于 CAE 技术及大量经验和试验数据的整车数字化仿真体系,可以模拟整车在不同路况下的实际响应,为各零部件的精确 CAE 分析提供载荷条件,从而进行复杂的非线性动力学分析、关键部件疲劳寿命分析、整车舒适性分析、噪声和振动分析等。

(2) 详细设计阶段。详细设计阶段的 CAE 技术具有多方面的应用,它能保证设计满足强度、刚度、疲劳寿命、振动噪声要求和设计质量控制目标,达到优化设计的目的。这一阶段的工作取决于汽车的性能目标,关键在于建立完善的分析方法和评价策略。

(3) 样车验证阶段。在产品定型之前,样车可用来验证整车性能是否达到设计目标,进而制定整改方案。CAE 技术与样车验证相结合有助于降低样车制造与试验成本,并大幅减少整改次数。另外,样车验证同时也是对 CAE 模型的标定,通过标定后的 CAE 模型可寻找影响特定性能的关键敏感因素,并针对具体问题提出切实有效的解决方案。

笼统地讲,包括整车和零部件在内的每一种汽车产品都可以列为 CAE 技术的应用对象。通过对其中所涉及关键部分的 CAE 分析,可以在早期设计阶段就把握好产品各个方面的性能,及早排除问题。这对于汽车行业来说极为重要,因为问题发现得越早,解决问题的代价就越低。为便于研究,相应于汽车构造的层次关系划分出如下 3 个应用层级:

(1) 整车层级。通常需要进行整车运动学、动力学仿真,以模拟实际车辆的行驶状态。这就需要建立整车 CAE 模型(虚拟样车),以计算、分析相关整车性能,通常包括动力性、燃油经济性、排放性、平顺性、操纵稳定性、通过性、制动性及 Noise、Vibration、Harshness。

(2) 系统层级。高度复杂的汽车总体构造通常划分为 4 大系统,即发动机、底盘、车身、电气设备。各系统又可做进一步的细化,如底盘系统又分为 4 大子系统,即传动系、行驶系、转向系、制动系。整车 CAE 分析所明确的性能指标参数分解到相关系统、子系统后,即成为确定系统、子系统性能设计目标最主要的依据。系统层级 CAE 分析主要面向系统、子系统的整车匹配,即分解到系统、子系统上的整车性能是否可以实现以及如何实现的问题。

(3) 零部件层级。主要是对零部件(小总成)的性能与结构分析,如发动机缸体、白车身结构、车门密封条、传动轴与万向节、悬架减振器、轮胎与轮毂单元等,以确定它们的性能和力学特性等是否符合总体设计要求,并在必要时进行优化与改进。

在汽车发展历史上,在为汽车企业带来巨大的回报方面,至今还没有什么技术能与 CAE 技术相比。在汽车产品开发中全面引入 CAE 技术,实现全过程虚拟样机仿真已成为当前汽车产品开发技术的重要发展方向之一,其作用集中体现在以下 3 个方面:

(1) 极大地缩短了产品的研制周期。在建模和分析过程中采用实体造型和参数化,模型和参数的修改都很方便,最终确定合理的结构参数所需时间得到大幅度的缩短。

(2) 减少了开发费用。相对于道路试验和室内台架试验而言,利用 CAE 分析汽车整车及零部件的各种性能所需要的费用大幅度减少。

(3) 有利于通过优化等手段开发出性能更为优越的汽车整车和零部件。例如,通过优化车架和车身的结构参数减轻整车重量;通过优化行驶系和转向系的参数提高整车的操纵稳定性和行驶平顺性等。

当然,从实际应用的角度来说,汽车 CAE 作用的发挥还依赖于两个重要前提:一个是对 CAE 技术的熟练掌握;另一个是要提供最基本的试验数据和相关数据库。这里所指的基本试验数据,是指轮胎特性数据、道路特性数据、各种材料的力学特性等数据。所谓相关数据库,是指企业在产品设计和开发过程中不断积累的、能够提供结构形式和主要参数(包括价格、外协情况等)的数据库。除此之外,要更好地实施 CAE 并发挥其作用,必须与 CAD、CAM 等结合起来加以综合运用。

2.2.3 CAE 技术需要解决的关键问题

CAE 技术可以在提高产品质量和开发能力方面,对汽车企业提供极大帮助。在汽车产品研发的整个过程中,CAE 可以对汽车结构的强度、刚度、车辆的振动和噪声、舒适性(平顺性)、耐久性、碰撞、乘员的安全性,以及动力总成(发动机和变速器)的性能等方面进行分析,判断设计的合理性,对结构进行优化。此外,用 CAE 还可以对冲压成型、铸造和锻造的工艺过程进行模拟,解决产品的制造质量问题。因此,CAE 技术的应用贯穿于汽车新产品开发的始终,对于新产品的造型、性能乃至销售等各方面都有非常重要影响:

CAE 技术在汽车产品的研发中有如下作用:

1. 提升汽车产品开发的速度

传统的汽车产品的开发过程,主要经过规划、设计、样机制作、试验评估及生产几个步骤,如图 2.1 所示。

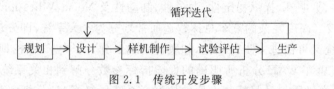

图 2.1   传统开发步骤

传统步骤是将设计理念通过绘图表现出来,再经过多次试验最终完成产品开发工作。显然,如果能尽量减少设计、样机制作及试验评估的次数,会大大提高产品的开发速度。在汽车样车生产之前的设计环节,引入 CAE 技术能减少样车生产与试验评估的次数,如图 2.2 所示。当然并不能由此就忽略了评估与分析的环节。

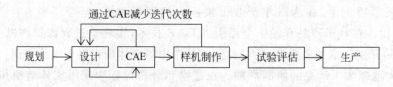

图 2.2   采用 CAE 技术的开发过程

其结果是,通过引入 CAE 技术,样车制作与试验评估只要进行一次即可,如图 2.3 所示。

图 2.3   仅需一次原型样车生产的开发步骤

2. 概念设计阶段的 CAE 应用

概念设计是汽车设计中最重要的阶段,图 2.4 所示为结合 CAE 的汽车概念设计流程。

图 2.4　结合 CAE 的汽车概念设计流程

概念设计阶段确定汽车产品的目标定位，确定整车、各大总成（如车身、发动机、底盘、控制系统等）的性能参数，制定各大总成设计任务，规定设计控制数据，完成可行性研究报告。概念设计阶段决定了车辆整体的结构性能，要求设计人员具有丰富的设计和制造经验。

单纯依靠经验和样车试验，无法形成完整科学的设计控制指标。采用 CAE 技术驱动汽车结构设计的方法，在详细的 CAD 设计之前介入对各种方案的粗略分析，定量地分配强度、刚度、质量等设计控制指标，并设置碰撞安全性目标和 NVH 性能等目标，明确车辆动态性能的设计要求。

以 CAE 分析驱动结构设计方法与将 CAE 放在 CAD 设计之后的传统设计方法相比，具有以下优势：在设计初期基于简单的 CAE 模型可以进行结构性能的优化；通过 CAE 分析力传递过程可以在设计初期确定适当的结构材料以满足性能要求；一旦在设计过程中确定了主要的截面尺寸和载荷路径，设计人员就较容易使用概念结构的模板建立详细的 CAD 模型，有助于缩短开发周期。

3. 详细设计阶段的 CAE 应用

详细设计阶段的 CAE 技术具有传统的应用，它能保证设计满足强度、刚度、疲劳寿命、振动、噪声要求和设计质量控制目标，达到优化设计的目的。CAE 技术应用于汽车产品的开发过程中，面对的具体问题复杂多样。如采用有限单元法计算零件的应力和变形，并进行强度和刚度分析；采用多刚体动力学方法进行整车的操纵稳定性和行驶平顺性的动态仿真分析；采用有限单元法进行碰撞分析；采用有限单元法和边界单元法进行噪声分析等。可以说，CAE 在汽车产品开发过程中所发挥的作用已经无法取代。这一阶段的工作取决于汽车的性能目标，关键在于建立完善的分析方法和评价策略，主要包括以下分析内容：

（1）系统动力学分析。汽车系统动力学分析主要研究汽车的行驶性、操纵性等，通常采用多体（多刚体、多柔体）系统动力学分析方法。在研究过程中需要处理如下基本问题：

① 坐标系选择问题。相对坐标法是目前常用的方法，它的特点是每个体上固结一个局部坐标；绝对坐标法则用统一的坐标系表示整个系统的状态，它的计算效率低，较少采用。

② 柔性体离散化问题。柔性体本质上是无限自由度系统，为适应计算机数值计算的要求，必须对柔性体进行离散化，可用的方法有假设模态法、有限段方法、有限单元法等。有限单元法与模态分析法相结合是常用的方法，该方法将系统的物理坐标变换为模态坐标，从而大大降低了系统的自由度数目。

③ 建模方法选择问题。建模方法主要有 Newton-Euler（N-E）方程（矢量力学方程），可对隔离体建立动力学方程；Lagrange 方程（分析力学方程），它从系统的能量角度入手建立动力学方程；Kane 方程，它兼有矢量力学和分析力学的特点，各种动力学原理与方程具有等效性。通常采用有限单元、假设模态、校正模态、奇异扰动等方法获得柔性体动力学有限维逼近的坐标基，联同关节变量作为广义坐标，通过 Lagrange 方程或变分原理导出动力学

方程组。

④ 动力学方程数值算法问题。多体系统动力学方程的系数矩阵为高度非线性,其初始条件或因参数的微小变化或因计算误差的积累都有可能导致仿真结果的较大偏差甚至发散。针对上述问题的理论研究至今进展不大。目前在仿真时还都是采用传统的数值积分方法,如四阶 Runge-Kutta 法、Gear 法、Newmark 法等。

(2) 疲劳寿命分析。结构的疲劳破坏是其主要的失效形式,因此结构的疲劳强度和疲劳寿命是其强度和可靠性研究的主要内容之一。汽车疲劳寿命分析主要研究汽车整车及各部件的动、静疲劳寿命,有以下 4 种分析方法:

① 根据 S-N 曲线进行总寿命评价分析。这是最传统的总寿命分析方法,对裂纹的产生和扩展不加以明确区分,能够预测到有较大的损伤和破坏后的总寿命。当然,这种方法也能够对材料在一系列循环载荷作用下各部位的损伤度和剩余寿命进行评价。

② 根据 ε-N 曲线进行萌生寿命分析,即所谓的"裂纹萌生分析法"。它根据关键点的应变来预测疲劳寿命,一般用于对整个结构的安全可能造成致命危险的高应变区域。

③ 根据线弹性破坏力学进行裂纹扩展分析。这是一种建立在线弹性破坏力学理论基础上的预测裂纹扩展的方法,一般适用于结构的损伤容限设计。

④ 疲劳寿命灵敏度分析及优化。它可对不同材料、焊接类型、载荷大小、各种修正法、耐久性可靠度、表面加工处理、残余应力、应力集中等设计因素进行灵敏度分析及优化设计。

(3) 碰撞分析。涉及碰撞模拟和乘员保护。汽车碰撞安全标准中包含 5 个方面的内容:前撞、后撞、侧撞、顶部压垮和侧门强度。目前,碰撞分析方法主要包括有限单元法、多刚体系统动力学方法和机械振动学方法。显式有限单元法是汽车碰撞仿真中最常用的方法。汽车碰撞分析主要进行车身结构的耐撞性研究、碰撞生物力学研究和乘员约束系统及安全内饰件研究,具体如下:

① 车身结构的耐撞性。主要研究汽车(特别是轿车)车身对碰撞能量的吸收特性,寻求改善车身结构抗撞性的方法。在保证乘员安全空间的前提下,使车身变形吸收的碰撞能量最大,从而使传递给车内乘员的碰撞能量降到最小。目前,车身结构的耐撞性研究通常采用实车碰撞和 CAE 分析相结合的方法。汽车结构的 CAE 模型包括完整的白车身、保险杠系统、低速吸能系统、前后风窗及车门(带玻璃)、发动机、传动系统及其固定零部件、排放系统、悬架系统、轮胎等。

② 碰撞生物力学。主要研究人体在不同形式的碰撞中的伤害机理、人体各部位的伤害极限、人体各部位对碰撞载荷的机械响应特性以及碰撞试验用人体替代物。物理试验和 CAE 模型包括各种百分位的假人模型和一系列撞击器模型,如头部、腿部及胸部撞击器模型等。

③ 乘员约束系统及安全内饰件。研究目的是尽量避免人体与内饰件发生二次碰撞。其中,乘员约束系统包括驾驶员座椅系统、安全带、安全气囊等。安全内饰件的研究则是使人体与之发生二次碰撞时,对人体造成的伤害最小。

(4) NVH 分析。NVH 特指由噪声、振动而引发的车辆乘坐舒适性与环境影响问题。近年来随着人们环境意识的不断提高,车辆的 NVH 性能正逐渐演变为重要的设计指标,这也是用户所关心的整车性能指标之一。目前,工程中常用的 NVH 分析方法主要有:

① 多刚体系统动力学方法。主要应用于悬架系统、转向系统、传动系统及动力总成悬置系统等低频范围的建模与分析。

② 有限单元法。一方面,适用于车身结构振动、车室内部空腔噪声的建模分析;另一方面,与多刚体系统动力学方法相结合,分析汽车底盘系统的动力学特性。常见的有限单元计算方法是由变分法和加权余量法发展而来的 Ritz-Galerkin 法。

③ 边界单元法。与有限单元法相比,边界单元法能方便地处理无界区域问题,但计算速度较慢。此法在处理车室内吸声材料建模方面具有独特的优点。它与有限单元法都比较适用于中、低频范围。

④ 统计能量分析法。对于中、高频(500~800Hz 及以上)的汽车 NVH 预估,如果采用有限单元法建立模型,将大大增加工作量且准确度并不高。此时,采用统计能量分析法是比较合理的。统计能量分析法可以快速准确地模拟中、高频段声学特性。

(5) 冲压成型仿真。冲压成型仿真有助于确定产品的可制造性,优化冲压方向、工艺补充、坯料估算和排样。它可以在设计阶段预测产品冲压成型中可能出现的质量缺陷(如起皱、开裂等),进而对结构设计进行优化,以消除成型缺陷。由于汽车车身中的金属覆盖件所占比例最高,钣金件的模具成本是整个制造过程中最大的成本之一,冲压成型仿真是降低废品率、压缩生产成本的有效方法。

(6) 空气动力学分析。随着车速的提高,汽车外流场空气动力学性能备受关注。当车速小于 350km/h 时(普通汽车车速均小于此限值),外流场空气流体的压缩性可忽略,描述汽车外流场的流体动力学基本方程组为三维不可压缩非定常 N-S 方程组,可用线性或非线性方法进行求解。其中,有限差分法、有限单元法和有限体积法为求解非线性 Euler 和 N-S 方程组的 3 种主要数值方法。有限体积法是介于有限差分法和有限单元法之间的离散方法,兼有两者的优点,在汽车空气动力学数值仿真中得到了广泛应用。近年来,汽车外流场空气动力学分析的热点问题是:进行汽车高速行驶时的气动噪声分析,分析汽车高速行驶时空气流场对操纵稳定性的影响等。

4. 工程样车验证阶段

在汽车产品定型之前工程样车可用来验证整车性能是否达到设计目标,继而进一步制定修改方案。采用 CAE 技术有助于汽车的轻量化及制造成本的控制,并大幅减少修改次数,降低试验成本。通过标定后的 CAE 模型可以寻找影响特定性能的关键敏感因素,并针对具体问题提出切实有效的解决方案。

2.2.4　国内汽车行业的 CAE 技术应用情况

CAE 技术的广泛应用已经给国外汽车行业带来了巨大的经济效益。它已将"基于物理样机试验的传统设计方法"带入"基于虚拟样机仿真的现代设计方法",从而大幅度地缩短了汽车产品的开发周期和开发成本,提高了企业的市场竞争力。目前,国际上一些著名的汽车生产厂家以及规模较大的零部件供应商都建立了功能较为完备的 CAE 中心,有自己的 CAE 应用规范和分析流程。并且,这些企业长期与专业 CAE 软件供应商和技术服务公司合作,相互促进,共同发展,在整车系统仿真、总成和零部件性能分析等方面已具有较高的 CAE 技术应用水平。

在我国,汽车 CAE 技术的产业化应用起步于 20 世纪 80 年代中期,历经 10 余年的缓慢发展,到 90 年代后期开始加速,日前已经进入高速发展期。国内汽车行业的企业性质呈现多元化的格局,有国有企业、民营企业、外资企业、中外合资企业、国内股份制企业等。在以往相当长的一段时间内,企业性质的不同在一定程度上导致了产品开发模式的差异,而 CAE 技术的应用情况又和产品开发模式有着密切联系。具体而言,国有企业的 CAE 技术应用开始较早,但是发展缓慢,CAE 人才流失较多,有的单位 CAE 技术应用 20 余年来还停留在基本分析阶段。可喜的是,随着企业改革的深入进行,这种情况已经有所改观,目前在许多骨干企业中,CAE 技术应用受到高度重视,发展势头强劲。民营或者国内股份制企业因为没有现成的产品可以生产,刚开始是仿造,现在有些企业已经具备一定的自主设计能力。有自主设计能力的企业对 CAE 技术往往也很重视,而且在相关领域的 CAE 应用水平也相对较高。外资企业和中外合资企业的产品设计权一般在国外,其在国内的 CAE 技术应用一般停留在工艺更改后的验证层次,谈不上关键技术领域的 CAE 应用。当然,随着国外公司逐步在国内建立研发中心,其 CAE 技术的应用情况将会有所不同。

我国汽车产业政策明确鼓励自主研发技术积累。现阶段,国内汽车企业在市场竞争和知识产权问题的双重压力下,开始加大产品自主开发力度,积极组建和培育自己的研发体系,而 CAE 技术应用已成为自主开发能力事实上的标志。国内一些自主(半自主)开发的车型,对 CAE 分析的需求和依赖较为强烈。有的企业借鉴一些国外经验,并结合本企业 CAE 应用的实际条件,开始建立自己的 CAE 处理流程和应用规范。轿车企业在这方面的步伐快一些,卡车和客车企业则相对迟缓。总的来讲,当前国内汽车行业 CAE 技术应用的深度和广度均在不断增加,主流 CAE 软件的配置情况也基本与国外接轨,但应用水平参差不齐,整体上应用效果尚不理想。其瓶颈在于:一方面,针对较复杂对象的 CAE 仿真结果置信度往往偏低,难以作为定量依据,甚至反映不出定性趋势;另一方面,很多情况下针对 CAE 仿真结果的深入解读存在障碍,难以从中判明设计缺陷所在,更提不出有针对性的改进建议。造成这种困境的根源既有客观条件不足的问题,也有主观方面的因素。对其所面临的诸多具体问题,需要立足企业实际情况逐一排查并提出有效的解决对策,图 2.5 给出了相应的线索与提示。

需要指出,上述的“基础数据”“测试条件”“标准与准则”提供了 CAE 技术赖以生存和发展的“硬环境”,而“认识”“知识与技能”“经验”则提供了相应的“软环境”。二者缺一不可,共同支撑着 CAE 技术“分析”“模拟”“解析”“改进”功能的实现,即构成所谓的“CAE 空间”。如图 2.5 所示,CAE 空间形象地反映出 CAE 内外部技术要素之间的关系。CAE 空间越大,意味着 CAE 技术应用所依托的外部环境越优良,同时预示着 CAE 技术的内在功能越容易得到发挥。因此,CAE 空间的有效拓展自然成为关注的焦点,需要软环境与硬环境的同步改善和协调发展,这已触及现行技术体系中的诸多薄弱部分,是一个复杂的系统与环境关系问题,需要以系统工程的观点统筹 CAE 内外部技术要素,为 CAE 技术应用取得实效创造条件。

2.2.5　发展中的汽车 CAE 技术

目前,CAE 技术正向着平台化的方向发展。需要指出,CAE 技术的平台化并不是一种革命性的变化,实际上和其他产品一样,也是遵循了传统工业发展的轨迹。这里的 CAE 平

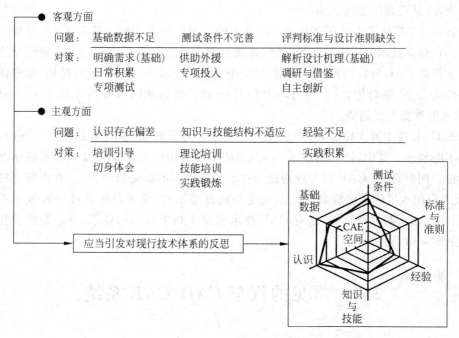

图 2.5　CAE 技术应用所面临的具体问题与对策

台可以理解成一种组合型的 CAE 技术,其核心是相关 CAE 软件功能的组合。不同的组合能够产生不同的功能,并形成新的应用。在汽车产品的设计开发中,许多复杂问题的解决需要 CAE 技术的专项组合来支持,CAE 平台应能够有效地组织并驱动这种组合,即具有对 CAE 工作模式及工作流程的动态规划与管理能力,这就需要建立集成化、全息化与智能化的处理机制。另外,还需要重视 CAE 工作模式及流程的标准化。迄今为止,CAE 的工作模式及流程一直处于个性化的状态,不同的 CAE 工程师用同样的 CAE 软件处理同样的问题,工作模式及流程不同,得出的结果就可能不一样。这种个性化对 CAE 知识的传承与交流带来很大的障碍。CAE 技术的门槛直到今天仍然很高,其中 CAE 知识难以传承和交流是很重要的原因。由此可见,CAE 工作模式及流程的标准化势在必行,这对于汽车 CAE 技术的应用与发展尤为重要。

　　现代汽车产品开发中,CAE 是创造价值的中心环节,要使 CAE 的作用达到最大化,需将其融入设计全流程中,并对复杂设计对象进行"真实模拟"。VPG(Virtual Proving Ground,虚拟试验场)技术已使这样的设计流程变为现实。VPG 技术和传统 CAE 技术相比有很大的进步,相关软件的使用也大为简化和方便。VPG 技术的主要特点是分析对象的整车化、分析模型的数据库化、路面载荷的全面化、计算求解的高度非线性化及分析内容的全面化,从中体现出一定程度的集成化与全息化思想,是当前汽车 CAE 技术领域中一个很有代表性的进展。事实上,虚拟环境技术正在加速走向汽车工程的各个专项应用领域。例如,针对车辆 NVH 性能的 CAE 分析结果,已不仅局限于曲线、图表的形式。借助于虚拟现实环境,可向有关技术、管理人员及最终用户提供身临其境般的听觉、触觉及视觉感受,从而能够在车型开发的早期阶段,先于物理样车的出现而切身体会其 NVH 性能,并据以进行主观、客观评价和改进设计方案——这个几年前提出的技术概念业已成为现实,并在工程应用中不断完善,从而逐步走向成熟。

现阶段,CAE 技术在汽车产品设计开发中的应用已相当普遍。然而,CAE 分析结果的置信度一直是该技术应用中的瓶颈问题,并成为理论研究和工程应用领域关注的重点。为从根本上提高 CAE 分析的置信度,必须立足于有关理论及方法的创新与发展,集中体现在多学科综合分析、混合仿真、系统与环境辨识、不确定性影响因素分析等方面,这也是汽车 CAE 技术的重要发展趋势。

汽车 CAE 技术博大精深,方兴未艾。在其日新月异的发展中,新的思想、观点与技术手段将不断涌现。其中,计算机技术以及 CAE 技术应用的公共学科基础的发展始终处于先导地位。同时,汽车 CAE 的专业理论与技术基础也在不断完善和发展,并直接支持汽车 CAE 技术应用水平的持续提高。而市场竞争的日益加剧,要求汽车产品开发效率不断提高,开发成本和周期不断降低,这对 CAE 技术提出了越来越高的要求,并成为推动技术进步与发展的永恒动力。

2.3　常见的汽车 CAD/CAE 系统

CAD/CAE 技术已诞生了半个多世纪,随着计算机技术的飞速发展,CAD/CAE 技术也得到了快速发展。特别是进入 20 世纪 90 年代以来,三维 CAD 技术、具有自动分网功能的有限元分析技术、图形化 NC 编程技术得到广泛应用,涌现了一批功能强大的 CAD/CAE 系统,推动了 CAD/CAE 技术进入了一个新的技术水平和应用阶段。

目前全球有很多商业化的 CAD/CAE 系统,它们具有各自的技术特点和优势,并在不同行业都得到应用。从功能角度来看,这些系统可以分为两类。

一类是以单一功能为主的 CAD/CAE 系统,如 AutoCAD、SolidEdge、SolidWorks 等主要以设计为主,ANSYS、MSC.Nastran、ABAQUS 等为专业有限元分析软件。这类系统的特点是专业化强、功能突出,特别是专业有限元分析软件的分网和计算能力很强。

另一类为集成的 CAD/CAE 软件系统,如 CATIA、UG、Pro/E 等。这类软件以设计功能为主,集成了部分分析和制造功能。其特点是几种功能统一在同一软件平台下,各类数据传输方便,功能无缝集成,易于实现设计、分析和制造的并行,但分析和制造功能不及专业软件强。

表 2.1 列出了目前世界上常见的 CAD/CAE 系统。

表 2.1　常见的 CAD/CAE 系统

系统名称	开发公司	类别	特点
CATIA	法国达索公司与美国 IBM 公司	集成化应用软件	世界上主流的 CAD/CAE/CAM 一体化软件,居世界 CAD/CAE/CAM 领域的领导地位,率先采用自由曲面建模方法用于三维复杂曲面建模,其在加工编程方面极具优势。CATIA 软件以其强大的曲面设计功能而在飞机、汽车、轮船等设计领域享有很高的声誉

续表

系统名称	开发公司	类别	特点
UG NX	美国 UGS 公司（现被西门子公司收购）	集成化应用软件	采用将参数化和变量化技术与实体、线框和表面功能融为一体的复合建模技术，有限元分析功能需借助专业分析软件的求解器，CAM 专用模块的功能强大
Pro/E	美国 PTC 公司	集成化应用软件	率先推出的参数化设计技术，设计以参数化为特点，基于特征的参数化设计功能，大大提高了产品建模效率。兼有有限元分析和 NC 编程功能，但分析能力一般
SolidWorks	美国 SolidWorks 公司	集成化应用软件	具有特征建模功能，自上而下和自下而上的多种设计方式；可动态模拟装配过程，在装配环境中设计新零件；兼有有限元分析和 NC 编程功能，但分析和数控加工能力一般
SolidEdge	美国 EDS 公司	专业 CAD 软件	独有的内置 PDM 系统使设计者的工作效率大大提高；拥有目前业界公认的最出色的钣金设计模块和一套优秀高效的完整解决方案；专业化的设计环境使软件易学易用，且具有简单的动静态分析功能
ANSYS	美国 ANSYS 公司	专业有限元分析软件	可进行多场和多场耦合分析，包括结构、电磁、热、声、流体等物理场特性的计算，是目前应用非常广泛的一种通用有限元分析软件
Nastran	美国 MSC 公司	专业有限元分析软件	采用模块化组装方式，不但拥有很强的分析功能，而且具有较好的灵活性，用户可根据自己的工程问题和系统需求，通过模块选择、组合获取最佳的应用系统。不但适用于中小型项目，对于处理大型工程问题也同样非常有效，已成功解决了超过 5 000 000 自由度的实际问题
ABAQUS	美国 ABAQUS 公司	专业有限元分析软件	广泛应用于非线性及线性结构的数值求解，解题范围广泛而深入。但对使用者的理论基础和物理现象认识要求较高
LS-DYNA	美国 LSTC 公司	专业有限元分析软件	世界上最著名的通用显式动力分析程序，能够模拟各种复杂问题，可求解二维、三维结构的高速碰撞、爆炸和金属成型等非线性动力冲击问题，同时可求解传热、流体及流固耦合问题
ADINA	美国 ADINA R&D 公司	专业有限元分析软件	适用于机械、土木建筑等众多领域，可进行结构强度设计、可靠性分析评定、科学前沿研究，其非线性问题稳定求解、多物理场仿真等功能一直处于全球领先地位
ALGOR	美国 ALGOR 公司	专业有限元分析软件	大型通用工程仿真软件，用于各行业的设计、有限元分析、机械运动仿真。在汽车、电子、航空航天、医学、日用品生产、军事、电力系统、石油、大型建筑以及微电子机械系统等领域中均有广泛应用

系统名称	开发公司	类　别	特　　点
ProCAST	美国 USE 公司	专业有限元分析软件	采用有限元方法对铸件充型、凝固和冷却过程中的流场、温度场、应力场进行模拟分析
AutoCAD	美国 AutoDesk 公司	专业 CAD 软件	二维绘图功能强大,是应用最早的二维 CAD 软件。目前在全球应用非常广泛,在国内拥有巨大的用户群
ADAMS	美国 MSC 公司	专业数值仿真软件	集建模、求解、可视化技术于一体的虚拟样机软件,是目前世界上使用最多的机械系统仿真分析软件,可产生复杂机械系统的虚拟样机,真实仿真其运动过程,并快速分析比较多参数方案,以获得优化的工作性能,从而减少物理样机制造及试验次数,提高产品质量并缩短产品研制周期
RECURDYN	韩国 FunctionBay 公司	专业数值仿真软件	新一代多体系统动力学仿真软件。它采用相对坐标系运动方程理论和完全递归算法,具有令人震撼的求解速度与稳定性,非常适合于求解大规模的多体系统动力学问题
SIMPACK	德国 INTEC Gmbh 公司	专业数值仿真软件	针对机械/机电系统运动学/动力学仿真分析的多体动力学分析软件包。它以多体系统计算动力学为基础,包含多个专业模块和专业领域的虚拟样机开发系统软件。SIMPACK 软件的主要应用领域包括汽车工业、铁路、航空航天、通用机械、发动机等
Hyperworks	美国 Altair 公司	专业结构分析软件	一个创新、开放的企业级 CAE 平台,它集成设计与分析所需各种工具,具有无比的性能以及高度的开放性。主要包括前后处理有关的 HyperMesh、HyperView、HyperGraph,优化解算器 OptiStruct,多体动力分析软件 MotionView 等。功能涵盖了结构分析所需要的所有 CAE 功能
MADYMO	荷兰国家应用科技研究院	专业数值仿真软件	完美融合多体动力学计算功能和显式动态有限元计算功能,广泛应用于车身结构设计、安全气囊、安全带、座椅、仪表板、方向盘转向柱等开发,是乘员约束系统整合及优化设计的首选工程软件
FLUENT	美国 FLUENT 公司(现被 ANSYS 公司收购)	专业流场仿真软件	目前国际上比较流行的商用 CFD 软件包,在美国的市场占有率为 60%,凡是和流体、热传递和化学反应等有关的工业均可使用。它具有丰富的物理模型、先进的数值方法和强大的前后处理功能,在航空航天、汽车设计、石油天然气和涡轮机设计等方面都有着广泛的应用。用于计算流体流动和传热问题

续表

系统名称	开发公司	类　别	特　点
STAR-CD	日本 CD-adapco 公司	专业流场仿真软件	强项在于汽车工业,用于汽车发动机内的流动和传热仿真。STAR-CD 采用基于完全非结构化网格和有限体积方法的核心解算器,可计算稳态、非稳态、牛顿、非牛顿流体、多孔介质、亚声速、超声速、多项流等问题
PAM-CRASH	法国 ESI 公司	专业碰撞模拟分析软件	主要用于三维模型的抗撞性分析,是碰撞损伤评估和安全性评估的必要工具,其包括设置参数和边界条件的处理软件(PAM-GENERIS)以及分析计算结果后处理软件(PAM-VIEW)。目前,PAM-CRASH 软件在汽车被动安全性研究领域得到广泛的应用
DYTRAN	美国 MSC 公司	专业动态冲击软件	专门适于应用在需要考虑产品与环境之间或产品内部的高速非线性动力特性的产品设计、制造和运行环节中,通过仿真了解产品性能,优化产品设计。具有强大的瞬态动力、流体-结构耦合分析功能
AutoForm	瑞士 AutoForm 公司	专业薄板成型模拟软件	专业薄板成型快速模拟软件,可以用于薄板、拼焊板的冲压成型、液压胀形等过程的模拟,配合不同的功能模块,还可以进行冲压件单步法成型模拟以及拉深工序工艺补充面(Addendum)的设计
Moldflow	美国 Moldflow 公司	专业模流分析软件	可以对塑料模具(热塑性和热固性塑料)进行仿真模拟分析,通过分析结果,可以提前预测模具(产品)潜在的缺陷,为模具(产品)的改善方向提供准确的参考,从而提高模具(产品)的质量
SYSNOISE	比利时 LMS 公司	专业声学分析软件	大型的声学计算分析商品软件,在声学计算分析领域占据领先地位。它为噪声控制专业工程技术人员提供了在产品设计开始阶段预报和解决声学问题的工具
AutoSEA2	法国 ESI 公司	专业噪声振动仿真软件	目前世界上运用最广、功能最强大的统计能量分析软件。应用范围包括:飞机、汽车、船舶内噪声的预估、主要声源及噪声控制措施,船舶及潜艇的外噪声辐射,建筑、空调声环境预测等
iSIGHT	美国 Engineious 公司	专业优化分析软件	过程集成、优化设计和稳健性设计的软件,可以将数字技术、推理技术和设计探索技术有效融合,并把大量需要人工完成的工作由软件实现自动化处理。对多个设计可选方案进行评估和研究,大大缩短了产品的设计周期
FATIGUE	美国 MSC 公司	专业耐久性疲劳寿命分析软件	可用于结构的裂纹扩展分析、应力寿命分析、整体寿命预估分析、疲劳优化设计、振动疲劳分析等各种分析,拥有丰富的疲劳断裂相关材料库、疲劳载荷和时间历程库等,能够可视化疲劳分析的各类损伤、寿命结果

国内的 CAD/CAE 系统研究起步较晚，主要依靠高等院校的开发研制，这一类的软件种类较多，比如清华大学开发的具有自主知识产权的 GHGEMSCAD（高华 CAD）；浙江大学开发的具有三维功能并与有限元分析、数控加工集成的 GS-CAD；华中理工大学开发的具有参数化功能和装配设计功能的开目 CAD，该软件也是 CAD/CAM/CAPP 结合的软件，目前在国内的市场使用也较多；北航海尔的 CAXA 系统是基于 STEP 的 CAD/CAM 集成制造系统，具有拖放式的实体造型并结合智能捕捉与三维球定位技术，在国内市场出现较早，其功能也相对比较强大，在国内的应用也较为广泛。以上各种国内的应用软件大都符合中国人的绘图习惯，符合中国的制图、制造标准，而且是全中文界面，符合中国人的使用习惯，因此近几年国产软件也慢慢得到了使用者的广泛注意。

2.4　CAD/CAE 系统软硬件选用原则

2.4.1　CAD/CAE 系统的硬件选用原则

CAD/CAE 系统硬件的选择不仅要适应 CAD/CAE 技术发展水平，而且要满足它所服务的对象，应以用户的使用目的和具备条件（包括经费、人员技术水平等）为前提，以制造商提供的性能指标为依据，以性价比及其适用程度为基本出发点，综合考虑各方面因素加以决策。具体应从以下几个方面加以考虑：

（1）系统功能。主机系统的性能，如 CPU 的规格、数据处理能力和运算速度、内/外存容量、输入/输出设备的性能、图形显示和处理能力、与多种外围设备的接口以及通信联网能力等。

（2）系统升级扩展能力。因 CAD/CAE 系统硬件技术的发展非常迅速，为保护用户的投资不受或少受损失，应注意欲购产品的内在结构是否具有随着应用规模的扩大而升级扩展的能力，能否向下兼容以便在扩展系统中继续使用。

（3）系统的开放性和可移植性。如果需要应用程序能够移植到另一个硬件平台，要求系统能独立于制造厂商并遵循有关国际标准，能为各种应用软件提供交互操作性和可移植性平台。

（4）良好的性价比。

（5）系统的可靠性、可维护性与服务质量。

2.4.2　CAD/CAE 系统的软件选用原则

选择理想的 CAD/CAE 软件应主要考虑以下因素：

（1）系统功能与能力配置。现在，支持 CAD/CAE 系统商品化的系统软件和支撑软件有很多，且大多采用了模块化结构和即插即用的连接与安装方式。不同的功能通过不同的软件模块实现，通过组装不同模块的软件构成不同规模和功能的系统。因此，要根据系统的功能要求确定系统所需要的软件模块和规模。

（2）与硬件的匹配性。不同的软件往往需要不同的硬件环境支持。如软、硬件都需配置,则要先选软件,再选硬件,软件决定着 CAD/CAE 系统的功能;如已有硬件,只配软件,则需要考虑硬件能力,配备相应类型的软件。

（3）软件的性价比。

（4）开放性。所选软件应与 CAD/CAE 系统中的设备、其他软件和通用数据库具有良好的接口、数据格式转换和集成能力,具备驱动绘图机及打印机等设备的接口,具备升级能力,便于系统的应用和扩展。

（5）二次开发能力和环境。二次开发能够充分发挥 CAD/CAE 软件的作用和使用效率,因此了解所选软件的二次开发能力很有必要,例如,所提供的二次开发工具、所需要的环境和编程语言。专用的二次开发语言学习和培训量大,但使用效率较高,通用编程语言则相反。

（6）可靠性。所选 CAD/CAE 软件应在遇到一些极限处理情况和某些误操作时,能进行相应处理而不会使系统崩溃。

第 3 章

汽车 CAE 的部分主流软件系统及其应用

3.1 CAE 软件及选择

CAE 涵盖了工程和制造业信息化的所有方面,其相关软件即称为 CAE 软件。CAE 软件能够对通用及特定产品进行性能分析、模拟、预测、评价和优化,以实现产品的技术创新。使用 CAE 软件,可以对创新设计方案快速实施性能与可靠性分析,并进行模拟运行,及早发现设计缺陷。在创新的同时,提高设计质量,降低研究开发成本,缩短研究开发周期。

CAE 技术的研究始于 20 世纪 50 年代中期,CAE 软件则出现于 70 年代初期,到 80 年代中期 CAE 软件在可用性、可靠性和计算效率上已基本成熟。当前,商品化 CAE 软件的功能、性能、前后处理能力、单元库、算法库、材料库,特别是用户界面和数据管理技术等方面都有了巨大的发展。其中,前后处理是 CAE 软件与用户交互以及实现与 CAD、CAM 等软件无缝集成的关键环节。通过增设与相关软件(如 CATIA、UG、Pro/E、SolidEdge 及 SolidWorks 等)的接口数据模块,实现有效的集成。并可通过增加面向行业的数据处理和优化算法模块,实现特定行业的有效应用。CAE 软件对工程和产品的分析、模拟能力,主要取决于单元库和材料库的丰富和完善程度,知名 CAE 软件的单元库中一般都有百余种单元,并拥有一个比较完善的材料库,使其对工程和产品的物理、力学行为具有较强的分析模拟能力。CAE 软件的计算效率和计算结果的精度主要取决于算法库,特别是在并行计算机环境下运行,先进高效的求解算法与常规的求解算法,在计算效率上可能有几倍、几十倍甚至几百倍的差异。CAE 软件现已可以在超级并行机,分布式微机群,大、中、小、微各类计算机和各种操作系统平台上运行。

CAE 软件的种类繁多,并处在不断推陈出新的过程中。具体到汽车 CAE 领域:一方面,许多支持通用机电产品设计开发的商品化主流软件系统已获得充分应用,如 ADAMS、Nastran、ANSYS、SYSNOISE、AutoSEA、FLUENT、STAR-CD、GT-POWER、RECURDYN 等,它们构成了现阶段汽车 CAE 应用软件体系的主干;另一方面,一些面向汽车产品设计开发领域特定问题的专用商品化软件系统(或软件系统中的功能模块)也在不断完善和发展,例如,应用于汽车悬架系统整车匹配分析的 ADAMS/Car,适用于电动汽车仿真分析的 ADVISOR、PSAT,适用于工程履带车辆分析的 RECURDYN 等,并已在工程实际中发挥着重要作用。另外,设计开发人员也可能会视具体情况编写一些灵活、实用的小型计算与分析程序,或基于商品化的 CAE 软件系统进行必要的二次开发,从而大大方便了其具体工作。在这方面,MATLAB/Simulink、C 及 C++ 语言等的应用极为活跃。

在 CAE 软件应用的过程中,势必会涉及对实际问题的分析。通常情况下,对于一个实际问题,分析的思路可能有多种,而同一种分析思路下又可能采用多种分析软件来完成。当然,对于不同的软件,各自所具有的特点又有所不同。比如,对一个构件进行有限元分析时,就需要在 Nastran、ANSYS、ABAQUS、MARC 等众多软件中进行取舍。可见,CAE 软件的合理选择十分重要。选择的方法通常有两种:一种是依据工程人员对软件的了解程度直接做出判断,可直接根据实际经验以及对软件应用的熟练程度进行选取,这里的实际经验可以是来自于以往的工程实际,也可以是自己对该软件的侧面了解;另一种则是依据软件调研得到的相关资料作为选择过程的支持条件。当然,通过调研得到的信息通常情况下都比较烦琐,即具有不确定性。需要进行信息的筛选核对,才能最终被我们所应用。CAE 软件的选择处理流程如图 3.1 所示,特别是对于其中"不可直接判断"的情形,软件调研中必须全面了解软件技术水平和软件供应商的技术支持能力。同时,应该把所涉及的软件特点,以及企业需求和企业实际情况等因素充分考虑进去,并要特别注意软件之间的衔接以及相关企业之间软件平台的一致或对接。另外,形成软件与试验能力的互补与互动也是非常重要的一个方面。这样才能做出最终合理的选择。

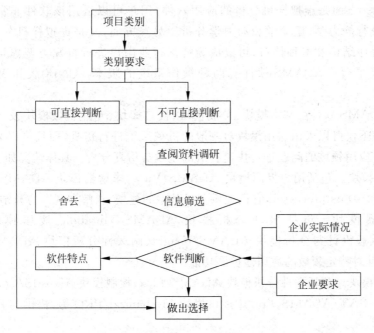

图 3.1　CAE 软件的选择处理流程

3.2　ADAMS 软件及其应用

3.2.1　MSC. ADAMS 简介

虚拟样机仿真分析软件 ADAMS(Automatic Dynamic Analysis of Mechanical Systems)是对机械系统的运动学与动力学进行仿真的商用软件,由美国 MDI(Mechanical Dynamics

Inc.)开发,在经历了 12 个版本后,被美国 MSC 公司收购。ADAMS 集建模、计算和后处理于一体。ADAMS 由许多个模块组成,基本模块是 View 模块和 Postprocess 模块,通常的机械系统仿真都可以用这两个模块来完成。另外,在 ADAMS 中还针对专业领域而单独开发一些专用模块和嵌入模块,例如,专业模块包括汽车模块 ADAMS/Car、发动机模块 ADAMS/Engine、铁路车辆模块 ADAMS/Rail、飞行器模块 ADAMS/Aircraft 等;嵌入模块如振动模块 ADAMS/Vibration、耐久性模块 ADAMS/Durability、液压模块 ADAMS/Hydraulic、控制模块 ADAMS/Control 和柔性体模块 ADAMS/AutoFlex 等。

目前,ADAMS 已经被全世界各行各业的数百家主要制造商采用。ADAMS 软件使用交互式图形环境和零件库、约束库、力库,创建完全参数化的机械系统几何模型,其求解器采用多刚体系统动力学理论中的 Lagrange 方程方法,建立系统动力学方程,对虚拟机械系统进行静力学、运动学和动力学分析,输出位移、速度、加速度和反作用力曲线。ADAMS 软件的仿真可用于预测机械系统的性能、运动范围、碰撞检测、峰值载荷以及计算有限元的输入载荷等。

ADAMS 一方面是虚拟样机分析的应用软件,用户可以运用该软件非常方便地对虚拟机械系统进行静力学、运动学和动力学分析。另一方面,又是虚拟样机分析开发工具,其开放性的程序结构和多种接口,可以成为特殊行业用户进行特殊类型虚拟样机分析的二次开发工具平台。ADAMS 软件有两种操作系统的版本:UNIX 版和 Windows NT/2000 版。

MSC. ADAMS 软件由基本模块、扩展模块、接口模块、专业领域模块及工具箱 5 类模块组成。用户不仅可以采用通用模块对一般的机械系统进行仿真,而且可以采用专用模块针对特定工业应用领域的问题进行快速有效的建模与仿真分析。具体情况如下:

(1) 基本模块。包括用户界面模块 ADAMS/View、求解器模块 ADAMS/Solver、后处理模块 ADAMS/Postprocessor,它们提供了最基本的建模、求解和观察仿真结果的工具。

(2) 扩展模块。包括振动分析模块 ADAMS/Vibration、液压模块 ADAMS/Hydraulics、试验设计与分析模块 ADAMS/Insight、耐久性分析模块 ADAMS/Durability 等,它们提供针对特定领域的通用性扩展功能。

(3) 接口模块。包括柔性分析模块 ADAMS/Flex、控制模块 ADAMS/Control、CATIA 专业接口模块 CAT/ADAMS、Pro/E 接口模块 Mechanical/PRO 等,提供与其他领域软件的接口。

(4) 专业领域模块。包括汽车整车匹配分析模块 ADAMS/Car、汽车底盘模块 ADAMS/Chassis、驾驶员模块 ADAMS/Driver、动力传动系统模块 ADAMS/Driveline、轮胎模块 ADAMS/Tire、发动机模块 ADAMS/Engine、铁路车辆模块 ADAMS/Rail、飞行器模块 ADAMS/Aircraft 等,提供针对特定领域的专业处理。

(5) 工具箱。包括二次开发工具包 ADAMS/SDK、虚拟试验工具箱 Virtual Test Lab、钢板弹簧工具箱 Leafspring Toolkit、飞机起落架工具箱 ADAMS/Landing Gear、履带/轮胎式车辆工具箱 Tracked/Wheeled Vehicle、齿轮传动工具箱 ADAMS/Gear Tool 等,提供便捷操作处理功能。

值得注意的是,目前在汽车 CAE 领域,ADAMS/Car 的应用已比较普遍。ADAMS/Car 吸收了奥迪、宝马、雷诺和沃尔沃等汽车公司的设计开发经验,能够快速建立高精度的车辆子系统模型和整车模型,可通过高速动画直观地再现各种工况下的车辆运动学(Kinematics)和动力学(Dynamics)仿真,并输出表征稳定性、制动性、乘坐舒适性和安全性等的性能参数。

ADAMS/Car 分为 Standard Interface(标准界面)和 Template Builder(模板)两种模式,每一种模式对应着不同的菜单界面和功能。其中,Template Builder 模式为车辆设计人员提供了广阔的设计空间,专业设计人员可以在该模式下选择、修改或自主搭建车辆各个子系统的参数化模型,即所谓的"模板"。而 Standard Interface 模式则是在模板的基础上,实现子系统模型及整车模型的修改、组装及仿真分析和数据处理等功能。通常情况下,ADAMS/Car 采用自下而上的建模顺序,建模步骤是:首先,在 Template Builder 模式下创建所需的模板,或对已有的模板进行修改以适应建模要求;然后,根据建立的模板在 Standard Interface 模式下建立子系统模型,并将子系统模型组装成系统总成或整车模型;最后,根据研究目标对组装好的悬架总成或整车模型给出不同的分析命令,即可进行不同工况下的仿真分析或优化设计。

可见,在 Template Builder 中建立模板是 ADAMS/Car 仿真分析首要的关键步骤,具体需要经历物理模型的简化、确定 Hardpoint、创建 Part、定义 Mount、创建 Geometry、定义 Attachment、定义 Parameter Variable、定义 Communicator 等处理过程,有些情况下还需进行一些特殊的定义,如摩擦力、传感器、作动器等。

3.2.2 基于 ADAMS/Car 四轮转向汽车操纵动力学仿真

在汽车产品设计开发中,平顺性、操纵稳定性、制动效能等是极为重要的整车性能指标,为揭示其内在规律及影响因素。汽车四轮转向(4WS)技术是改善汽车操纵稳定性的主要手段之一,也是汽车主动底盘技术的重要组成部分。运用 4WS 技术,可以有效减小低速行驶时汽车的转弯半径,使汽车在低速行驶时更加灵活。同时,该技术还可以大大地改善汽车在高速行驶时横摆角速度和侧向加速度等瞬态响应指标,提高高速行驶时的操纵稳定性。这里基于 ADAMS/Car 实施了相应的建模与分析,概要如下:

(1) 基础数据准备。分析对象为某型轿车。建模所需基础数据包括:相关零部件及总成的三维 CAD 模型,整车基本参数,悬架挂点空间坐标,车身质心、质量与转动惯量,减振器阻尼特性,钢板弹簧刚度特性,悬架橡胶衬套特性,轮胎特性等。其中许多数据需要通过试验来获取,并需要事先进行坐标系的定义。所选的车辆及机构定位参数如表 3.1 所列。

表 3.1 车辆及机构部分定位参数

整车主要定位参数		数　据	悬架主要定位参数	数　据
轴距/mm		3517.9	主销后倾角/(°)	9.3
轮距/mm	前轮距	1600.8	主销内倾角/(°)	13
	后轮距	1601.6	车轮外倾角/(°)	1.0
车身质心位置/mm(距前轴位置)		1877.76	车轮前束角/(°)	0.1

注: 前后悬架数值相同,故只列出其中一组。

(2) 模板构建。在 Template Builder 模式下,一共构建出 8 个模板:前悬架模板、后悬架模板、转向系模板、动力总成模板、传动系模板、制动系模板、轮胎模板、车身模板。总体上讲,可授权给一般技术人员（非虚拟样机开发人员）进行调整的模板要素有 4 种类型：①Hardpoint,定义对象的几何量值；②General Part,定义刚体构件的质量和转动惯量；③Parameter Variable,定义有关角度、载荷、刚度等；④Property File,定义减振器、弹性衬套、轮胎及路面特性。具体到每个模板,其可授权调整的要素不尽相同。

（3）子系统生成。在 Standard Interface 模式下,调用所构建的模板,一共生成了 9 个子系统：前悬架、后悬架、转向系、动力总成、传动系、制动系、前轮、后轮、车身。其中,前轮与后轮调用了同一轮胎模板。

（4）整车装配。在 Standard Interface 模式下,将上述各子系统加以集成即构成了整车的装配体模型,或称"虚拟样车",如图 3.2 所示。在运用 ADAMS 软件建立车辆的机构动力学模型时,可以对悬架以及转向机构的一些关键点进行参数化建模,如前轮前束、主销后倾、主销内倾、车轮外倾角的定位参数等。通过改变这些定位参数,可以方便地仿真车辆在不同定位参数下的平顺性及操纵稳定性状况,还可以通过定义目标函数,对悬架及转向机构进行优化,从而选出最为合理的结构模型。

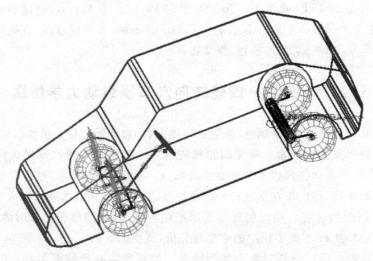

图 3.2　虚拟样车

（5）置信度检验与修正。这里同样需要进行仿真结果的置信度检验与必要的模型修正。主要手段仍然是将仿真试运行结果（计算过程由 ADAMS/Solver 在后台完成）与相应的试验结果进行比对,从中判明误差来源及修正方向。其中有许多试验需要依据国家标准进行。在选择具体试验项目时,还要权衡费用与周期控制等问题。

（6）仿真分析及结果。采用通过检验与修正的虚拟样车,可以进行操纵稳定性的仿真分析,并在 ADAMS/Postprocessor 中以适当形式显示分析结果。动态响应分析的部分结果如图 3.3～图 3.5 所示。

（7）优化设计。在上述仿真分析的基础上,可进一步实施动力总成悬置系统的优化设计。ADAMS/View 自带有这种优化设计功能,实施中需要经历一系列的操作处理：设定优化目标、初定设计变量、定义仿真脚本（或选取默认脚本）、灵敏度分析、确定设计变量、设定约束条件、执行寻优过程、读取优化结果、优化效果验证（仿真验证、试验验证）等。

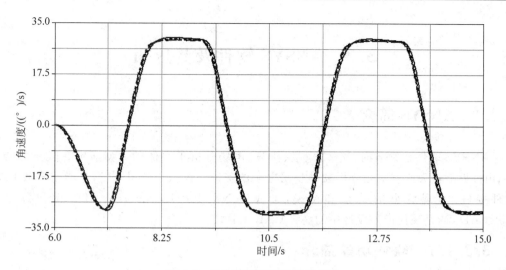

图 3.3　蛇行试验横摆角速度曲线

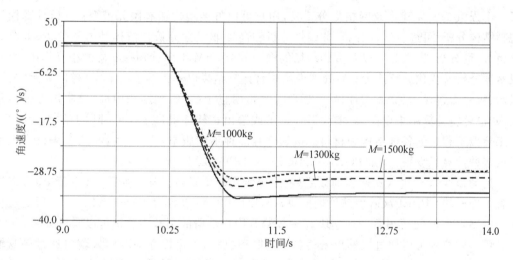

图 3.4　不同质量下横摆角速度曲线

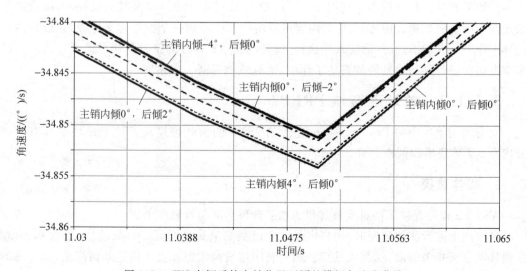

图 3.5　4WS 车辆后轮主销位置不同的横摆角速度曲线

3.3 ANSYS 软件及其应用

3.3.1 ANSYS 简介

ANSYS 软件是融结构、流体、电场、磁场、声场分析于一体的大型通用有限元分析软件,由世界上最大的有限元分析软件公司之一的美国 ANSYS 公司开发,它能与多数 CAD 软件接口,实现数据的共享和交换,如 UG NX、Pro/E,Nastran、ALGOR、I-DEAS、AutoCAD 等,是现代产品设计中的高级 CAE 工具之一。

3.3.1.1 软件功能简介

软件主要包括三个部分:前处理模块,分析计算模块和后处理模块。前处理模块提供了一个强大的实体建模及网格划分工具,用户可以方便地构造有限元模型;分析计算模块包括结构分析(可进行线性分析、非线性分析和高度非线性分析)、流体动力学分析、电磁场分析、声场分析、压电分析以及多物理场的耦合分析,可模拟多种物理介质的相互作用,具有灵敏度分析及优化分析能力;后处理模块可将计算结果以彩色等值线显示、梯度显示、矢量显示、粒子流迹显示、立体切片显示、透明及半透明显示(可看到结构内部)等图形方式显示出来,也可将计算结果以图表、曲线形式显示或输出。软件提供了 100 种以上的单元类型,用来模拟工程中的各种结构和材料。该软件有多种不同版本,可以运行在从个人机到大型机的多种计算机设备上,如 PC、SGI、HP、SUN、DEC、IBM、CRAY 等。

启动 ANSYS,进入欢迎界面以后,程序停留在开始平台。从开始平台(主菜单)可以进入各处理模块:PREP7(通用前处理模块)、SOLUTION(求解模块)、POST1(通用后处理模块)、POST26(时间历程后处理模块)。ANSYS 用户手册的全部内容都可以联机查阅。

用户的指令可以通过鼠标单击菜单项选取和执行,也可以在命令输入窗口通过键盘输入。命令一经执行,该命令就会在.LOG 文件中列出,打开输出窗口可以看到.LOG 文件的内容。如果软件运行过程中出现问题,查看.LOG 文件中的命令流及其错误提示,将有助于快速发现问题的根源。.LOG 文件的内容可以略作修改存到一个批处理文件中,在以后进行同样工作时,由 ANSYS 自动读入并执行,这是 ANSYS 软件的第三种命令输入方式。这种命令方式在进行某些重复性较高的工作时,能有效地提高工作速度。

3.3.1.2 前处理模块 PREP7

双击实用菜单中的 Preprocessor,进入 ANSYS 的前处理模块。这个模块主要有两部分内容:实体建模和网格划分。

1. 实体建模

ANSYS 程序提供了两种实体建模方法:自顶向下与自底向上。

自顶向下进行实体建模时,用户定义一个模型的最高级图元,如球、棱柱,称为基元,程序则自动定义相关的面、线及关键点。用户利用这些高级图元直接构造几何模型,如二维的圆和矩形以及三维的块、球、锥和柱。无论使用自顶向下还是自底向上方法建模,用户均能使用布尔运算来组合数据集,从而"雕塑出"一个实体模型。ANSYS 程序提供了完整的布尔运算,诸如相加、相减、相交、分割、粘结和重叠。在创建复杂实体模型时,对线、面、体、基元的布尔操作能减少相当可观的建模工作量。ANSYS 程序还提供了拖拉、延伸、旋转、移动、延伸和复制实体模型图元的功能。附加的功能还包括圆弧构造、切线构造、通过拖拉与旋转生成面和体、线与面的自动相交运算、自动倒角生成、用于网格划分的硬点的建立、移动、复制和删除。

自底向上进行实体建模时,用户从最低级的图元向上构造模型,即用户首先定义关键点,然后依次定义相关的线、面、体。

2. 网格划分

ANSYS 程序提供了使用便捷、高质量地对 CAD 模型进行网格划分的功能。包括 4 种网格划分方法:延伸划分、映像划分、自由划分和自适应划分。延伸网格划分可将一个二维网格延伸成一个三维网格。映像网格划分允许用户将几何模型分解成简单的几部分,然后选择合适的单元属性和网格控制,生成映像网格。ANSYS 程序的自由网格划分器功能十分强大,可对复杂模型直接划分,避免了用户对各个部分分别划分然后进行组装时各部分网格不匹配带来的麻烦。自适应网格划分是在生成了具有边界条件的实体模型以后,用户指示程序自动地生成有限元网格,分析、估计网格的离散误差,然后重新定义网格大小,再次分析计算、估计网格的离散误差,直至误差低于用户定义的值或达到用户定义的求解次数。

3.3.1.3　求解模块 Solution

前处理阶段完成建模以后,用户可以在求解阶段获得分析结果。

单击快捷工具区的 SAVE_DB 将前处理模块生成的模型存盘,退出 Preprocessor,单击实用菜单项中的 Solution,进入分析求解模块。在该阶段,用户可以定义分析类型、分析选项、载荷数据和载荷步选项,然后开始有限元求解。

ANSYS 软件提供的分析类型如下:

1. 结构静力分析

结构静力分析用来求解外载荷引起的位移、应力和力。静力分析很适合求解惯性和阻尼对结构的影响并不显著的问题。ANSYS 软件中的结构静力分析不仅可以进行线性分析,而且也可以进行非线性分析,如塑性、蠕变、膨胀、大变形、大应变及接触分析。

2. 结构动力学分析

结构动力学分析用来求解随时间变化的载荷对结构或部件的影响。与静力分析不同,动力分析要考虑随时间变化的力载荷以及它对阻尼和惯性的影响。ANSYS 可进行的结构动力学分析类型包括瞬态动力学分析、模态分析、谐波响应分析及随机振动响应分析。

3. 结构非线性分析

结构非线性导致结构或部件的响应随外载荷不成比例变化。ANSYS 软件可求解静态和瞬态非线性问题,包括材料非线性、几何非线性和单元非线性三种。

4. 动力学分析

ANSYS 软件可以分析大型三维柔体运动。当运动的积累影响起主要作用时,可使用这些功能分析复杂结构在空间中的运动特性,并确定结构中由此产生的应力、应变和变形。

5. 热分析

ANSYS 软件可处理热传递的三种基本类型:传导、对流和辐射。热传递的三种类型均可进行稳态和瞬态、线性和非线性分析。热分析还具有可以模拟材料固化和熔解过程的相变分析能力以及模拟热与结构应力之间的热-结构耦合分析能力。

6. 电磁场分析

主要用于电磁场问题的分析,如电感、电容、磁通量密度、涡流、电场分布、磁力线分布、力、运动效应、电路和能量损失等。还可用于螺线管、调节器、发电机、变换器、磁体、加速器、电解槽及无损检测装置等的设计和分析领域。

7. 流体动力学分析

ANSYS 流体单元能进行流体动力学分析,分析类型可以为瞬态或稳态。分析结果可以是每个节点的压力和通过每个单元的流率。并且可以利用后处理功能产生压力、流率和温度分布的图形显示。另外,还可以使用三维表面效应单元和热-流管单元模拟结构的流体绕流并包括对流换热效应。

8. 声场分析

ANSYS 软件的声学功能用来研究在含有流体的介质中声波的传播,或分析浸在流体中的固体结构的动态特性。这些功能可用来确定音响话筒的频率响应,研究音乐大厅的声场强度分布,或预测水对振动船体的阻尼效应。

9. 压电分析

用于分析二维或三维结构对 AC(交流)、DC(直流)或任意随时间变化的电流或机械载荷的响应。这种分析类型可用于换热器、振荡器、谐振器、麦克风等部件及其他电子设备的结构动态性能分析。可进行 4 种类型的分析:静态分析、模态分析、谐波响应分析、瞬态响应分析。

3.3.1.4　后处理模块 POST1 和 POST26

ANSYS 软件的后处理模块包括两个部分:通用后处理模块 POST1 和时间历程响应后处理模块 POST26。通过友好的用户界面,可以很容易获得求解过程的计算结果并对其进行显示。这些结果可能包括位移、温度、应力、应变、速度及热流等,输出形式可以有图形显示和数据列表两种。

1. 通用后处理模块 POST1

单击实用菜单项中的 General Postproc 选项即可进入通用后处理模块。这个模块对前面的分析结果能以图形形式显示和输出。例如,计算结果(如应力)在模型上的变化情况可用等值线图表示,不同的等值线颜色代表了不同的值(如应力值)。浓淡图则用不同的颜色代表不同的数值区(如应力范围),清晰地反映了计算结果的区域分布情况。

2. 时间历程响应后处理模块 POST26

单击实用菜单项中的 TimeHist Postpro 选项即可进入时间历程响应后处理模块。这个模块用于检查在一个时间段或子步历程中的结果,如节点位移、应力或支反力。这些结果能通过绘制曲线或列表查看。绘制一个或多个变量随频率或其他量变化的曲线,有助于形象化地表示分析结果。另外,POST26 还可以进行曲线的代数运算。

3.3.2　基于 ANSYS 的白车身结构分析

汽车白车身的抗扭刚度和抗弯刚度是必须满足的基本性能之一。如果刚度不足,在使用过程中车体变形大,特别是立柱、门框、窗框等关键部位的变形过大,就可能造成门锁变形、内饰脱落、整车密封性差甚至车门卡死、框内玻璃被挤碎等现象。因此,在设计过程中必须考虑车身整体刚度和关键部位的变形量的控制。车身的强度不足,会造成局部开裂或断裂,影响汽车的使用寿命和安全性能。因此,车身必须满足强度要求。

同时,还必须考虑车身的抗疲劳载荷的能力,即部件的疲劳强度计算,估算疲劳寿命。经验表明,如果结构的尺寸选择正确,使该结构能承受最大的偶然载荷的作用,那么它的疲劳强度也就足够了。更重要的是车身动态性能的好坏。客车在实际运行过程当中,会遇到各种复杂的路面激励和冲击,通过有限元模型瞬态分析结果的分析,就可以在设计阶段避免问题的发生。

本案例以某轻型客车白车身为对象,在白车身有限元模型的基础上模拟了静态弯曲和静态扭转两种工静态工况,并进行了模态分析。同时,讨论了车架与车身的连接方式对车身侧偏刚度的影响。

1. 模型的建立

本书中采用的 CAD 模型是在 CATIA 中建立的三维模型,有限元模型在 ANSYS 中建立。通过 CATIA 中的 ASSEMBLY 模块可以实现车身各总成的装配。装配好的各总成如图 3.6 所示。

2. 模型的导入、修整及重构

从 ANSYS 中读入 CATIA 的 PART 文件,然后对模型进行修改。ANSYS 7.0 以上版本有直接和 CATIA 的接口,可以直接读入零件的 PART 文件。在 CATIA 中,零件的每一个曲面都由各自的线段组成,相邻的曲面之间没有共用边界线。这样,就不能满足 ANSYS 中自动网格划分的功能要求。所以,要先删掉重复的线以及线上所包括的点,并用布尔运算中的相加功能把保留下来的线连成一条线,以确保相邻两面有公共边。

删除一些小的特征,如倒角、小圆孔等,并把它们所在的面并入其他的面中。具体做法是,先删除小特征上的所有面和线以及线上所包括的关键点,然后找出包含这些特征的大面的边界线,把它们连成一条线,做出一个大的曲面。然后通过打断来生成和大面相连接的小面所需要的线段,再通过这些线段围成所需的小的曲面。这样可以保证面与面之间存在公共线段和关键点。

建立好的白车身总成有限元模型如图 3.7 所示。

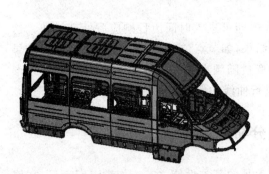

图 3.6   车身总成 CAD 模型　　　　　图 3.7   白车身总成有限元模型

3. 白车身结构静态工况分析

客车在实际运行过程中,会遇到各种复杂的工况,如各种不同的路面激励、单轮骑障、对角骑障、一轮悬空、对角悬空等。其中,比较典型的工况为静态弯曲和静态扭转。

静态弯曲工况:这种工况主要考虑白车身在自身重量作用下的变形和应力分布情况,载荷即为自重。相对于车架右后轮位置约束节点的 X,Y,Z 三个方向平动自由度,相对于车架左后轮位置约束节点的 X,Z 两个方向平动自由度,相对于车架右前轮位置约束节点的 Y,Z 两个方向平动自由度,相对于车架左前轮位置约束节点的 Z 方向一个平动自动度。

静态扭转工况:这种工况模模拟汽车一轮悬空或一轮骑障的情况。加载方式采用位移载荷,使相对于右前轮的位置节点在 Z 方向向上产生 15mm 的变形,并施加重力载荷。固定左后轮位置节点的 X,Y,Z 三个方平动自由度,约束右后轮位置和左前轮位置的 Z 方向平动自由度。

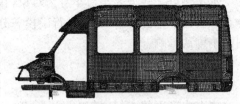

图 3.8   白车身静态工况分析模型

白车身静态工况分析模型如图 3.8 所示。

4. 分析结果

图 3.9~图 3.12 分别为静态弯曲工况白车身应力分布云图和变形云图及局部应力集中情况。

客车在急速转弯时,车身会承受很大的侧向加速度,整个车身也会有不同程度的变形。如果变形过大,将会引起应力集中,甚至直接影响产品功能的实现。因此,车身的侧偏刚度也是评价车身性能好坏的一个很重要的指标。为了比较车身与车架连接方式对车身侧偏刚度的影响,本案例中分别采用三种不同方式建立了三个不同的车身有限元模型。即分别为柔性连接,16 个支承点全部采用弹簧阻尼单元模拟;刚性连接,16 个支承点全部采用节点耦合模拟;刚柔结合,这也是客车实际采用的一种连接方式。

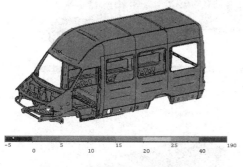

图 3.9　静态弯曲工况应力云图

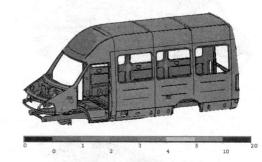

图 3.10　静态弯曲工况变形云图

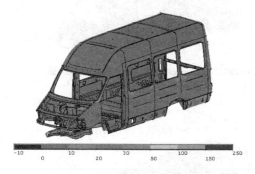

图 3.11　静态扭转工况应力云图

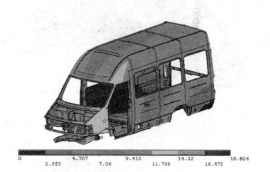

图 3.12　静态扭转工况变形云图

当客车以 60km/h 的速度,以 30m 为转变半径时,客车的离心加速度为 10m/s^2。因此,在这一工况中,分别约束四个车轮位置的节点的自由度,并在 Y 轴方向施加 10m/s^2 的加速度。

图 3.13 为三种连接方式下的车身变形云图。

模态分析是对车身结构进行动力分析和优化的基础。通过模态分析,可以得到结构的动态特性。根据模态分析的结果可以发现结构的薄弱环节和不足之处,为新车型的开发提供依据,同时还是模态试验的数据基础。对于有限元模型来说,模态分析也是检验模型是否有错误的根据之一。

在 ANSYS 中,模态分析为线性分析,所有非线性的因素都会被忽略掉。ANSYS 的模态分析模块中,比较常用的方法是子空间迭代法和 Block Lanczos 法,这两种方法能使大部分的模态分析得到很好的解决;非对称矩阵法及阻尼法只应用于某些特殊的场合。

模态分析包括以下 4 个步骤:

(1) 建立结构有限元模型;

(2) 施加载荷及约束(对于自由模态不加载荷和约束条件),定义分析类型、求解方法和输出结果控制,并求解;

(3) 扩展模态;

(4) 提取结果。

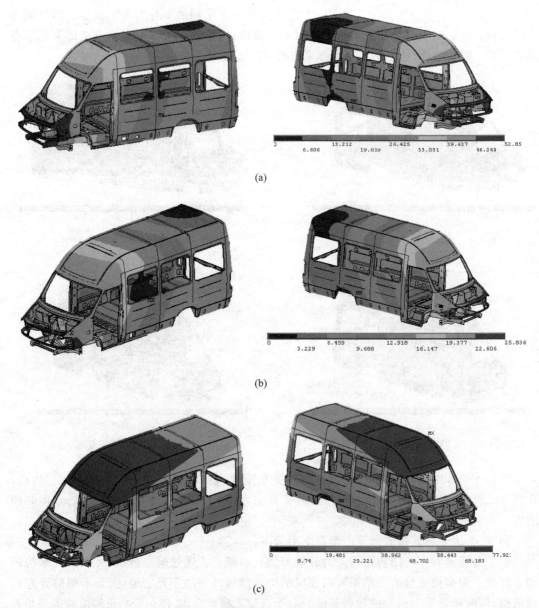

图 3.13　三种连接方式下的变形云图

（a）刚柔结合方式；（b）刚性连接方式；（c）柔性连接方式

本案例采用 Block Lanczos 法求解，其计算结果如下。

车身质心坐标：$X = 2242.3$，$Y = 11.431$，$Z = 894.25$；车身重量：0.567181t。

前 5 阶固有频率如表 3.2 所列。

表 3.2　固有频率

第一阶 （整体弯曲）	第二阶 （局部模态）	第三阶 （整体扭转）	第四阶 （局部模态）	第五阶 （局部模态）
16.318Hz	17.757Hz	20.790Hz	22.477Hz	25.328Hz

图 3.14 和图 3.15 为车身第一阶和第三阶振型图。

图 3.14　第一阶弯曲振型频率 16.318Hz　　　　图 3.15　第三阶扭转振型频率 20.790Hz

3.4　Nastran 软件及其应用

3.4.1　MSC. Nastran 简介

作为世界 CAE 工业标准及最流行的大型通用结构有限元分析软件,MSC. Nastran 的分析功能覆盖了绝大多数工程应用领域,并为用户提供了方便的模块化功能选项,MSC. Nastran 的主要功能模块有基本分析模块(含静力、模态、屈曲、热应力、流固耦合及数据库管理等)、动力学分析模块、热传导模块、非线性分析模块、设计灵敏度分析及优化模块、超单元分析模块、气动弹性分析模块、DMAP 用户开发工具模块及高级对称分析模块。

以下就 MSC. Nastran 不同的分析方法、加载方式、数据类型做进一步的介绍。

1. 静力分析

静力分析是工程结构设计人员使用最为频繁的分析手段,主要用来求解结构在与时间无关或时间作用效果可忽略的静力载荷(如集中/分布静力、温度载荷、强制位移、惯性力等)作用下的响应,并得出所需的节点位移、节点力、约束(反)力、单元内力、单元应力和应变能等。该分析同时还提供结构的重量和重心数据。MSC. Nastran 支持全范围的材料模式,包括均质各向同性材料、正交各向异性材料、各向异性材料、随温度变化的材料。加权组合各种载荷和工况,这些载荷包括单元上的点、线和面载荷、热载荷和强迫位移,在前后处理程序MSC. PATRAN 中定义时可把载荷直接施加于几何体上。

2. 屈曲分析

屈曲分析主要用于研究结构在特定载荷下的稳定性以及确定结构失稳的临界载荷,MSC. Nastran 中屈曲分析包括线性屈曲和非线性屈曲分析。线弹性失稳分析又称特征值屈曲分析。线性屈曲分析可以考虑固定的预载荷,也可使用惯性释放;非线性屈曲分析包括几何非线性失稳分析、弹塑性失稳分析、非线性后屈曲(Snap-through)分析。在算法上,MSC. Nastran 采用先进的微分刚度概念,考虑高阶应变-位移关系,结合 MSC. Nastran 特征值抽取算法可精确地判别出相应的失稳临界点。该方法较其他有限元软件中所使用的限定载荷量级法具有更高的精确度和可靠性。

3. 动力学分析

结构动力学分析是 MSC. Nastran 的主要强项之一,它具有其他有限元分析软件所无法比拟的强大分析功能。结构动力分析不同于静力分析,常用来确定时变载荷对整个结构或部件的影响,同时还要考虑阻尼及惯性效应的作用。

全面的 MSC. Nastran 动力学分析功能包括正则模态及复特征值分析、频率及瞬态响应分析、(噪)声学分析、随机响应分析、响应及冲击谱分析、动力灵敏度分析等。

为求解动力学问题,MSC. Nastran 提供了求解所需的动力和阻尼单元,如瞬态响应分析的非线性弹性单元、各类阻尼单元、(噪)声学阻滞单元及吸收单元等。可在时域或频域内定义各种动力学载荷,包括动态定义所有的静载荷、强迫位移、速度和加速度、初始速度和位移、延时、时间窗口、解析显式时间函数、实复相位和相角、作为结构响应函数的非线性载荷、基于位移和速度的非线性瞬态加载、随载荷或受迫运动不同而不同的时间历程等。图 3.16 所示瑞典沃尔沃 850GLT 型汽车发动机振动特性分析。

MSC. Nastran 的高级动力学功能还可分析更深层、更复杂的工程问题,如控制系统、流固耦合分析、传递函数计算、输入载荷的快速傅里叶变换、陀螺及进动效应分析(需 DMAP 模块)、模态综合分析(需 Superelement 模块)。所有动力计算数据可利用矩阵法、位移法或模态加速法快速地恢复,或直接输出到机构仿真或相关性测试分析系统中。

MSC. Nastran 的主要动力学分析功能有特征模态分析、直接复特征值分析、直接瞬态响应分析、模态瞬态响应分析、响应谱分析、模态复特征值分析、直接频率响应分析、模态频率响应分析、非线性瞬态分析、模态综合、动力灵敏度分析等。

图 3.16   瑞典沃尔沃 850GLT 型汽车发动机振动特性分析

4. 非线性分析

很多结构响应与所受的外载荷并不成比例。由于材料的非线性,这时结构可能会产生大的位移。大转动或两个甚至更多的零件在载荷作用下时而接触时而分离。要想更精确地仿真实际问题,就必须考虑材料以及几何、边界和单元等非线性因素。MSC. Nastran 强大的非线性分析功能为设计人员有效地设计产品、减少额外投资提供了一个十分有用的工具。

　　MSC. Nastran 的主要非线性分析功能有几何非线性分析、材料非线性分析、非线性边界(接触问题)、非线性瞬态分析等。除几何、材料、边界非线性外,MSC. Nastran 还提供了具有非线性属性的各类分析单元,如非线性阻尼、弹簧、接触单元等。非线性弹簧单元允许用户直接定义载荷位移的非线性关系。接触分析也是非线性分析一个很重要的应用方面,如轮胎与道路的接触、齿轮、垫片或衬套等都要用到接触分析。

5. 热传导分析

　　热传导分析通常用来校验结构零件在热边界条件或热环境下的产品特性,利用 MSC. Nastran 可以计算出结构内的热分布状况,并直观地看到结构内潜热、热点位置及分布。用户可通过改变发热元件的位置、提高散热手段、绝热处理或用其他方法优化产品的热性能。

　　MSC. Nastran 提供广泛的温度相关的热传导分析支持能力。基于一维、二维、三维热分析单元,MSC. Nastran 可以解决包括传导、对流、辐射、相变、热控系统在内所有的热传导现象,并真实地仿真各类边界条件,构造各种复杂的材料和几何模型,模拟热控系统,进行热-结构耦合分析。

　　MSC. Nastran 的主要热传导分析功能有线性/非线性稳态热传导分析、线性/非线性瞬态热传导分析、相变分析、热控分析等。

6. 空气动力弹性及颤振分析

　　气动弹性问题是应用力学的分支,涉及气动、惯性及结构力间的相互作用,在 MSC. Nastran 中提供了多种有效的解决方法。人们所知的飞机、直升机、导弹、斜拉桥乃至高耸的电视发射塔、烟囱等都需要气动弹性方面的计算。

　　MSC. Nastran 的气动弹性分析功能主要包括静态和动态气动弹性响应分析、颤振分析及气动弹性优化。

7. 流-固耦合分析

　　流-固耦合分析主要用于解决流体(含气体)与结构之间的相互作用效应。MSC. Nastran 中拥有多种方法求解完全的流-固耦合分析问题,包括流-固耦合法、水弹性流体单元法、虚质量法。

8. 多级超单元分析

　　超单元分析是求解大型问题一种十分有效的手段,特别是当工程师打算对现有结构件做局部修改和重分析时。超单元分析主要是通过把整体结构分化成很多小的子部件来进行分析,即将结构的特征矩阵(刚度、传导率、质量、比热、阻尼等)压缩成一组主自由度类似于子结构方法,但较其相比具有更强的功能且更易于使用。MSC. Nastran 优异的多级超单元分析功能在大型工程项目国际合作中得到了广泛使用,如飞机的发动机、机头、机身、机翼、垂尾、舱门等在最终装配出厂前可由不同地区和不同国家分别进行设计和生产,此间每一项目分包商不但可利用超单元功能独立进行各种结构分析,而且可通过数据通信在某一地利用模态综合技术通过计算机模拟整个飞机的结构特性。

多级超单元分析是 MSC. Nastran 的主要强项之 ，适用于所有的分析类型,如线性静力分析、刚体静力分析、正则模态分析、几何和材料非线性分析、响应谱分析、直接特征值、频率响应、瞬态响应分析、模态特征值、频率响应、瞬态响应分析、模态综合分析(混合边界方法和自由边界方法)、设计灵敏度分析、稳态、非稳态、线性、非线性传热分析等。

9. 高级对称分析

针对结构的对称、反对称、轴对称或循环对称等不同的特点,MSC. Nastran 提供了不同的算法。类似超单元分析,高级对称分析可大大压缩大型结构分析问题的规模,提高计算效率。

10. 设计灵敏度及优化分析

设计优化是为满足特定优选目标如最小重量、最大第一阶固有频率或最小噪声级等的综合设计过程。这些优选目标称为设计目标或目标函数。优化实际上含有折中的含义,例如结构设计得更轻就要用更少的材料,但这样一来结构就会变得脆弱,因此就要限制结构件在最大许用应力下或最小失稳载荷下的外形及尺寸厚度。类似地,如果要保证结构的安全性,就要在一些关键区域增加材料,但同时也意味着结构会加重。最大或最小许用极限限定称为约束。

MSC. Nastran 拥有强大、高效的设计优化能力,其优化过程由设计灵敏度分析及优化两大部分组成,可对静力、模态、屈曲、瞬态响应、频率响应、气动弹性和颤振分析进行优化。

11. 复合材料分析

MSC. Nastran 具有很强的复合材料分析功能,并有多种可应用的单元供用户选择。

12. P-单元及 H、P、H-P 自适应

早在 1986 年 MSC 公司就开发出了 P-单元算法,命名为 MSC. PROBE,历经十多年的应用和改进而完善,该算法正逐步移入 MSC. Nastran 中。H-单元算法是我们在以往有限元分析中经常使用的算法,其特点是适用于大多数分析类型,对于高应力区往往要通过网格的不断加密细化来满足分析精度。与 H-单元算法相比,P-单元算法则是通过提高单元阶次减少高应力区的单元划分数量,P-单元算法是通过减少单元划分数量提高形函数的阶次来保证求解精度。P-单元算法网格划分的规模一般仅相当于 H-法的 1/10 或更小,且对形状极不规则的模型仍能给出精确解。

13. MSC. Nastran 的高级求解方法

MSC. Nastran 能有效地求解大模型,其稀疏矩阵算法速度快而且占用磁盘空间少,内节点自动排序以减小半带宽,再启动能利用以前计算的结果。

3. 4. 2 MSC. Nastran 在轻型客车 NVH 特性研究中的应用

本案例以某轻型客车为研究对象,利用 MSC. Nastran 软件建立了用于整车 NVH 特性研究的有限元模型,并介绍了 MSC. Nastran 软件在 NVH 特性研究过程中的具体应用。

　　NVH 指的是 Noise(噪声)、Vibration(振动)和 Harshness(声振粗糙度),由于它们在车辆等机械中是同时出现且密不可分的,因此常把它们放在一起进行研究。对于汽车来说,乘员的一切来自于车的触觉和听觉感受都属于 NVH 特性研究的范畴,表现为乘员的乘坐舒适性,而噪声又是其研究的重点。调查表明,目前人们对乘坐舒适性的要求明显提高,这就使以改善汽车乘坐舒适性为目的的汽车 NHV 特性的研究变得更加重要。

　　汽车 NVH 特性的研究方法有多种,其中有限元方法(FEM)和多体(MB)系统动力学方法相结合的分析方法较为成熟。利用 MB/FEM 仿真技术确定出作用于车身上的力,再通过 Fluid Solid Interaction 分析求出车室内部声压级,就可以评价不同工况下车室内部的结构噪声了。图 3.17 表示汽车 NVH 特性研究的一般过程。

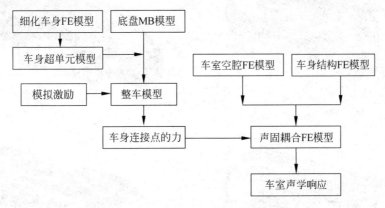

图 3.17　整车 NVH 特性研究过程

1. MSC. Nastran 在整车建模中的应用

　　在研究整车 NVH 特性的过程中,为了准确模拟车室内的噪声水平,必须确定车室声固耦合模型在各种工况下所受到的激励力,为此必须建立准确的整车模型。利用 MSC. Nastran 软件建立细化的白车身模型,再利用超单元技术将车身有限元模型作为柔体转换到多体软件 MSC. ADAMS 中。

　　白车身是车身的主体部分,其有限元模型占据着绝大多数的自由度,因此在分析中具有极为重要的地位。图 3.18 是利用 MSC. Nastran 对某轻型客车的白车身 CAD 模型划分网格建立的有限元模型。整个模型共有 24882 个节点,29593 个单元。建模过程中对一些不重要的特征(如小孔等)进行适当的简化,以减少模型的自由度,便于计算。

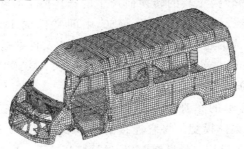

图 3.18　白车身有限元模型

　　建立了白车身的有限元模型之后，就可以对它进行模态分析，以获得它的共振频率，再通过修改车身结构避开激励频率，从而防止产生共振。另外，通过模态振型可以判断出车身变形较大的部位，从而可以有的放矢地改进车身刚度，减少振动噪声的产生和传递。MSC.Nastran 的 SOL103 求解器可以高效稳定地进行结构模态分析。图 3.19 为模态分析得到的车身第一阶扭曲模态（图(a)、(b)）和第一阶弯曲模态（图(c)、(d)）。

　　在白车身有限元模型中再加上其他车身部件，如车门、发动机罩、座椅、内饰件等，就可以得到与实际结构尽可能相近的详细车身模型，从而更加准确地模拟实际的车身结构。

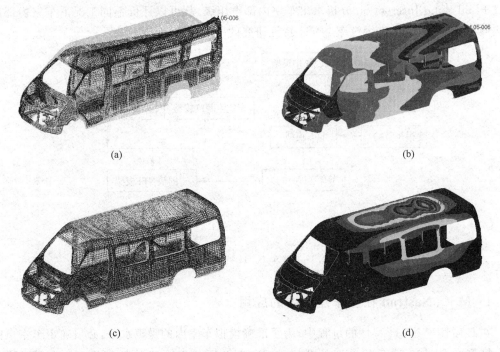

(a)
(b)
(c)
(d)

图 3.19　白车身模态分析结果

　　在 MSC.Nastran 中建立柔体超单元模型时保留下的外部节点就是合并到 MSC.ADAMS 的多体模型中的连接点。在 MSC.ADAMS/Flex 中可以在连接点处建立各种边界条件（如铰链或力）。

　　在 MSC.ADAMS/View 中可以接受的柔体模型是以模态中性文件 MNF 的形式出现的。在 MNF 中保留着柔体的全部模态信息，它是由 Nastran 的输出文件 *.out 经过 MSC.ADAMS/Flex 中的转换工具的转换而产生的。转换工具由 mnfx.alt 和 msc2mnf.exe 两个程序组成，mnfx.alt 是用于产生 MSC 中间文件的 DMAP 转换程序，它利用 Nastran 中的部件模态合成的超单元技术在 Nastran 输出文件中提取所需的柔体信息，并写成二进制文件；而 msc2mnf.exe 则读此文件并通过 MSC.ADAMS/Flex 中 MNF 工具箱中的一系列程序写出相应的 MNF。

　　图 3.20 为利用该客车的车身模型转化得到的超单元模型形成的 MNF 在 MSC.ADAMS/View 中建立的柔体模型。将它连接到在 MSC.ADAMS/View 中建立的底盘多体模型中，就可以得到整车模型。最后在 MSC.ADAMS/View 中施加模拟激励（如路面谱、凸块冲击载荷等），测量出这些工况下底盘与车身之间连接点的响应力，并作为车室声学分

析的激励。

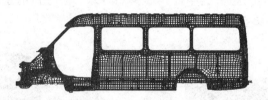

图 3.20　转换到 MSC. ADAMS/View 中的车身超单元模型

2. MSC. Nastran 在建立车室声固耦合模型中的应用

汽车车室构成封闭空腔,形成一个声学系统,其声学特征表现为与固有频率和振型(压力分布)相联系的声学振动模态。汽车 NVH 特性研究的重要内容就是要模拟预测车室内的噪声。

试验表明,车身壁板的振动会改变声学振型的频率,移动节线(声压为零的界线),并使车室内的噪声响应发生重大变化。为了准确模拟车身板件与声腔中空气之间的相互作用,就要把车身结构视为弹性体,在 MSC. Nastran 中建立车室空腔与车身结构的声固耦合模型,并在分析耦合系统振动模态的基础上进一步进行声学响应分析。

在声固耦合模型的动力学方程中,由于结构和空气在界面的相互作用而导致质量和刚度矩阵中引入了对角线外的耦合项,这样在对系统进行模态分析时将出现复特征值,在应用 MSC. Nastran 进行模态分析时应采用 SOL107 求解器。在 MSC. Nastran 中建立声学有限元模型时,可利用 MSC. Patran 提供的 HEXA 等实体单元建立三维的声学单元,并将相应的节点数据卡的第 7 域添加 −1,将它改为流体单元节点。在建立声固耦合模型时需要在耦合界面上将声学单元的节点与结构单元的节点一一对应。

在建立声固耦合模型时,一般是先建车室空腔模型,然后再建车身结构模型,最后再把它们耦合起来。如果建模时先从结构模型入手,将使建模工作增加不必要的麻烦。

这时的车身模型在结构上比前面提到的详细车身要简单一些,但为了准确模拟声学响应,应在模型中加上对声学模态影响较大的座椅、内饰件等。如果只为了定性地研究声固耦合作用对车室空腔声学模态的影响,可以将模型进一步地简化。图 3.21 所示为该客车车室简化的耦合模型,模型中共有声学单元 30 个,节点 75 个;结构单元 66 个,节点 68 个。结构单元的节点与声学单元边界的节点全部耦合。

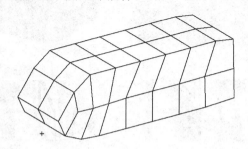

图 3.21　简化的客车声固耦合模型

3. 分析结果

图 3.22 是在 MSC. Nastran 中分析得到的车室空腔的声学模态及其耦合模型的声学模

态。其中图(a)、(b)为自由边界的空腔声学模态,图(c)为近似的刚性壁空腔的声学模态,图(d)为3mm钢板柔性壁空腔的耦合声学模态。

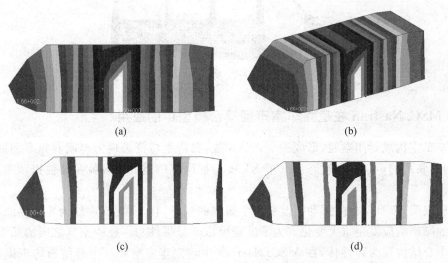

图 3.22   声固耦合模型的第一阶模态

(a) 36.663Hz;(b) 36.663Hz;(c) 36.671Hz;(d) 38.796Hz

由图 3.22 可以看出,由于该车的车室较长,其自由边界空腔的第一阶模态频率较低,为36.663Hz;而对于刚性壁模型来说,由于声场的边界被约束,其声学模态的振形变化较大,但模态频率的变化不大;在柔性壁模型中,它的模态振型与刚性壁模型的很相似,但在车室的中部其声压分布已经出现较大的变化。另外,柔性壁耦合模型的模态频率也发生了变化。

图 3.23 所示的第二阶声学模态仍然是纵向模态。由于模型的几何形状比较规则而且在纵剖面上形状没有变化,因此它的模态频率基本上是第一阶频率的 2 倍,其声压分布在横向上基本没有变化。另外,与第一阶模态相比较,柔性壁、刚性壁模型之间模态频率和模态振型的变化变小了。

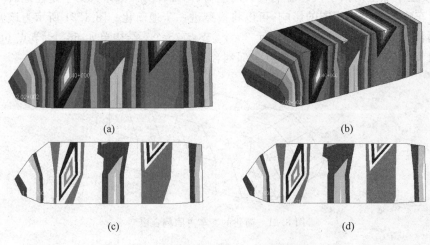

图 3.23   声固耦合模型的第二阶模态

(a) 74.672Hz;(b) 74.672Hz;(c) 74.669Hz;(d) 75.973Hz

　　车室空腔的第一个横向声学模态出现在 108.73Hz,由于车室的长宽比比较大,因此它位于第二阶纵向模态之后。由图 3.24 可以看出,由于模型是左右对称的,因此其模态振型也均匀对称。

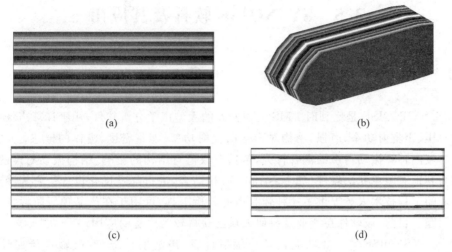

图 3.24　声固耦合模型的第三阶模态

(a) 108.73Hz；(b) 108.73Hz；(c) 108.75Hz；(d) 110.61Hz

　　在第五阶声学模态(图 3.25)中,车室空腔的纵向模态与横向模态相互作用,其综合振型使得声压在车室空腔内的分布更加复杂,由于其模态频率也比较低,对车室内声场的计算影响比较大,因此在预测车室内的噪声时应予以充分的重视。

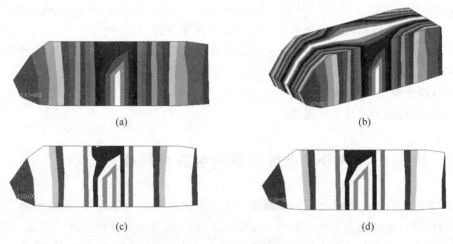

图 3.25　声固耦合模型的第五阶模态

(a) 114.74Hz；(b) 114.74Hz；(c) 114.75Hz；(d) 116.32Hz

4. 结论

　　在汽车低频 NVH 特性的研究中,利用 MSC. Nastran 软件能够方便地建立车身结构模型并顺利完成车室的声固耦合分析等工作。另外,使用 MSC. Nastran 可以方便快捷地实现有限元模型与多体模型的结合,使计算机仿真工作能够更加高效地为汽车 NVH 特性的研究提供服务。

3.5　SYSNOISE 软件及其应用

3.5.1　LMS. SYSNOISE 简介

LMS. SYSNOISE 是比利时 LMS 公司开发的大型声学分析软件,用于计算声场中任意点处的声压、声辐射功率、声强,结构对声场的辐射功率、能量密度,流体的模态;并能够在频域或时域内计算振动与声的耦合行为,包括声载荷对结构的影响、结构振动对声的影响;还可以与其他有限单元法软件(如 Nastran 等)相结合,进行降噪优化设计。它为噪声控制专业领域的工程技术人员提供了一种强有力的分析工具,可用于在产品预研阶段预估和解决声学问题。目前,该软件在产业及科研领域已获得较为广泛的应用。

LMS. SYSNOISE 的主要功能包括声辐射计算、声散射计算、空气噪声传递计算、声学测试与计算模型的相关分析、结构与声场耦合系统的响应灵敏度分析以及声学设计等。

LMS. SYSNOISE 采用有限单元法和边界单元法两种数值计算方法。根据分析类型的不同,可以建立声场模型,也可以建立结构和声场相互作用的耦合模型。所建立的声场模型可以是封闭的也可以是开放的,声场流体介质可以是均质流体也可以是多质流体。LMS. SYSNOISE 还可以建立起 VIOLINS(Vibration of Layered Insulation Systems)模型,模拟由多层泡沫材料或吸能材料组成的结构与系统的声学特性。

LMS. SYSNOISE 本身暂不具备完整的前处理功能,但它与众多主流有限元分析软件(如 ANSYS、MSC. Nastran/Patran、ABAQUS 等)有界面程序连接,可由此读取有限单元的模型数据,以及模态、表面振动速度等计算结果,从而提高了建模效率。如果需要,还可以将有限单元模型转换为边界单元模型。

3.5.2　应用 SYSNOISE 进行车身乘坐室声振模态分析

汽车 NVH 的核心问题之一是如何改善车身乘坐室内的声学品质,而这种声学品质与乘坐室的声学与振动模态分布有着极为密切的关系。作为具有弹性薄壁的腔体,车身乘坐室的壁板结构振动与其内部声场之间形成耦合。另外,相对于车门、车窗、挡风玻璃、立柱、车地板等乘坐室结构的其他主要组成部分,车身顶棚的整体刚度明显较低,加之其覆盖乘员头部并接近耳畔位置的几何形态与布置特点,使其自然地成为声学分析与设计中关注的焦点。因此,实际中往往更加关注低频范围内的顶棚结构模态及与其相关的乘坐室内声场模态,以及结构与声场的耦合模态。这里,基于 SYSNOISE 实施了相应的建模与分析,概要如下:

(1)建模。分析对象为某型轿车的车身乘坐室,如图 3.26 所示。依托 Patran 建立其顶棚结构和内部空间声场的有限单元模型,如图 3.27 所示。其中,顶棚结构的位移边界条件设定为周边固定约束,而空间声场的边界条件则分为两种情形:①在进行非耦合分析时,各界面均设为刚性壁;②在进行耦合分析时,顶棚界面设为弹性壁,其余为刚性壁。该顶棚为空间板壳结构,并具有三条加强筋。经试算,在兼顾求解精度和效率的前提下,确定单元尺度控制在 60mm 左右较为适宜。

图 3.26　车身乘坐室实体构造

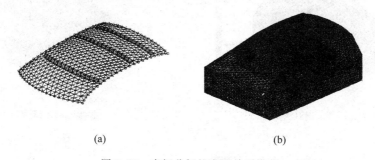

(a) (b)

图 3.27　声振分析的有限单元模型

(a) 车身顶棚结构/3 节点三角形单元;(b) 乘坐室内部空间声场/4 节点四面体单元

(2) 求解。依据图 3.27 所示的有限单元模型求解顶棚结构、内部声场及其耦合模态。其中,结构模态由 Patran 调用 Nastran 进行求解,而声场及耦合模态则由 SYSNOISE 读入其有限单元模型并进行求解。

(3) 结果及初步分析。将计算所得 200Hz 以下的模态频率列于表 3.3 中。值得注意的是,这里出现了所谓的"频率分离"现象。即原本非耦合的结构与声场模态频率之间有一些十分接近,然而其相应的耦合模态频率之间却产生了较大差距,具体体现在表 3.3 中序号为 7、8 的耦合与非耦合模态频率之间。事实上,频率分离现象是耦合系统特性分析的特点之一。这一现象的出现,有力地说明了上述模态分析的确能够较为正确地揭示出问题的本质。另外,需要对直接影响声学舒适性的车内声场模态振型给予重点关注。这里,按照耦合与非耦合模态间的频率对应关系对其振型加以比较,如图 3.28 所示(此处给出了部分结果)。可见,频率对应的耦合模态振型与非耦合模态振型极为接近。进一步,还可依据振型节线位置(零声压位置)判断其对声学舒适性是否有利。显然,所谓"有利振型",其节线应处于车内乘员的耳畔附近。由此判断,图 3.28(a) 即为对前排乘员的有利振型,但对后排而言则为不利振型。

表 3.3　200Hz 以下的顶棚结构、车内声场及其耦合模态频率

序号	顶棚结构非耦合模态		车内声场非耦合模态		耦合模态	
	阶数	频率/Hz	阶数	频率/Hz	阶数	频率/Hz
1	—	—	1	81.900	1	81.846
2			2	117.870	2	117.849
3	1	118.218	—	—	3	118.188
4	—	—	3	142.360	4	142.348
5	—	—	4	155.022	5	154.672
6	2	162.062	—	—	6	161.244
7	3	172.194	—	—	7	171.358
8			5	172.590	8	174.276
9			6	195.958	9	195.902

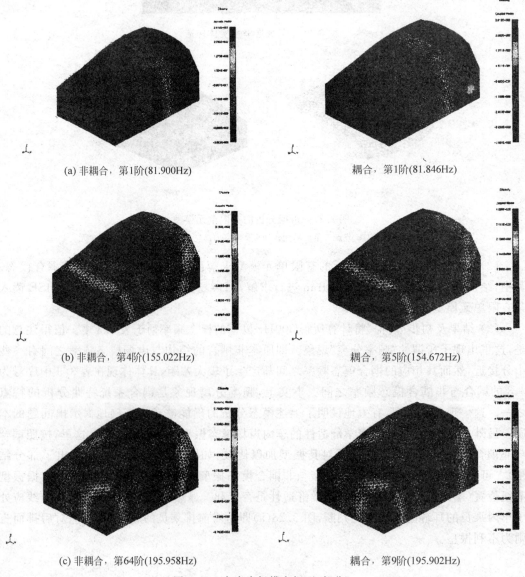

(a) 非耦合，第1阶(81.900Hz)　　　　　耦合，第1阶(81.846Hz)

(b) 非耦合，第4阶(155.022Hz)　　　　耦合，第5阶(154.672Hz)

(c) 非耦合，第64阶(195.958Hz)　　　　耦合，第9阶(195.902Hz)

图 3.28　车内声场模态振型(部分)

3.6　MATLAB/Simulink 软件及其应用

3.6.1　MATLAB/Simulink 简介

　　MATLAB 是由美国 Mathworks 公司发布的主要面对科学计算、可视化以及交互式程序设计的高科技计算环境。它将数值分析、矩阵计算、科学数据可视化以及非线性动态系统的建模和仿真等诸多强大功能集成在一个易于使用的视窗环境中，为科学研究、工程设计以及必须进行有效数值计算的众多科学领域提供了一种全面的解决方案，并在很大程度上摆脱了传统非交互式程序设计语言（如 C、FORTRAN）的编辑模式，代表了当今国际科学计算软件的先进水平。

　　MATLAB 和 Mathematica、Maple 并称为三大数学软件。它在数学类科技应用软件中在数值计算方面首屈一指。MATLAB 可以进行矩阵运算、绘制函数和数据、实现算法、创建用户界面、连接其他编程语言的程序等，主要应用于工程计算、控制设计、信号处理与通信、图像处理、信号检测、金融建模设计与分析等领域。

　　MATLAB 的基本数据单位是矩阵，它的指令表达式与数学、工程中常用的形式十分相似，故用 MATLAB 来解算问题要比用 C、FORTRAN 等语言完成相同的事情简捷得多，并且 MATLAB 也吸收了 Maple 等软件的优点，使 MATLAB 成为一个强大的数学软件。在新的版本中也加入了对 C、FORTRAN、C++、JAVA 的支持。用户可以直接调用，也可以将自己编写的实用程序导入到 MATLAB 函数库中方便以后调用。此外，许多 MATLAB 爱好者都编写了一些经典的程序，用户直接进行下载就可以使用。

　　Simulink 是 MATLAB 最重要的组件之一，它提供一个动态系统建模、仿真和综合分析的集成环境。在该环境中，无须大量书写程序，而只需要通过简单直观的鼠标操作，就可构造出复杂的系统。Simulink 具有适应面广、结构和流程清晰及仿真精细、贴近实际、效率高、灵活等优点。基于以上优点，Simulink 已被广泛应用于控制理论和数字信号处理的复杂仿真和设计，同时有大量的第三方软件和硬件可应用于或被要求应用于 Simulink。

　　Simulink 是 MATLAB 中的一种可视化仿真工具，是一种基于 MATLAB 的框图设计环境，是一个实现动态系统建模、仿真和分析的软件包，广泛应用于线性系统、非线性系统、数字控制及数字信号处理的建模和仿真中。Simulink 可以用连续采样时间、离散采样时间或两种混合的采样时间进行建模。它也支持多速率系统，也就是系统中的不同部分具有不同的采样速率。为了创建动态系统模型，Simulink 提供了一个建立模型方块图的图形用户接口（GUI），这个创建过程只需单击和拖动鼠标操作就能完成，它提供了一种更快捷、直接明了的方式，而且用户可以立即看到系统的仿真结果。

　　Simulink 是用于动态系统和嵌入式系统的多领域仿真和基于模型的设计工具。对各种时变系统，包括通信、控制、信号处理、视频处理和图像处理系统，Simulink 提供了交互式图形化环境和可定制模块库来对其进行设计、仿真、执行和测试。Simulink 模块库按功能分为以下 8 类子库：Continuous（连续模块）、Discrete（离散模块）、Function&Tables（函数和平台模块)、Math(数学模块)、Nonlinear(非线性模块)、Signals&Systems(信号和系统模块)、Sinks(接收器模块)、Sources(输入源模块)。随着软件的发展,子模型库也不断得到丰富,用户也可以定制和创建自己的模块。

3.6.2　应用 MATLAB/Simulink 进行四轮转向车辆的控制研究

随着汽车性能的不断提高,人们越来越重视汽车的安全性能问题。汽车必须具有良好的主动安全性。汽车的操纵稳定性是影响其主动安全性的主要性能之一。四轮转向控制车辆是目前车辆操纵性技术的研究热点,它与车辆悬架主动控制和车辆线控转向控制成为车辆底盘控制技术研究的三大方向。

本案例首先建立了线性二自由度四轮转向车辆的运动学和动力学微分方程,分别研究了基于前后轮转角比例控制以及最优控制策略,并应用 MATLAB/Simulink 软件系统对两种控制方法进行了仿真研究,对质心侧偏角和横摆角速度的仿真结果进行分析,得出四轮转向车辆(4WS)相比于二轮转向车辆的优点。最后对参数不确定的四轮转向车辆进行了鲁棒控制研究,仿真结果表明,虽然四轮转向车辆与二轮转向车辆参数不一致,但四轮转向车辆能消除这些影响。

1. 数学模型的建立

为了便于掌握操纵稳定性的基本特征,我们将对一简化为线性二自由度的汽车模型进行研究。分析中忽略转向系统的影响,直接以前轮转角和后轮转角作为输入。忽略悬架的作用,认为汽车车厢只作平行于地面的平面运动,即汽车沿 z 轴的位移,绕 y 轴的俯仰角与绕 x 轴的侧倾角均为零。在建立运动微分方程时还假设:驱动力不大,不考虑地面切向力对轮胎侧偏特性的影响,没有空气动力的作用,忽略左右车轮轮胎由于载荷的变化而引起轮胎特性的变化及轮胎回正力矩的作用。这样,实际汽车便简化成一个两轮摩托车模型,如图 3.29 所示。

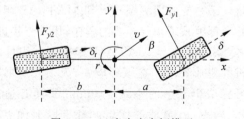

图 3.29　二自由度车辆模型

令车辆坐标系的原点与汽车的质心重合。显然,汽车的质量分布参数,如转动惯量等,对固结于汽车的这一动坐标系而言为常数,这正是采用车辆坐标系的方便之处。因此,只要将汽车的(绝对)加速度与角加速度及外力与外力矩沿车辆坐标系的轴线分解,就可以列出沿这些坐标轴的运动微分方程。

2. 控制方法

四轮转向系统按其控制方法可分为:①定前后轮转角比例控制;②前后轮转向比是前轮转角的函数;③前后轮转向比是车速的函数;④最优控制;⑤滑模控制。本案例采用第一种控制方法。现以一辆轿车为例来分析比例系数 K_r 对四轮转向车辆的影响,其中轿车的有关参数如表 3.4 所列。

表 3.4 轿车参数（中性转向）

参　　　数	符　　　号	单　　　位	具体数值
质量	m	kg	1700
横摆转动惯量	I_z	kg·m^2	2200
前轴到质心距离	a	m	1.2
后轴到质心距离	b	m	1.6
前轮侧偏刚度	K_f	N/(°)	960
后轮侧偏刚度	K_r	N/(°)	1100

3. 仿真结果及分析

分别给定 $K_r = -0.2, -0.1, 0, 0.1, 0.2$ 五个不同的数值对图 3.30 的仿真模型进行仿真，仿真结果如图 3.31～图 3.33 所示，可以看出：

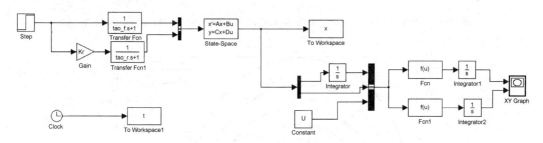

图 3.30 四轮转向仿真模型

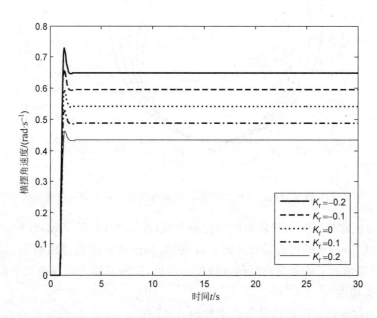

图 3.31 四轮转向汽车比例控制下在不同比例系数下横摆角速度的时域响应

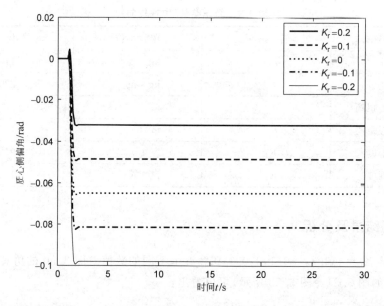

图 3.32   四轮转向汽车比例控制下在不同比例系数下质心侧偏角的时域响应

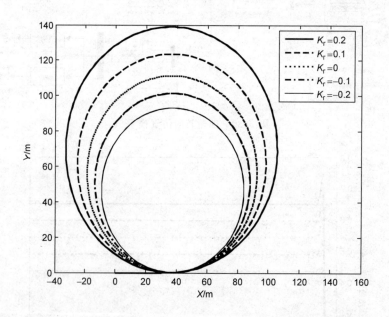

图 3.33   四轮转向汽车比例控制下在不同比例系数下的运动学仿真

(1) 后轮与前轮逆向的前轮转角比例控制方式($K_r < 0$)时,除了使横摆角速度增大、转向灵敏度提高以外,汽车的固有特性并没有改变,而且还使横摆角速度的振幅增大,车体的摆动量增大,这就增加了高速转向时的危险性。所以,这种控制方式只适用于低速大转角时以提高汽车的机动性。

(2) 后轮与前轮同向的前轮转角比例控制方式($0 < K_r < 1$)时,汽车的固有特性不变,稳态横摆角速度减小,转向灵敏度下降,由于后轮与前轮同向偏转,减小了横摆角速度的振幅,车体的侧偏角减小。

3.7　RecurDyn 软件及其应用

3.7.1　RecurDyn 简介

RecurDyn (Recursive Dynamic)是由韩国 FunctionBay 公司基于其划时代算法——递归算法开发出的新一代多体系统动力学仿真软件。它采用相对坐标系运动方程理论和完全递归算法,非常适合于求解大规模及复杂接触的多体系统动力学问题。

传统的动力学分析软件对于机构中普遍存在的接触碰撞问题解决得远远不够完善,这其中包括过多的简化、求解效率低下、求解稳定性差等问题,难以满足工程应用的需要。基于此,韩国 FunctionBay 公司充分利用最新的多体动力学理论,基于相对坐标系建模和递归求解,开发出 RecurDyn 软件。该软件具有令人震撼的求解速度与稳定性,成功地解决了机构接触碰撞中上述问题,极大地拓展了多体动力学软件的应用范围。RecurDyn 不但可以解决传统的运动学与动力学问题,同时是解决工程中机构接触碰撞问题的专家。

RecurDyn 借助于其特有的 MFBD(Multi Flexible Body Dynamics)多柔体动力学分析技术,可以更加真实地分析出机构运动中部件的变形、应力和应变。RecurDyn 中的 MFBD 技术用于分析柔性体的大变形非线性问题,以及柔性体之间的接触、柔性体和刚性体相互之间的接触问题。传统的多体动力学分析软件只可以考虑柔性体的线性变形,对于大变形、非线性,以及柔性体之间的相互接触就无能为力了。RecurDyn 为用户提供了完整的解决方案,包含控制、电子、液压以及 Computational Fluid Dynamics,为用户的产品开发提供了完整的产品虚拟仿真、开发平台。

RecurDyn 的专业模块还包括送纸机构模块、齿轮元件模块、链条分析模块、皮带分析模块、高速运动履带分析模块、低速运动履带分析模块、轮胎模块、发动机开发设计模块。RecurDyn 给使用者的感觉:①快速:相对坐标系的运动方程、完全递归算法及强健的求解器使 RecurDyn 具有飞驰般的求解速度;②亲切:完全基于 Windows 开发的软件,操作界面友好,易学易用;③可靠:求解稳定,结果令人信服。RecurDyn 可以在最短时间内修正设计方案,极大地缩短产品设计周期。RecurDyn 主要特色:强大的接触模拟(包括三维的面-面接触)、领先的柔性体动力学分析、自动建模的专业化工具包、成本/性能上的新标准。

汽车是一个动力学行为非常复杂的机械系统,它基本可分为底盘、传动系、发动机、车体附件四个子系统,各子系统又包含多个小子系统,如底盘包含车桥、悬挂、轮胎、制动器等;传动系包含变速箱、差速器、传动轴等;发动机包含曲柄连杆机构、配气机构、正时机构等;车体附件包含把车体、座椅、门锁、雨刷机构等,无论是单独子系统的动力学行为,还是整机的动态性能(平顺、操稳、制动、载荷预测、舒适性、疲劳、噪声),均可利用 RecurDyn 进行详细分析,帮助用户找到最佳设计方案。

鉴于 RecurDyn 的强大功能,其广泛应用航空、航天、军事车辆、军事装备、工程机械、电气设备、娱乐设备、汽车卡车、铁道、船舶机械及其他通用机械等行业。

3.7.2　应用 RecurDyn 进行汽车发动机正时链系统仿真

链条正时传动已经在世界范围内广泛应用,作为用于乘用车和轻型客/货车上的汽油和柴油发动机,正时和附件链条传动的使用量持续增长。正时皮带是发动机配气系统的重要组成部分,通过与曲轴的连接并配合一定的传动比来保证进、排气时间的准确。使用皮带而不是齿轮来传动是因为皮带噪声小,传动精确,自身变化量小而且易于补偿。其主要作用是驱动发动机的配气机构,使发动机的进、排气门在适当的时机开启或关闭,保证发动机的汽缸能够正常地吸气和排气。

本案例基于 RecurDyn 多体动力学软件,通过快速构建仿真模型,根据 RecurDyn 提供的多级子系统建模、空间多接触和完全递归算法等特有功能,对复杂正时链运行过程进行了动力学仿真分析,为正时链的动力学设计提供了很好的设计校验方法。

1. 模型的建立

由于对振动和噪声有着严格的要求,汽车发动机正时链系统链传动的松边均安装张紧器,而紧边通常安装导向器(阻尼器),正时链传动系统示意图如图 3.34 所示。汽车链系统设计时,链传动的紧边一般应是向内凹的圆弧曲线,而不是普通链传动的紧边,通常以相切于主从动链轮分度圆的一段直线来表示。其松边的垂度也不采用普通链传动的设计方法,而且松边的圆弧曲线通常不是向外凸而是向内凹。应该说明,在装设了张紧器之后,松边的悬垂曲线就不是所谓的悬链线了,而是支承和贴附在张紧板的圆弧曲线上。正时链动力学模型如图 3.35 所示。

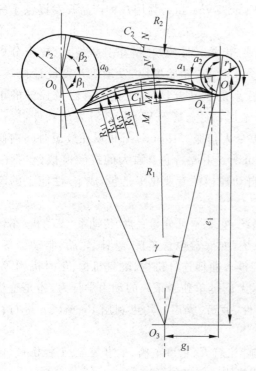

图 3.34　正时链传动系统示意图

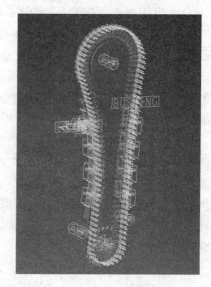

图 3.35　正时链模型

2. 仿真分析

仿真是关于正时链在发动机的 6 种不同速度的条件下,在 1000～6500r/min 范围内变化以及怠速时的动态特征。当发动机转速为 4000r/min 时有最大输出转矩,转速为 6500r/min 时发动机有最大输出功率。

3. 结果

图 3.36～图 3.41 分别为仿真分析正时链运动轨迹线、链节张力、链轮的传动比和接触力变化曲线。

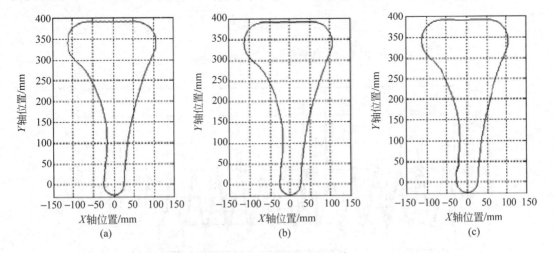

图 3.36　正时链运动轨迹线

（a）1000r/min；（b）4000r/min；（c）6500r/min

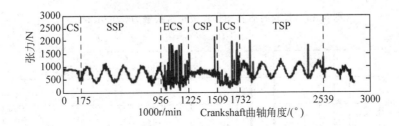

图 3.37　链节张力

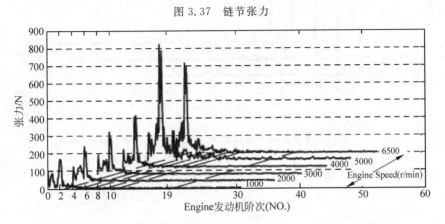

图 3.38　链节受力分析

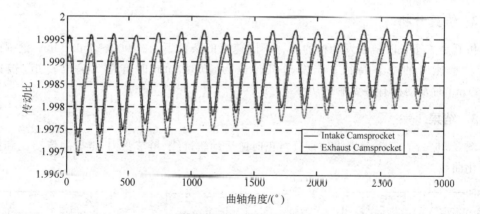

图 3.39　链轮的传动比（3000r/min）

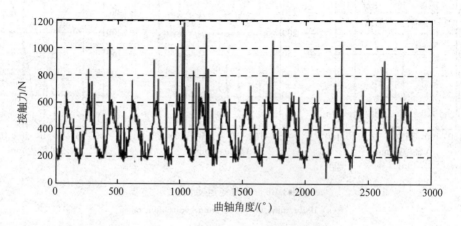

图 3.40　张紧的活塞和张紧板正常接触力（3000r/min）

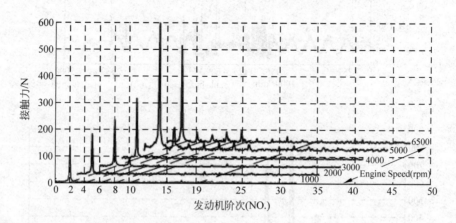

图 3.41　张紧器活塞和张紧板之间接触力的 FFT 分析

3.8　RADIOSS 软件及其应用

3.8.1　RADIOSS 简介

RADIOSS(源于古希腊语,喻义易学易用)block 显式非线性求解器,1986 年由法国 MECALOG 公司开发完成。2006 年 MECALOG 公司被 Altair 公司收购之后,集成到著名的 HyperWorks 软件平台中。作为领先的有限元瞬态非线性分析求解器,RADIOSS 凭借其高精度、高可扩展性、高鲁棒性等特性,提供面向工程问题的解决方案。结合 Altair 公司强大的 HyperWorks 软件平台,以及面向工程问题的技术支持能力,帮助商业客户提升产品品质,降低研发周期,为"仿真驱动创新"提供了优秀的平台。

RADIOSS 求解器经过 30 多年的不断迭代更新,已经确立为汽车碰撞安全、电子家电产品、航空航天、军工等领域领导地位,成为五星级模拟分析软件。受到欧美军方、核电企业,以及标致-雪铁龙、福特、法拉利、三星、LG、史丹利-百得等国际知名企业巨头,以及东风汽车、东南汽车、海尔、美的等国内知名企业的广泛认可。

1. RADIOSS 求解器功能亮点

(1) 集隐式与显式于一身的求解技术,具有高度非线性仿真,可支持三相的流固耦合、热力分析等多物理场仿真能力;

(2) 提供多域求解技术(Multi-Domain)、高级质量缩放(AMS)、子模型技术(Sub Modeling)、混合并行求解(HMPP)等高加速比解决方案;

(3) 提供扩展有限元(XFEM)、高级复合材料模拟分析、有限体积法(FVM)、非线性优化(RADIOSS Optimization)等多种独特的模拟分析技术;

(4) 完整的材料本构模型库和材料失效模型,全面的碰撞假人模型、壁障、碰撞器和人体生物力学模型;

(5) 领先的复合材料成型、碰撞失效模拟分析技术;

(6) 集成于 HyperWorks 软件平台中,与 OptiStruct 隐式线性优化求解器、AcuSolver 流体求解器、MotionSolve 多体动力学求解器、MultiScale Designer 微观多尺度优化工具、Click2Cast 铸造仿真工具等都具备丰富的接口,实现数据无缝传递进行耦合求解计算。

2. 全面的领域应用

(1) 在汽车研发领域,由于节能减排的需求,越来越多的 OEM 厂商通过各种途径减轻车身重量,或研发电池技术替代传统发动机。

① 瞬态工况:整车安全性能、被动安全分析(约束系统、乘员与行人安全);

② 准静态工况:内饰、车门等部件准静态强度分析;

③ 金属与复合零件成型过程,并导入到碰撞模型。

(2) 电子/家电/包装领域:

① 瞬态工况:跌落,运输,泡沫/气柱包装吸能等;

② 准静态工况：按压,堆叠,踩踏等;

③ 吹塑-顶压-跌落整套分析。

(3) 航空航天领域：降落伞展开、鸟撞、坠撞、水上迫降、发动机包容性分析等。

(4) 军工船舶领域：冲击爆炸、高马赫数导弹侵彻、舰船相撞、海浪对水上舰船影响等。

(5) 能源开发领域：飞行物、地震对核电设施安全影响,海上钻井平台受风浪影响等。

3.8.2　应用 RADIOSS 进行保险杠碰撞仿真

本实例将利用 HyperMesh 对一个汽车前保险杠做前处理,使用 RADIOSS 进行有限元非线性求解,并在 HyperView 中进行后处理。实例使用的模型如图 3.42 所示。

求解一个前保险杠,需要通过以下流程进行：

(1) 使用 HyperMesh 进行几何网格划分;

(2) 使用 HyperMesh 进行网格准备和修改;

(3) 材料创建;

(4) 属性创建;

(5) 焊点建立;

(6) 模型映射对称;

(7) 建立接触设置;

(8) 建立 Rigid-Body 设置;

(9) 载荷和边界条件的设置;

(10) 创建刚性墙;

(11) 定义时间历程(/TH/)的输出设置;

(12) 创建求解文件;

(13) 模拟求解;

(14) 结果查看。

图 3.42　前保险杠碰撞分析

1. 使用 HyperMesh 进行几何网格划分

在 HyperMesh 中对保险杠模型自动划分网格,网格划分完成后,在模型树中将所有的 parts 选中,更改 Card Image 为 Part,对部分 Components 进行自由边的检查,并缝合自由边。如图 3.43 所示。

2. 定义时间历程(/TH/)的输出设置

根据计算需求,可设定时间历程的输出设置。模型建立完成后,在计算之前需要对模型设置不同的计算,如视频云图的输出的频率(ANIM/DT)以及曲线输出的开启。

(1) 针对部分节点设定点的加速度的输出设置：/TH/ACCEL;

(2) 针对 Rigid-Body 的主节点设定点的时间历程曲线：/TH/RBODY;

(3) 针对 Rigid-Wall 设定时间历程曲线的输出：/TH/RWALL;

(4) 针对截面力设定时间历程曲线的输出：/TH/SECTIO。

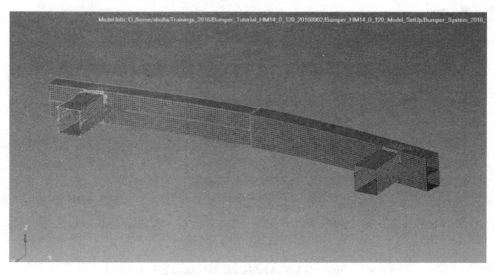

图 3.43　前保险杠有限元模型

3. 结果

可以通过 HyperViewer 查看 .H3D 结果云图,通过 HyperGraph 查看 T01 曲线结果, 如图 3.44 所示。

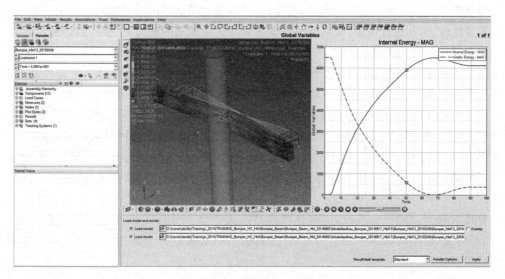

图 3.44　结果查看

第4章

汽车驱动桥壳 CAD 建模与优化设计

本章在二维 CAD 建模软件 UG NX 11.0 中建立了汽车驱动桥壳的 3D 模型,并在 UG 的 Structure 环境下利用有限元分析方法对之进行了满载轴荷下的垂直弯曲强度和刚度计算、2.5 倍满载轴荷下的垂直弯曲强度和刚度计算,并进行了模态分析和结构优化设计。

4.1　驱动桥壳的功用及结构形式

驱动桥壳的功用是支承并保护主减速器、差速器和半轴等,使左右驱动车轮的轴向相对位置固定;同从动桥一起支承车架及其上的各总成重量;汽车行驶时,承受由车轮传来的路面反作用力和力矩,并经悬架传给车架。

驱动桥壳应有足够的强度和刚度,重量轻,并便于主减速器的拆装和调整。由于桥壳的尺寸和重量比较大,制造较困难,故其结构形式在满足使用要求的前提下,要尽可能便于制造。

驱动桥壳可分为整体式桥壳和分段式桥壳两类。整体式桥壳具有较大的强度和刚度,且便于主减速器的装配、调整和维修,因此普遍应用于各类汽车上。整体式桥壳因制造方法不同又有多种形式,常见的有整体铸造、中段铸造压入钢管(管式)、钢板冲压焊接式等形式。整体铸造桥壳刚度大、强度高,易铸成等强度梁形状,但重量大,铸造质量不易保证,适用于中、重型汽车,更多地用于重型汽车上。中段铸造两端压入钢管的桥壳,重量较轻,工艺简单且便于变型,但刚度较差,适用于批量生产。钢板冲压焊接式桥壳具有重量轻、工艺简单、材料利用率高、抗冲击性好、成本低等优点,适于大量生产,目前在轻型货车和轿车上得到广泛应用。

分段式桥壳一般分为两段,由螺栓将两段连成一体。分段式桥壳比整体式桥壳易于铸造,加工简便,但维修保养不便。当拆检主减速器时,必须把整个驱动桥从汽车上拆卸下来,目前已很少使用。

4.2　UG NX 软件简介

4.2.1　UG 产品的特点

UG NX 是一个 CAD/CAM/CAE 集成系统,提供了一个基于过程的产品设计环境,使产品开发从设计到加工真正实现了数据的无缝集成,从而优化了企业的产品设计与制造。

UG 面向过程驱动的技术是虚拟产品开发的关键技术,在面向过程驱动技术的环境中,用户的全部产品以及精确的数据模型能够在产品开发全过程的各个环节保持相关,从而有效地实现了并行工程。

UG NX 不仅具有强大的实体造型、曲面造型、虚拟装配和产生工程图等设计功能,而且在设计过程中可进行有限元分析、机构运动分析、动力学分析和仿真模拟,提高设计的可靠性;同时,可用建立的三维模型直接生成数控代码,用于产品的加工,其后处理程序支持多种类型数控机床。另外,它所提供的二次开发语言 UG/Open GRIP、UG/Open API 简单易学,实现功能多,便于用户开发专用 CAD 系统。具体来说,该软件具有以下特点:

(1) 具有统一的数据库,真正实现了 CAD/CAE/CAM 等各模块之间的无数据交换的自由切换,可实施并行工程。

(2) 采用复合建模技术,可将实体建模、曲面建模、线框建模、显示几何建模与参数化建模融为一体。

(3) 用基于特征(如孔、凸台、槽沟、倒角等)的建模和编辑方法作为实体造型基础,形象直观,类似于工程师传统的设计办法,并能用参数驱动。

(4) 曲面设计采用非均匀有理 B 样条作基础,可用多种方法生成复杂的曲面,特别适合于汽车外形设计、汽轮机叶片设计等复杂曲面造型。

(5) 出图功能强,可十分方便地从三维实体模型直接生成二维工程图。能按 ISO 标准和国标标注尺寸、形位公差和汉字说明等。并能直接对实体做旋转剖、阶梯剖和轴测图挖切生成各种剖视图,增强了绘制工程图的实用性。

(6) 以 Parasolid 为实体建模核心,实体造型功能处于领先地位。目前著名的 CAD/CAE/CAM 软件均以此作为实体造型基础。

(7) 提供了界面良好的二次开发工具 GRIP(Graphical Interactive Programming)和 UFUNC(User Function),并能通过高级语言接口,使 UG 的图形功能与高级语言的计算功能紧密结合起来。

(8) 具有良好的用户界面,绝大多数功能都可通过图标实现;进行对象操作时,具有自动推理功能;同时,在每个操作步骤中,都有相应的提示信息,便于用户做出正确的选择。

4.2.2　UG 各功能模块

UG 的功能是靠各功能模块来实现的,从而支持其强大的 CAD/CAE/CAM 功能。下面简要介绍 CAD/CAE 常用模块。

1. UG/Gateway(入口)

这个模块是 UG 的基本模块,包括打开、创建、存储等文件操作;着色、消隐、缩放等视图操作;视图布局和图层管理操作等;按可用于互联网主页的图片文件格式生成 UG 零件或装配模型的图片文件;输入、输出 CGM、UG/Parasolid 等几何数据;Macro 宏命令自动记录、回放功能;User Tools 用户自定义菜单功能,使用户可以快速访问其常用功能或二次开发的功能。

2. UG/Solid Modeling(实体建模)

UG 实体建模提供了草图设计、各种曲线生成、编辑、布尔运算、扫掠实体、旋转实体、沿导轨扫掠、尺寸驱动、定义、编辑变量及其表达式、非参数化模型后参数化等工具。

3. UG/Features Modeling(特征建模)

UG 特征建模模块提供了各种标准设计特征的生成和编辑,各种孔、键槽、凹腔、凸台、圆柱、方块、圆锥、球体、管道、杆、倒圆、倒角、模型抽空产生薄壁实体、模型简化(Simplify)、用于压铸模设计和实体线、面提取,以及砂型设计、拔锥、特征编辑(删除、压缩、复制、粘贴等)、特征引用、阵列、特征顺序调整、特征树等工具。

4. UG/Freeform Modeling(自由形状建模)

UG 具有丰富的曲面建模工具,包括直纹面、扫描面、通过一组曲线的自由曲面、通过两组类正交曲线的自由曲面、曲线广义扫掠、标准二次曲线方法放样、等半径和变半径倒圆、广义二次曲线倒圆、两张及多张曲面间的光顺桥接、动态拉动调整曲面、等距或不等距偏置、曲面裁剪、编辑、点云生成、曲面编辑。

5. UG/Drafting(制图)

UG 工程绘图模块提供了自动视图布置、剖视图、各向视图、局部放大图、局部剖视图、自动/手工尺寸标注、形位公差、粗糙度符合标注、支持 GB、标准汉字输入、视图手工编辑、装配图剖视、爆炸图、明细表自动生成等工具。

6. UG/Assembly Modeling(装配建模)

UG 装配建模具有如下特点:提供并行的自顶而下和自下而上的产品开发方法;装配模型中零件数据是对零件本身的链接映像,保证装配模型和零件设计完全双向相关,并改进了软件操作性能,减少了存储空间的需求,零件设计修改后装配模型中的零件会自动更新,同时可在装配环境下直接修改零件设计;坐标系定位;逻辑对齐、贴合、偏移等灵活的定位方式和约束关系;在装配中安放零件或子装配件,并可定义不同零件或组件间的参数关系;装配导航;参考集;生成支持汉字的装配明细表。

7. UG/Advanced Assemblies(高级装配)

UG 高级装配模块提供了如下功能:增加产品级大装配设计的特殊功能;允许用户灵活过滤装配结构的数据调用控制;高速大装配着色;大装配干涉检查功能;管理、共享和检查用于确定复杂产品布局的数字模型,完成全数字化的电子样机装配;对整个产品、指定的子系统或子部件进行可视化和装配分析的效率;定义各种干涉检查工况并存储供多次使用,可选择以批处理方式运行;并行计算能力,支持多 CPU 硬件平台,可充分利用硬件资源。

8. UG/Photo

UG/Photo 通过高级的图形工具,可视地增强 CAD 模型,包括可选项的质量级别、视图着色、装配着色、动画、正交的和透视的视图,光源、阴影和工程材料库等;UG/Photo 与其他 Unigraphics 模块完全集成。

9. UG/FEA

UG/FEA 是一个与 UG/Scenario for FEA 前处理和后处理功能紧密集成的有限元解算器,这些产品结合在一起为在 Unigraphics 环境内的建模与分析提供一个完整解,UG/FEA 是基于世界领先的 FEA 程序-MSC/NASTRAN。

10. UG/Mechanism(机构)

UG/Mechanism 直接在 Unigraphics 内方便地进行任一实际二维或三维机构系统的复杂运动学分析和设计仿真,用最小距离、干涉检测和跟踪轨迹包络选项,可以执行各种打包(Packaging)研究,用户可以分析反作用力;以图文并茂的方式显示最终位移、速度和加速度、反作用力;UG/Mechanism 使用内嵌 MDI 的 ADAMS/Kinematics 解算器。

4.3　驱动桥壳建模

4.3.1　桥壳本体总成建模

(1) 双击桌面上的 图标,进入 UG NX 环境。

(2) 单击 按钮,出现对话框,如图 4.1 所示,在"文件名"中输入 cheqiao,单位保持默认的毫米不变,选择"模型",单击"确定"按钮。进入如图 4.2 所示的建模界面。

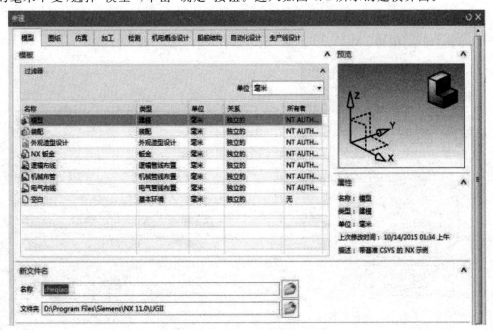

图 4.1　"新建文件"对话框

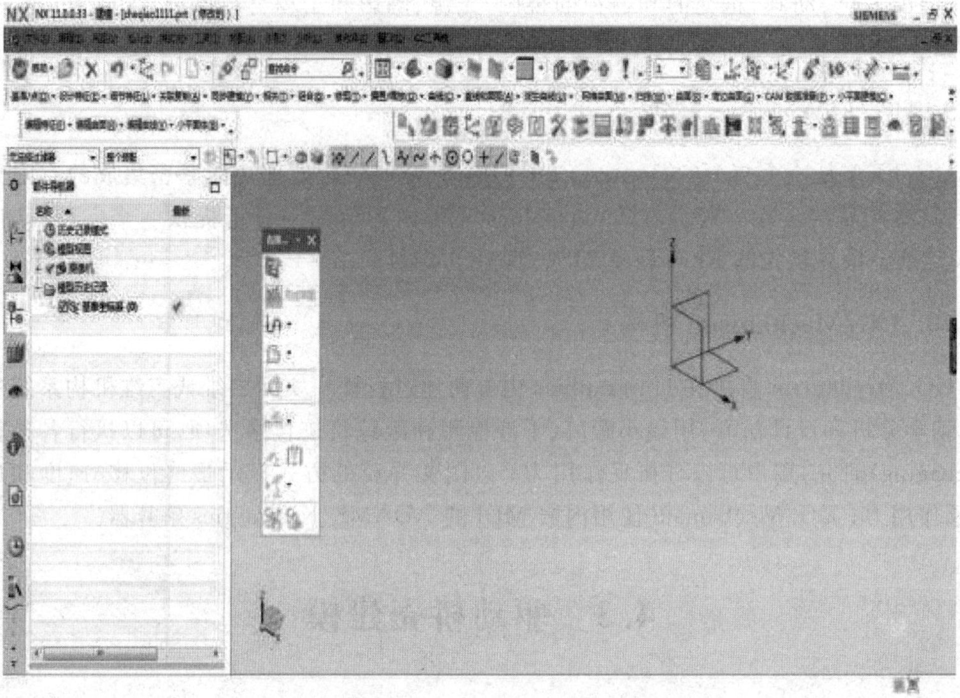

图4.2 Gateway模块

(3) 单击 → →“确定”,在草图模式中单击 绘制出一个长方形,单击 对所绘制的矩形倒圆角,“半径”输入“22”,以同样的方法对另一边进行倒圆角,单击 ,修剪掉上面的横线,单击 → 进行尺寸注释、约束,结果如图4.3所示;单击 ,退出草图模式。

(4) 单击 → WCS → ,出现定向移动坐标系,如图4.4所示,往X轴反向移动542,单击“确定”按钮。

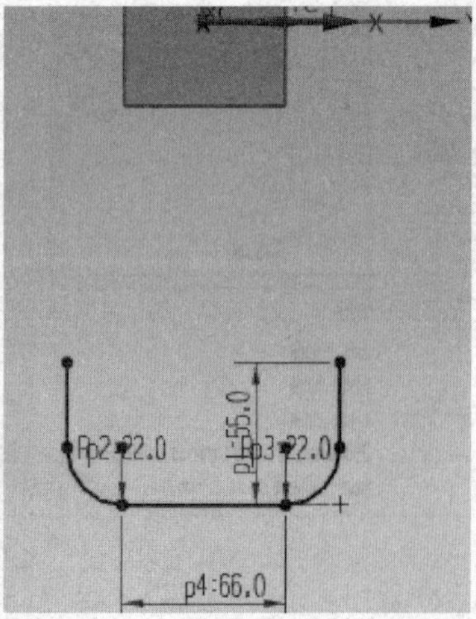

图4.3 步骤(3)所绘制的草图

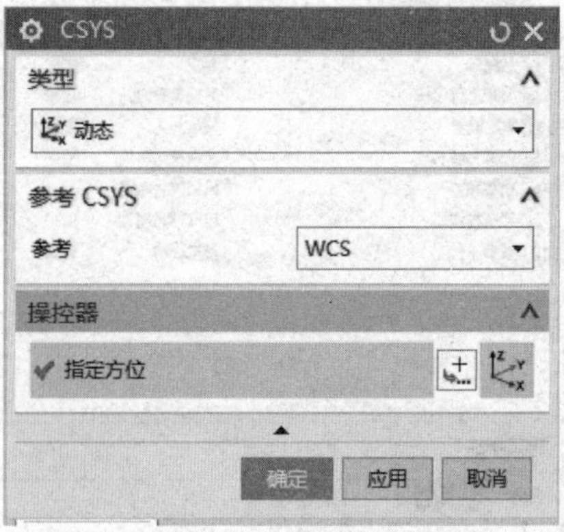

图4.4 “CSYS”对话框

（5）同步骤（3），绘出如图 4.5 所示草图。

（6）单击 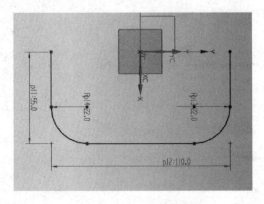 → WCS → ，出现定向移动坐标系，如图 4.4 所示，在"X-增量"中输入"−80"，单击"确定"按钮。

（7）单击 → →"确定"按钮 → → 中的 ，选择原点为圆心，在出现的"半径"和"扫掠角度"中输入"55"和"180"后回车，移动鼠标使绘制的半圆在坐标下方，然后连续两次单击鼠标左键，完成半圆的绘制。如图 4.6 所示，单击 退出。

图 4.5　步骤（5）所绘制的草图

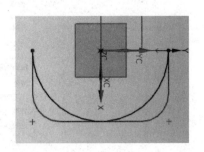

图 4.6　步骤（7）所绘制的草图

（8）同步骤（4）在"X-增量"输入"−41"，单击"确定"按钮。

（9）同步骤（7）。

（10）单击 → WCS → ，出现定向移动坐标系，如图 4.7 所示；单击 →"确定"按钮，使坐标系与绝对原点重合。

（11）单击 → →"确定"按钮，绘制如图 4.8 所示图形。

图 4.7　"CSYS"对话框

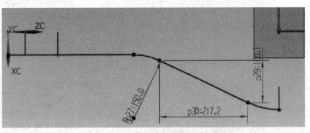

图 4.8　步骤（11）所绘制的草图

（12）单击工具条中的 ，出现如图 4.9 所示对话框。选择底部曲线为引导线，然后单击步骤（11）所绘制的截面线，再单击鼠标中键确保选中，同时保持选中的截面线的箭头方向都是垂直向下，单击"确定"按钮，完成效果如图 4.10 所示。

（13）单击 关联复制(A) → ，在镜像体对话框中选择步骤（12）完成的几何体，镜像平面选择 X-Z 平面，单击"确定"按钮，完成效果如图 4.11 所示。

图 4.9　扫掠对话框

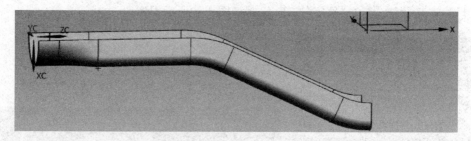

图 4.10　步骤(12)完成的曲面

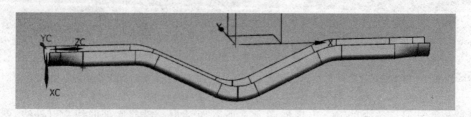

图 4.11　步骤(13)完成的曲面

（14）单击 　→ 　，在草图模式中绘制草图，如图 4.12 所示。

（15）单击 　，从草图模式中退出。

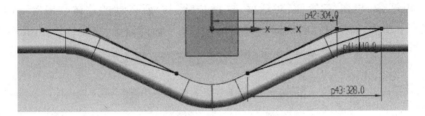

图 4.12　步骤(14)所绘制的草图

（16）单击 ，在出现的对话框中输入图 4.13 和图 4.14 所示的数据，单击"确定"按钮，完成效果如图 4.15 所示。

图 4.13　"拉伸"对话框　　　　　　　图 4.14　布尔操作对话框

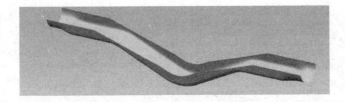

图 4.15　布尔"减"操作后的曲面

（17）单击 ，选择步骤(14)的曲线，单击"确定"按钮，完成效果如图 4.16 所示。

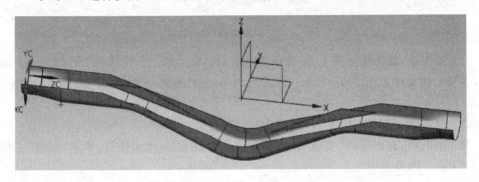

图 4.16　步骤(17)完成的片体

　　(18) 单击 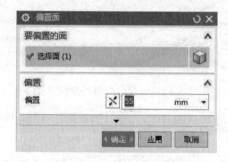，出现"偏置面"对话框，选择步骤(16)所得到的片体，"偏置"选择"55"，如图 4.17 所示；单击"确定"按钮，以同样方法完成剩下片体的偏置，完成效果如图 4.18 所示。

图 4.17　"偏置面"对话框

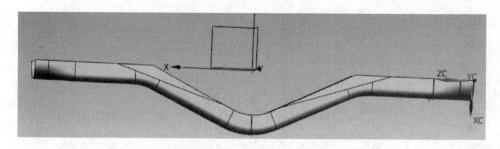

图 4.18　偏置后的片体

　　(19) 单击 📖，先选择小片体，再选择大片体，单击"确定"按钮完成片体的缝合。

　　(20) 单击 关联复制(A) → 🐟，出现镜像几何体对话框，选择步骤(18)完成的几何体，镜像平面选择 X-Y 平面，单击"确定"按钮，完成曲面如图 4.19 所示。

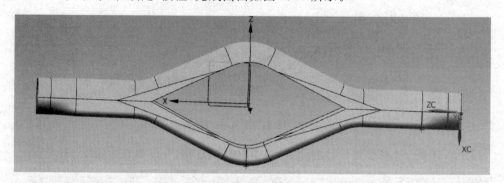

图 4.19　关联复制后的曲面

　　(21) 单击 ◈，在出现的图 4.20 所示桥接图对话框中单击上片体和下片体，单击"确定"按钮，桥接后的片体如图 4.21 所示；以同样的方法完成剩余的部分，完成效果如图 4.22 所示。

　　(22) 单击 📖，将桥接出的片体和原先的片体缝合。

　　(23) 单击 🐟，在出现的"加厚"对话框中输入如图 4.23 所示数据，单击"确定"按钮，完成效果如图 4.24 所示。

图 4.20　桥接对话框

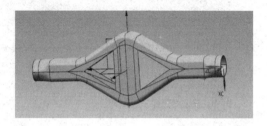

图 4.21　桥接一侧曲面

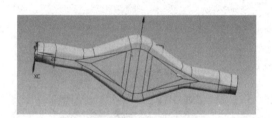

图 4.22　桥接完成后的曲面

图 4.23　"加厚"对话框

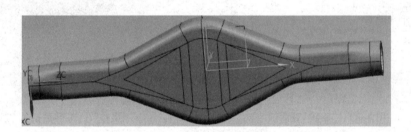

图 4.24　加厚完成后的模型

4.3.2　桥壳半轴套筒建模

（1）单击 格式(B) → WCS → ↺ ，出现定向移动坐标系，在"X-增量"中输入"－882.5"，单击"确定"按钮，完成坐标系的移动。

（2）单击 ▨ → ◰ 进入草图模式，所绘制草图如图 4.25 所示。

（3）单击 ◉ ，出现"旋转"对话框，如图 4.26 所示，选择步骤（2）的草图，"指定矢量"下拉菜单选择 -xc ，"指定点"选择工作坐标系原点，"角度"选择 360°，单击"确定"按钮，完成半轴套筒的建模，如图 4.27 所示。

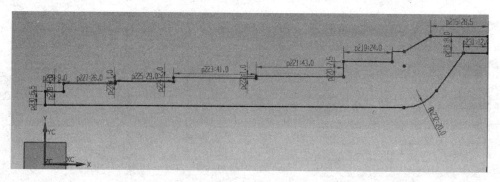

图 4.25　步骤(2)绘制的草图

图 4.26　"旋转"对话框

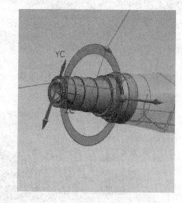

图 4.27　旋转后的实体

（4）单击 关联复制(A) → ，出现镜像几何体对话框，选择步骤(3)完成的几何体，镜像平面选择 X-Z 平面，单击"确定"按钮，完成曲面如图 4.28 所示。

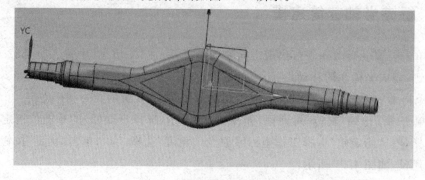

图 4.28　关联复制后的模型

4.3.3　桥壳凸缘建模

（1）单击 格式(R) → WCS → ，出现定向移动坐标系，在"X-增量"中输入"279－882.5"，单击"确定"按钮，完成坐标系的移动。

（2）单击 ▯，出现图 4.29 所示对话框，"直径"输入"180"，"高度"输入"10"，单击"确定"按钮，完成效果如图 4.30 所示。

图 4.29　"圆柱"对话框（一）

图 4.30　步骤（2）生成的圆柱体

（3）单击 ▯，出现图 4.31 所示对话框，"直径"输入"130"，"高度"输入"13"，"指定矢量"下拉菜单选择 ˣᶜ →"确定"按钮，完成效果如图 4.32 所示。

图 4.31　"圆柱"对话框（二）

图 4.32　步骤（3）生成的圆柱体

（4）单击 ，出现图 4.33 所示对话框，直径输入"124"，高度输入"7"，"指定矢量"下拉菜单选择 →"确定"按钮，完成效果如图 4.34 所示。

图 4.33　"圆柱"对话框（三）

图 4.34　步骤（4）生成的圆柱体

（5）单击 📎，合并三个圆柱体。

（6）单击 📐→WCS→ ⤴，出现定向移动坐标系，在"X-增量"中输入"−7"，单击"确定"按钮，完成坐标系的移动。单击 🗐，"直径"输入"110"，"高度"输入"20"，"布尔"操作选择"减"，选择合并的三个圆柱体，单击"确定"按钮。

（7）单击 🗐→ ☐→"确定"按钮，在草图模式中绘制草图，如图 4.35 所示。

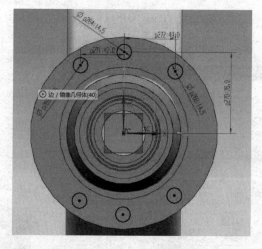

图 4.35　步骤（7）所绘制的草图

（8）单击 🗐，选择步骤（8）所绘制的草图，单击 📍，"距离"选择直到下一个，单击"确定"按钮，完成效果如图 4.36 所示。

（9）单击 🗐 基准坐标系 (0) →"移动对象"，在"Y-增量"中输入"80"，单击"确定"按钮。单击 🗐，选择步骤（9）完成的模型，单击 Y-Z 平面→"确定"按钮，完成效果如图 4.37 所示。

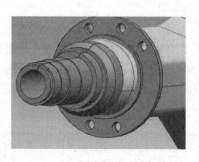

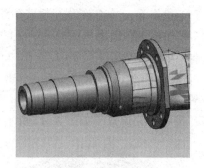

图 4.36　布尔"减"后的实体　　　　　　　图 4.37　步骤(9)修剪后的实体

（10）单击 关联复制(A) → ，出现镜像几何体对话框，选择步骤(9)完成的几何体，镜像平面选择 X-Z 平面，单击"确定"按钮，完成曲面效果如图 4.38 所示。

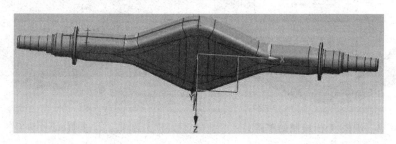

图 4.38　关联复制后的模型

4.3.4　桥壳加强环建模

（1）单击 → →"确定"按钮，绘制图 4.39 所示的图形。

（2）单击 ，退出草图模式。

（3）单击 ，选择步骤(2)绘制的草图，单击 ，"起始距离"栏中输入"55"，"终止距离"栏中输入"−55"，在"布尔"操作栏中选择"减"，单击整个模型，单击"确定"按钮，完成效果如图 4.40 所示。

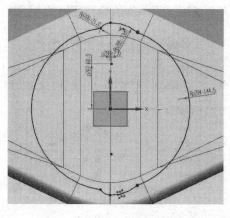

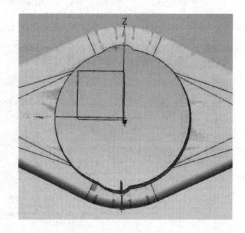

图 4.39　步骤(1)所绘制的草图　　　　　图 4.40　布尔"减"操作后的模型

（4）单击 📷→📐，在草图模式中绘制图 4.41 所示图形。

（5）单击 📷，退出草图模式。

（6）单击 🔲，选择步骤（4）绘制的草图；单击 ⁻ʸᶜ，"开始位置"和"结束位置"分别输入"55"和"64.4"，单击"确定"按钮。单击 🔲，选择步骤（4）绘制的草图中的小圆，单击 ⁻ʸᶜ，"开始位置"和"结束位置"分别输入"0"和"55"，在"布尔"操作中选择"减"，单击整个模型，单击"确定"按钮。完成效果如图 4.42 所示。

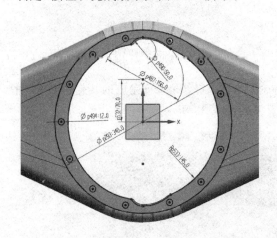

图 4.41　步骤（4）所绘制的草图

图 4.42　步骤（6）拉伸后的模型

4.3.5　制动器支架固定板建模

（1）单击 格式(R)→WCS→📐，出现定向移动坐标系，在"X-增量"中输入"327"，"Y-增量"输入"80"，单击"确定"按钮。

（2）单击 📷→📐→"确定"按钮，绘制图 4.43 所示的形状。

（3）单击 📷，退出草图。

（4）单击 🔲，在出现的"拉伸"对话框中选择步骤（2）所绘制的草图，单击 ⁻ʸᶜ，输入图 4.44 所示数据，单击"确定"按钮。完成效果如图 4.45 所示。

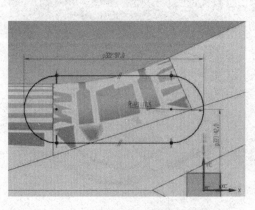

图 4.43　步骤（2）所绘制的草图

图 4.44　"拉伸"对话框

（5）单击 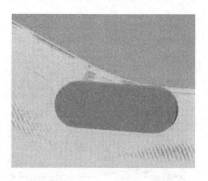，选择常规孔，指定点选择步骤（4）拉伸体表面，如图 4.46 所示。单击方向选择"垂直表面"，输入图 4.47 所示数据。"布尔"操作栏选择"减"，单击步骤（4）建立的拉伸体，单击"确定"按钮，完成效果如图 4.48 所示。

图 4.45　步骤（4）拉伸后的实体

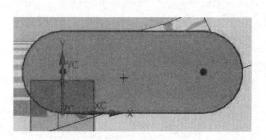

图 4.46　常规孔的基准平面

图 4.47　孔的参数

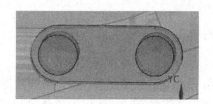

图 4.48　完成后的孔

（6）单击 关联复制(A) → 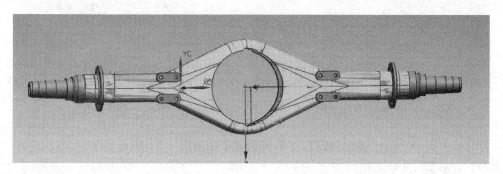，出现镜像几何体对话框，选择步骤（5）完成的几何体，镜像平面选择 X-Y 平面，单击"确定"按钮，以同样的方法复制另外两个，完成曲面效果如图 4.49 所示。

图 4.49　关联复制后的模型

4.3.6　弹簧固定座建模

（1）单击 格式(R) → WCS → ，出现定向移动坐标系，在"X-增量"中输入"−440"，单击"确定"按钮。

（2）单击 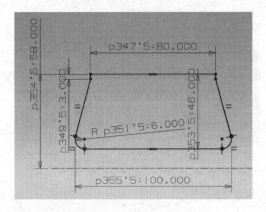 → 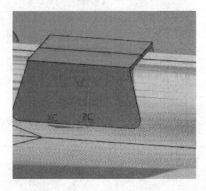 →"确定"按钮，画出图4.50所示形状。

（3）单击 ▨，从草图模式退出。

（4）单击 ▥，选择步骤（2）绘制的草图，"起始距离""终止距离""布尔"操作栏分别输入"－58""58""创建"，单击"确定"按钮。完成效果如图4.51所示。

图4.50　步骤（2）所绘制的草图

图4.51　拉伸后的实体（一）

（5）单击 ▨ → ▨ →"确定"按钮，绘制图4.52所示草图。

（6）单击 ▨，从草图模式退出。

（7）单击 ▥，选择步骤（5）绘制的草图，单击 ▨，"开始位置"和"结束位置"分别输入"－50"和"50"，在"布尔"操作中选择"相交"，选择步骤（5）完成的拉伸体，单击"确定"按钮。完成效果如图4.53所示。

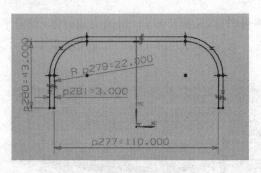

图4.52　步骤（5）所绘制的草图

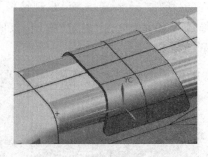

图4.53　拉伸后的实体（二）

（8）单击 ▨ → ▨ →"确定"按钮，在草图模式下绘制图4.54所示草图。

（9）单击 ▨，从草图模式退出。

（10）单击 ▥，选择步骤（8）绘制的草图，单击 ▨，"起始距离""终止距离""布尔"操作栏分别输入"－32""32""创建"，单击"确定"按钮。完成效果如图4.55所示。

（11）单击 ▨ → ▨ →"确定"按钮，在草图模式下绘制图4.56所示草图。

（12）单击 ▨，从草图模式退出。

（13）单击 ▥，选择图4.56所示草图，单击 ▨，"起始距离""终止距离""布尔"操作栏中输入"－86""86""相交"，单击"确定"按钮。完成效果如图4.57所示。

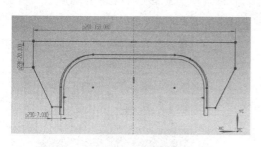

图 4.54　步骤(8)所绘制的草图

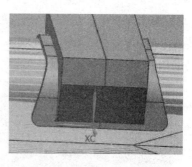

图 4.55　拉伸后的实体(一)

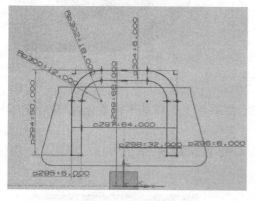

图 4.56　步骤(11)所绘制的草图

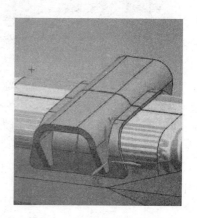

图 4.57　拉伸后的实体(二)

　　(14) 单击 关联复制(A) → 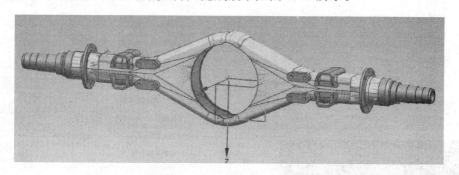，选择步骤(13)完成的实体，选择 X-Y 平面作为镜像面，单击"确定"按钮；以相似步骤完成剩余部分，完成效果如图 4.58 所示。

图 4.58　关联复制后的模型

4.3.7　桥壳盖总成建模

　　(1) 单击 格式(R) → WCS → ，出现定向移动坐标系，在"Y-增量"中输入"55"，单击"确定"按钮，完成坐标系的移动。

　　(2) 单击 → → "确定"按钮，绘制图 4.59 所示图形。

　　(3) 单击 ，从草图模式退出。

（4）单击 ，单击步骤（2）绘制的草图，单击原点作为旋转中心，绕 Y 轴旋，单击"确定"按钮，生成的旋转体如图 4.60 所示。

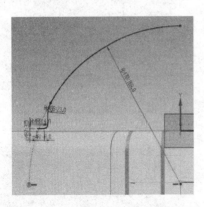

图 4.59　步骤（2）所绘制的草图

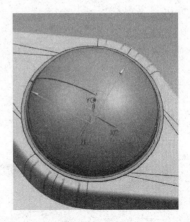

图 4.60　旋转后的实体

（5）单击 ，建立以 X-Z 平面为参考的面，然后与 Y=81 的平面重合，以最后获得的面为参考平面，绘制图 4.61 所示草图。

（6）单击 ，出现"拉伸"对话框，输入图 4.62 所示数据，单击"确定"按钮。完成效果如图 4.63 所示。

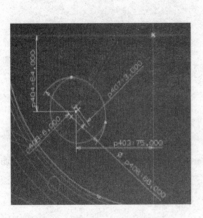

图 4.61　步骤（5）绘制的草图

图 4.62　"拉伸"对话框（一）

（7）单击 ，选择绘制的草图，单击 ，在"开始位置"和"结束位置"分别输入"0"和"63"，单击"确定"按钮。完成效果如图 4.64 所示。

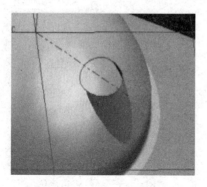

图 4.63   步骤(6)绘制的曲面

图 4.64   拉伸后的实体(一)

（8）单击 ＋ ，在图 4.64 中插入两点。

（9）单击 ⬚→ ⬚ ，绘制图 4.65 所示草图。

（10）单击 ＋ ，在图 4.65 中插入一点。

（11）单击 ⬚→ ⬚ →"确定"按钮，绘制图 4.66 所示草图。

（12）单击 ⬚ ，输入图 4.67 所示数据，单击"确定"按钮，得到图 4.68 所示的实体。

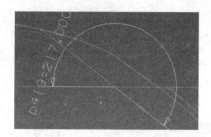

图 4.65   步骤(9)所绘制的草图

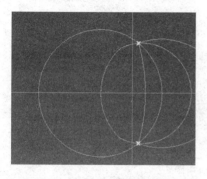

图 4.66   步骤(11)所绘制的草图

图 4.67   "拉伸"对话框(二)

（13）单击 ，裁剪步骤（12）建立的片体，得到图 4.69 所示的片体。

（14）单击 ，选择图 4.69 所示草图，完成效果如图 4.70 所示。

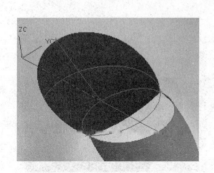

图 4.68　拉伸后的实体（二）

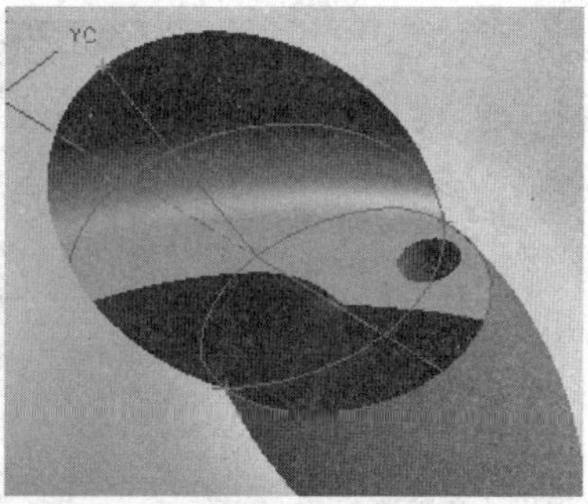

图 4.69　修剪后的片体

（15）单击 ，选择完成的片体界限，补齐并加厚片体。至此桥壳的主体模型建好了，然后对一些局部特征进行完善，诸如倒角、开孔之类就不再一一叙述。

整体模型外观如图 4.71～图 4.75 所示。

图 4.70　步骤（14）建立的片体

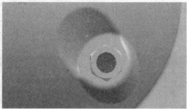

图 4.71　加厚片体（一）

图 4.72　加厚片体（二）

图 4.73　整体模型外观（正等轴视图）

图 4.74　整体模型外观（前视图）

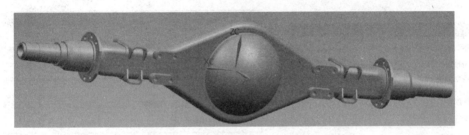

图 4.75　整体模型外观(后视图)

4.4　驱动桥壳的有限元分析

汽车驱动桥是汽车中的重要部件,它承受着来自路面和悬架之间的一切力和力矩,是汽车工作条件最恶劣的总成之一,如果设计不当会造成严重的后果。为保证后桥设计的可行性和工作的可靠性,在设计过程中必须对其应力分布、变形等进行计算和校核。

进行分析、评估和校核的项目如下:

1. 桥壳垂直弯曲强度和刚度计算

计算桥壳的垂直弯曲刚度和强度的方法是将后桥两端固定,在弹簧座处施加载荷,将桥壳两端 6 个自由度全部约束,在弹簧座处施加规定的载荷。当承受满载轴荷时,桥壳最大变形量不应超过 1.5mm/m;承受 2.5 倍满载轴荷时,桥壳不能出现断裂和塑性变形。

2. 后桥壳总成模态分析,计算后桥壳总成的固有频率及振型

桥壳的相关数据:

驱动桥满载后轴重为 5.5t,簧距 880mm,轮距 1586mm,板簧座上表面面积 7079mm^2,面载荷 $\dfrac{5500 \times 9.8 \div 2}{7079} = 3.8$MPa,09SiVL-8 材料的弹性模量为 2.1×10^5MPa,泊松比为 0.3,材料密度为 7.85×10^{-6}g/cm^3。根据国内外经验,垂向载荷均取为桥壳满载负荷的 2.5 倍即为 9.5MPa。

试验数据:满载荷最大位移 1.5mm。

4.5　结构静力学分析

4.5.1　满载荷静力学分析

(1) 模型简化过后,单击 ![icon] → ![icon],进入设计仿真模块,出现"新建 FEM 和仿真"对话框,如图 4.76 所示,单击"确定"按钮,出现解算方案,如图 4.77 所示,单击"确定"按钮。

(2) 单击 ![icon],选择导入的模型,材料选择"Steel",单击"确定"按钮。

图 4.76　"新建 FEM 和仿真"对话框

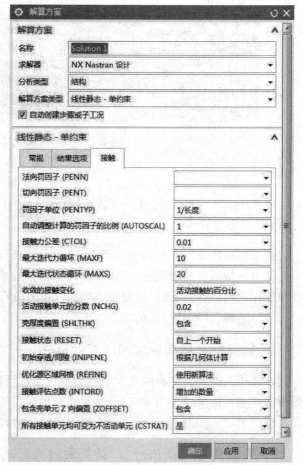

图 4.77　"解算方案"对话框

（3）单击 ▲，出现如图 4.78 所示对话框，选择导入的模型，类型选择"CTETRA(4)"，单击 🖊，UG 会自动选择网格的大小，单击"确定"按钮，完成效果如图 4.79 所示。

（4）单击 ↨，选择"压力"，位置选择如图 4.80 所示，大小为 3.8MPa，单击"确定"按钮。

（5）单击 ⊨，将固定约束施加在图 4.81 所示的位置。

（6）单击 ▤，进行解算。

（7）单击 ⬚ Structural，查看结果，如图 4.82 所示。

由图 4.82 可得，给桥壳施加载荷后会相应地产生受力形变，中间位置形变最大而被约束位置几乎不发生形变。

由图 4.83 可知，8mm 厚时，满载情况下最大位移为 0.458mm，总长为 1.586m，相除得单位轮距形变量为 0.289mm/m<1.5mm/m，符合标准。

从图 4.83 可得出，8mm 厚度下的驱动桥壳最大应力为 89.0MPa，在被约束的地方。另一个易产生应力集中的地方在牙包与方形截面过渡处，该处的应力大小大约为 70MPa，不超过许用应力 $[\sigma]_s$，符合标准。

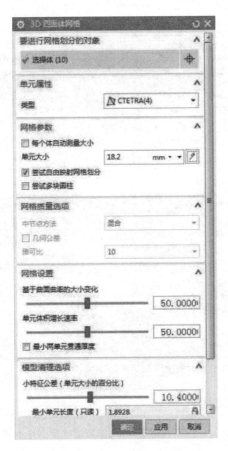

图 4.78　"3D 四面体网格"对话框

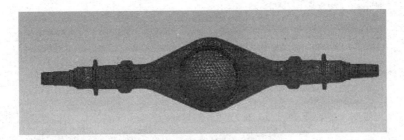

图 4.79　网格划分后的模型

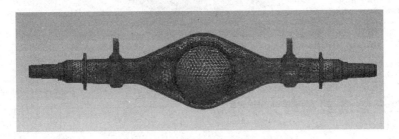

图 4.80　施加载荷后的模型

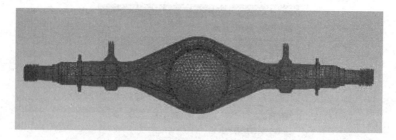

图 4.81　施加约束后的模型

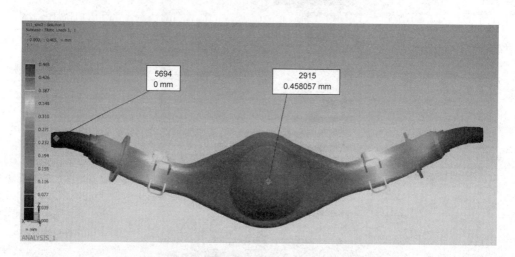

图 4.82　满载荷下 8mm 壁厚驱动桥壳应变图

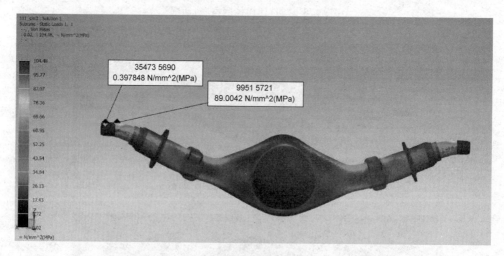

图 4.83　满载荷下 8mm 壁厚驱动桥壳应力图

4.5.2　2.5 倍满载荷静力学分析

在 8mm 厚 2.5 倍满载荷情况下，驱动桥壳的最大形变处仍出现在桥壳中部，为 1.561mm，最大应力位置同满载时一致，大小变为 210.176MPa，如图 4.84 和图 4.85 所示。

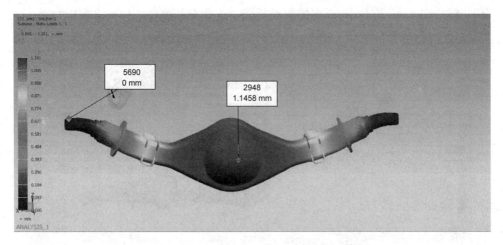

图 4.84　2.5 倍满载荷下 8mm 壁厚驱动桥壳应变图

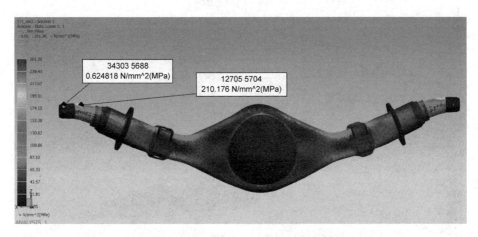

图 4.85　2.5 倍满载荷下 8mm 壁厚驱动桥壳应力图

由图 4.84 可知,桥壳 8mm 厚时,2.5 倍满载情况下最大位移为 1.146mm,总长为 1.586m,相除得单位轮距形变量为 0.73mm/m＜1.5mm/m,符合标准。从图 4.85 也可以看出,在方形切面与牙包之间其最大应力也不超过 180MPa,同样比[σ]。小得多,符合标准。

综上所述,8mm 厚度的桥壳在满载和 2.5 倍满载情况下其位移形变量和应力大小都符合标准。

4.6　结构模态分析

汽车在正常工作状态下,其零部件的主要失效形式之一是在路面随机载荷作用下的疲劳失效。通常,在结构的疲劳寿命估计中,结构高应变区的确定主要是依据经验和已有的试验结果,或通过静力计算来进行,存在有一定的盲目性。尤其是结构的疲劳问题是一个动态问题,静态应变场难以代替动态应变场。因此,近年来通过计算或试验确定结构的动态应变场,得到了广泛的重视。本案例采用模态分析技术,初步分析了结构位移模态和应变模态。

图 4.86～图 4.90 是对 8mm 厚的驱动桥壳本体做有约束的结构模态分析结果。

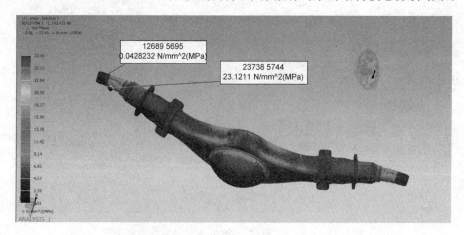

图 4.86　一阶模态

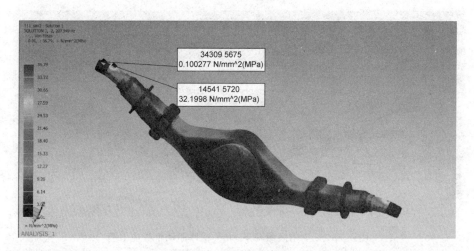

图 4.87　二阶模态

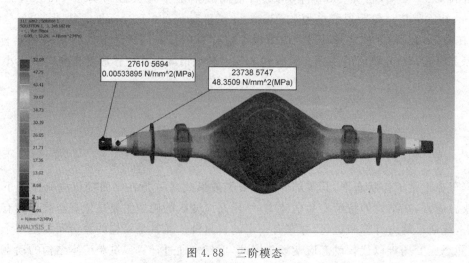

图 4.88　三阶模态

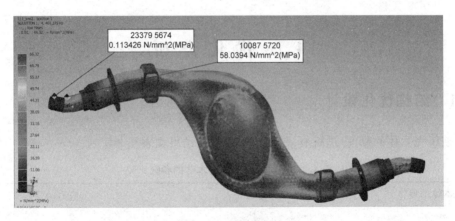

图 4.89　四阶模态

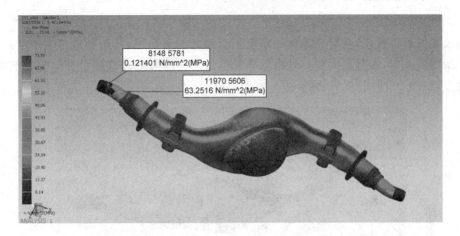

图 4.90　五阶模态

改变桥壳本体厚度进行模态分析,结果如表 4.1 所列。

表 4.1　不同厚度、模态桥壳的频率　　　　　　　　　Hz

模　　态	桥壳厚度					
	8mm	7.5mm	7mm	6.5mm	6mm	5mm
Mode1	143.4	155.2	156.3	157.5	158.7	159.0
Mode2	207.9	208.6	208.9	209.2	209.8	210.5
Mode3	346.7	347.2	347.8	347.7	346.8	342.8
Mode4	461.4	460.7	459.5	458.2	456.2	450.9
Mode5	471.0	470.8	470.6	469.1	468.0	460.2

从表 4.1 可以看出,在厚度降低时,桥壳的固有频率不断地增加,说明降低桥壳的厚度可以提高其低阶固有频率,从而提高桥壳刚度。

与试验结果比较,其一阶频率接近试验结果,桥壳本体厚度为 8mm 的驱动桥壳的一阶频率与试验绝对误差

$$(149 - 143.4)/149 \times 100\% = 3.8\%$$

小于经验值 20%,说明模型的可靠性是有保证的。

4.7 优 化 分 析

4.7.1 结构优化设计

改变桥壳本体的厚度,进行有限元分析,得到的结果如表 4.2 所列。

表 4.2　不同厚度的桥壳本体的参数比较

桥壳本体的厚度	位移量/mm	应力/MPa
8mm	1.148	2.1078×10^2
7mm	1.250	2.426×10^2
6mm	1.300	2.311×10^2

由表 4.2 可以看出,在桥壳本体的厚度不断降低的情况下,其位移量是在不断增加的,应力先增加后减少,而且最大位移处由原来牙包加强环边缘处转移到了牙包与方形截面过渡的地方,如图 4.91、图 4.92 所示。

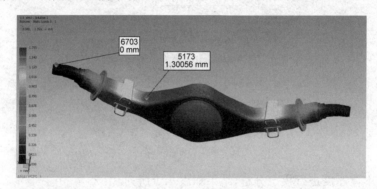

图 4.91　最大位移

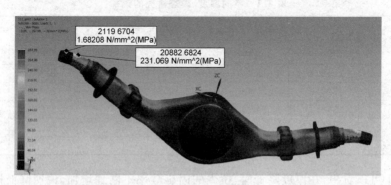

图 4.92　最大应力

由分析可得,桥壳本体厚度过低可能是导致桥壳塑性变形的主要原因,也就是说,其位移量满足要求但是其桥壳本体还是不可用的。因此可以推测在桥壳厚度大于 6mm 且满足位移和许用应力的情况下,适当地减小桥壳本体厚度从而达到节约材料的目的,而且在 6～7mm 之间肯定有一个最优值。

稍微增加桥壳本体的厚度,位移量和应力结果与 6mm 厚度时完全一致,方形面和牙包过渡的地方仍然承受了最大的位移,图 4.93 是 6.5mm 厚度的桥壳位移形变图。

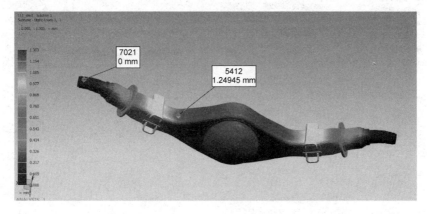

图 4.93 最大位移

继续稍微增大厚度,例如 6.8mm,同上进行静力学仿真,结果依旧与 6mm 时一致,再把厚度变成 6.9mm,结果依旧相同。

经过对一些厚度进行仿真分析,得出 7mm 可能是比较适合的厚度。

4.7.2 参数化优化设计

为了得到最优结论,必须对驱动桥壳进行参数化优化设计。在将目标、变量和约束(和静力学分析时相同)都定义好后,单击 就能得出所需要的最优结果,具体步骤如下:

(1) 先按照上节的步骤进行 2.5 倍满载轴荷下的静力学分析。

(2) 单击 ,"过程类型"栏选择"优化器",如图 4.94 所示,单击"确定"按钮,结果如图 4.95 所示。

图 4.94 "创建几何优化解算方案"对话框

图 4.95　"几何优化"对话框(一)

（3）单击 定义约束 → ，出现图 4.96 所示对话框，"类型"选择"结果测量"，"限制值"选择"800"，单击 ，出现图 4.97 所示对话框，单击 ，输入图 4.98 所示的数据，单击"确定"按钮。

图 4.96　"定义约束"对话框

（4）单击 定义设计变量 → ，出现图 4.99 所示对话框，"特征"选择"加厚"，"上限"填"8"，"下限"填"6"，单击"确定"按钮。

（5）单击 下一步 > ，得到图 4.100 所示对话框，"最大迭代次数"选择"20"，单击"确定"按钮。

图 4.97　"结果测量管理器"对话框

图 4.98　"结果测量"对话框　　　　　图 4.99　"定义设计变量"对话框

（6）单击 ，进行计算，系统输出结果如图 4.101～图 4.103 所示。

从图 4.103 可得，所有点都在[7,8]这个区间之中，从而可得桥壳的厚度只有大于等于 7mm 才能符合要求，如果要用最少的原料且满足强度和刚度标准，7mm 的桥壳本体是最切合需求的，这也验证了 4.7.1 节的分析是正确的。由图 4.101 可以看出，桥壳厚度为 8mm 时质量为 54.9217kg，厚度为 7mm 时质量为 50.7148kg，质量约减轻 4.2069kg，约减少了 7.7%。该设计不仅满足强度和刚度要求，而且使汽车驱动桥壳实现轻量化，提高车辆动力性和经济性，降低了设计成本。

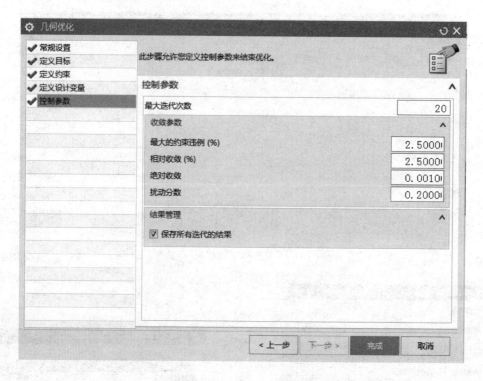

图 4.100　"几何优化"对话框(二)

```
Optimization History
Based on Altair HyperOpt

Design Objective Function Results
Minimum Weight              0           1          2          3          4          5          6
                        549217.7  540849.6  507148.6  525420.5   536163  537187.4  537661.3

Design Variable Results
Name                        0           1          2          3          4          5          6
cheqiao14::p196=8           8         7.8          7  7.431271  7.683841  7.709539  7.722495

Design Constraint Results
                            0           1          2          3          4          5          6
Element Nodal Unaveraged Von Mises
Upper Limit = 800.000000  1780412  1629338  1656409  1802951  1610369  1629546  1604481


            7        8        9       10       11       12       13       14       15       16       17       18       19
        534095.6 533562.9 549220.6 535679.8 540284.9 549220.6 529845.2 529892.3 528788.5 531991.5 532484.8 529943.1  529939


            7        8        9       10       11       12       13       14       15       16       17       18       19
        7.644781 7.633414        8 7.67195 7.785667        8 7.542249 7.542528 7.52037T 7.593146 7.605921 7.543718 7.543788


            7        8        9       10       11       12       13       14       15       16       17       18       19
        1631761 1921972 2318033 1738668 1620765 1326204 1590587 1418412 1754783 1746887  1625527  1526539  1448202
```

图 4.101　参数化迭代优化结果(19 阶)

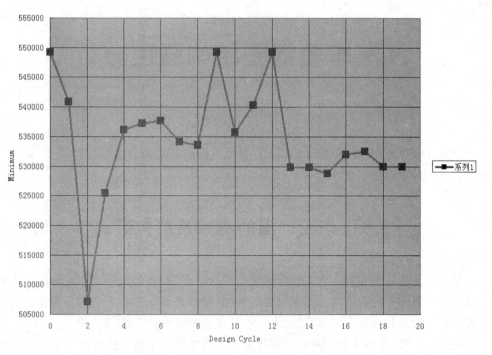

图 4.102 迭代质量变化曲线(19 阶)

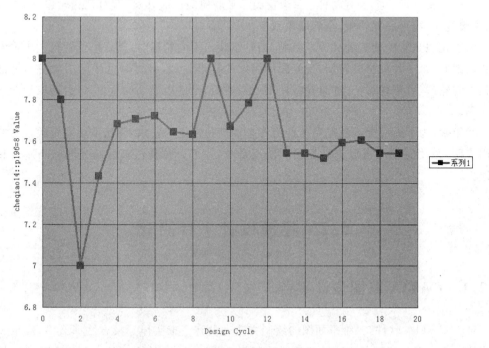

图 4.103 迭代桥壳厚度变化曲线(19 阶)

第 5 章

汽车车轮钢圈结构强度分析

本章基于三维 CAD 建模软件 CATIA，对汽车车轮钢圈进行参数化建模，并进行了有限元结构强度分析。

5.1　车轮钢圈的功用及结构形式

车轮钢圈是介于轮胎和车轴之间承受负荷的旋转组件，通常由轮毂和轮辐两个主要部件组成。轮毂是在车轮上安装和支撑轮胎的部件，轮辐是车轮上介于车轴和轮辐之间的支撑部件。轮毂和轮辐可以是整体式的、永久连接式的或可拆卸式的。

按轮辐的构造，车轮可分为两种主要形式：辐板式和辐条式。按车轮一端安装一个或两个车轮，车轮又分为单式车轮和双式车轮。目前，轿车上和货车上广泛采用辐板式和辐条式车轮。此外，还有对开式车轮、可反装式车轮、组装轮毂式车轮和可调式车轮。

轮毂的常见形式主要有两种：深槽轮毂和平底轮毂。此外，还有对开式轮毂、半深槽轮毂、深槽宽轮毂、平底宽轮毂、全斜底轮毂等。

由于轮毂是轮胎的装配和固定基础，当轮胎装入不同轮毂时，其变形位置与大小也发生变化。因此，每一种规格的轮胎，最好配用固定的标准轮毂，必要时也可配用规格与标准轮胎相近的轮毂（容许轮毂）。如果轮毂使用不当，特别是使用过小的轮毂时，会造成轮胎的早期损坏。

近年来，为了适应提高轮胎负荷能力和车辆高速性能的要求，开始采用宽轮毂。试验和使用表明，采用宽轮毂可以提高轮胎的使用寿命，并可以改善汽车的通过性和高速行驶稳定性。

5.2　建模设计平台简介

5.2.1　CATIA 草图设计平台

对于 CATIA 软件，二维平面图的绘制方法远没有三维实体建模方法那么多，二维平面草绘的一个重要途径就是在实体建模时绘制剖面图。比较复杂的平面图可以在三维实体建模后通过创建工程图的方法获得，如图 5.1 所示。

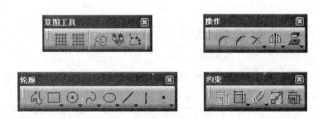

图 5.1　草图设计平台工具条

5.2.2　零件设计平台

使用CATIA进行三维实体零件设计是进行机械设计的基本方法。实体的创建过程中,常常需要综合运用多种模型生成方法和基本技巧才能完成实体模型的创建工作,如图 5.2 所示。

图 5.2　零件设计平台工具条

5.2.3　创成式曲面造型设计平台

现实中,许多工程零件和实体造型都具有复杂的表面形状,例如手机外壳、汽车外形曲面等。而 CATIA 的实体构造设计功能无法绘制复杂曲面,需要使用 CATIA 的曲面造型功能先设计外形,然后再生成实体模型,如图 5.3 所示。因此曲面特征在三维实体建模过程中占有重要的位置,要设计出完美的三维模型,曲面特征是必须运用的。全面掌握曲面特征的使用技巧,就能设计出更加复杂、精美、富于变化的模型。

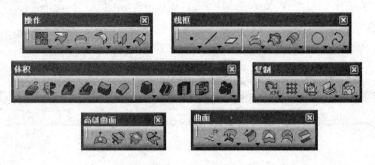

图 5.3　创成式曲面造型设计平台工具条

5.2.4 FreeStyle(自由曲面设计)平台

随着人们对曲面设计要求的提高,越来越多的人希望能够实时、动态地修改曲面,或者按照设计者本身的意愿创造性地绘制任意形状的曲面,而不是通过传统的拉伸、旋转、扫描和层叠等方式来生成曲面。CATIA 的自由曲面设计模块能够满足这方面的设计要求,它具有非常强大的曲面造型和优化功能,如图 5.4 所示。

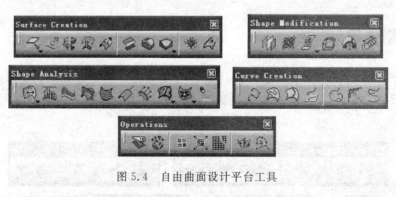

图 5.4 自由曲面设计平台工具

5.3 车轮钢圈建模

5.3.1 钢圈本体总成建模

(1) 单击工具栏中的 按钮新建文件,弹出"新建"对话框。

(2) 在对话框"类型"中选择"Part(零件)",单击"确定"按钮,弹出图 5.5 所示"新建零部件"对话框。

(3) 在"新建零部件"对话框中输入零件名称 gangquan,单击"确定"按钮进入零件设计平台。

(4) 在零件设计平台选择 Y-Z 平面,单击 Sketcher(草图)工具栏上的 按钮,进入草绘平台。

(5) 单击"轮廓"工具栏中的 按钮,"草图工具"工具栏如图 5.6 所示。

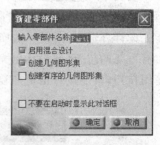

图 5.5 "新建零部件"对话框

图 5.6 "草图工具"工具栏(一)

绘制一条经过原点的竖直轴线,长度大约 240mm。

(6) 单击"轮廓"工具栏中的 按钮,"草图工具"工具栏如图 5.7 所示。

单击"草图工具"栏中的 按钮,绘制图 5.8 所示的线段。在绘制过程中,曲线中的垂

图 5.7　"草图工具"工具栏(二)

直以及水平已经同时被约束。

(7) 单击"约束"工具栏中的 ▣ 按钮,选择图中曲线,系统会自动显示该线的长度标注,移动鼠标至合适位置单击放置标注尺寸。双击标注的尺寸,系统弹出图 5.9 所示"约束定义"对话框,在对话框中输入重新定义的尺寸值。

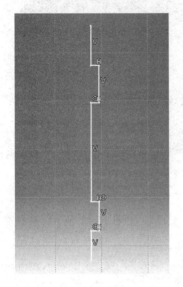

图 5.8　内孔基本轮廓线

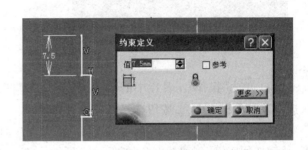

图 5.9　"约束定义"对话框

(8) 双击"约束"工具栏中的 ▣ 按钮后依次选择各条线,连续标注各条线的尺寸,并实时修改各个尺寸为图 5.10 所示数值。

(9) 单击"轮廓"工具栏中的 ╱ 按钮,绘制图 5.11 所示的一条线段。

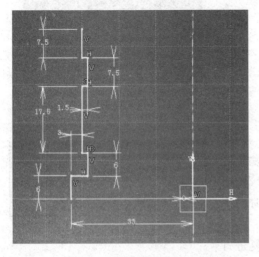

图 5.10　轮廓线尺寸约束

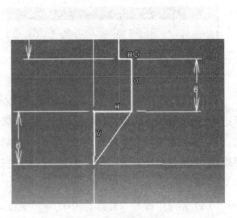

图 5.11　倒角线

（10）按住 Ctrl 键选择图 5.12 所示的两条线段一点，单击"草图工具"工具栏中的 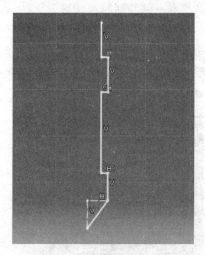 按钮，使其成为构造线。

（11）按住 Ctrl 键，连续选择草图中显示的所有尺寸约束，鼠标在合适位置右击，选择隐藏约束。完成效果如图 5.13 所示。

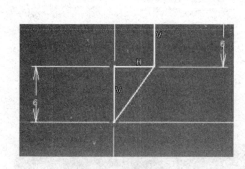

图 5.12　构造线转换

图 5.13　隐藏约束

（12）单击"操作"工具栏中的 按钮，此时"草图工具"工具栏如图 5.14 所示，系统默认选中该工具栏中的 按钮选择修剪所有元素。

（13）在草图中选择需要倒角的线段，在"草图工具"工具栏中的"长度"框中输入倒角长度，然后按回车键，创建的倒角如图 5.15 所示。

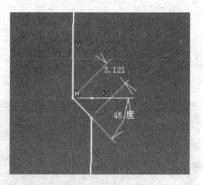

图 5.15　倒角绘制

图 5.14　"草图工具"工具栏（三）

注意：由于之前已经定义了所有线段长度，因此当进行倒角操作后，原有的线段长度必然会发生变化，CATIA 会根据相应的变化给出一些提示，做出相应的修改，如图 5.16 所示为进行倒角操作时约束定义转换的提示。

（14）双击"操作"工具栏中的 按钮，重复进行

图 5.16　倒棱命令

倒角操作,并且隐藏所有约束,最后创建的草图如图 5.17 所示。

(15) 单击"轮廓"工具栏中的 ╱ 按钮,创建图 5.18 所示直线段,并添加约束。

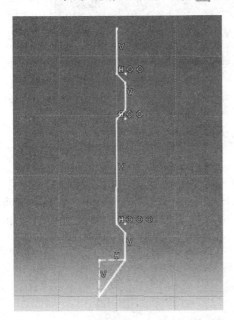

图 5.17　内孔草图

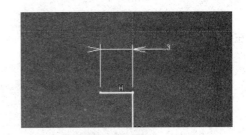

图 5.18　外曲面水平线段

(16) 单击"轮廓"工具栏中的 ▪ 按钮,此时"草图工具"工具栏变成如图 5.19 所示。

图 5.19　"草图工具"工具栏(四)

单击工具栏上的 按钮,使创建的点都是构造点。(图 5.20 为了显示清晰,所以点都还未成为构造点。)

图 5.20　样条曲线构造点

(17) 双击"操作"工具栏中的 按钮,对创建的点进行尺寸约束,完成效果如图 5.21 所示。

(18) 按住 Ctrl 键,连续选择图 5.21 所示的所有约束,在合适位置单击鼠标右键,选择"隐藏"。

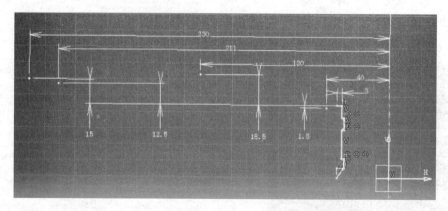

图 5.21　构造点约束

（19）单击"轮廓"工具栏中的 按钮，连续点选刚刚创建的 4 个点和 3mm 水平线段的左端点，并在它们之间插入一些必要的调试点（图中显示为白色未定位点），完成效果如图 5.22 所示。

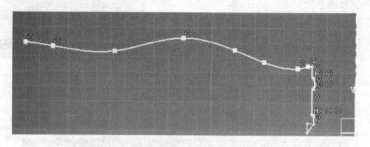

图 5.22　样条曲线

（20）鼠标点选图 5.22 中的白色未定位点，按住拖动，对样条曲线的形状进行适当调整，完成效果如图 5.23 所示。

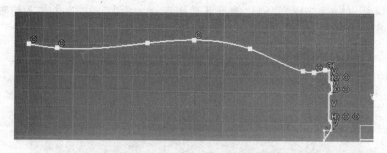

图 5.23　调整后的样条曲线

（21）单击"轮廓"栏中的 按钮，创建图 5.24 所示直线段，并添加约束，之后将约束隐藏。

（22）继续创建下一条草图曲线，单击"轮廓"工具栏中的 按钮，"草图工具"工具栏变成如图 5.25 所示。

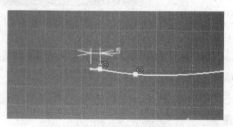

图 5.24　外曲面水平线段

图 5.25　"草图工具"工具栏（五）

单击"草图工具"工具栏中的  按钮，绘制图 5.26 所示线段，并进行约束。

（23）单击"操作"工具栏中的 ↗ 按钮，此时的"草图工具"工具栏如图 5.27 所示，系统默认选中该工具栏中的 ↗ 按钮，选择修剪所有元素。

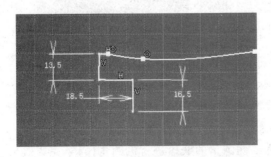

图 5.26　阶梯外缘

图 5.27　"草图工具"工具栏（六）

（24）在草图中选择需要倒圆角的线段，在"草图工具"工具栏中的"半径"框中输入圆角半径值，然后按回车键，创建的圆角如图 5.28 所示。系统自动在圆弧和线的相交处添加相切约束，并根据相应的情况添加其他约束。

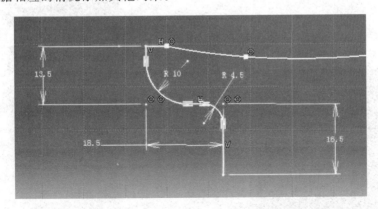

图 5.28　倒圆角（一）

（25）按住 Ctrl 键，连续选择图 5.28 所示的所有约束，在合适位置右击，选择"隐藏"。

（26）单击"轮廓"工具栏中 ⊙ 按钮右下角的黑色小三角形，出现图 5.29 所示"圆弧"工具栏。

（27）单击"圆弧"工具栏中的 ⟲ 按钮，绘制一段起始受限的圆弧，并对其进行尺寸约束，之后将约束隐藏，尺寸约束如图 5.30 所示。

图 5.29　圆命令

（28）单击"轮廓"工具栏中的 ↻ 按钮，绘制图 5.31 所示线段，并进行约束。其中 ■ 图形表示的是相切约束。

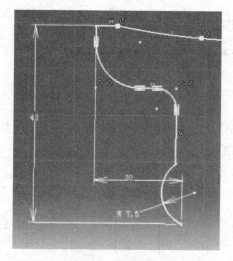

图 5.30　外缘圆弧

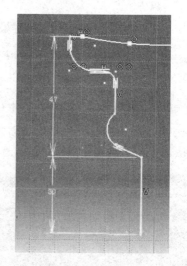

图 5.31　外缘竖直线段

（29）单击"操作"工具栏中的 $\boxed{\curvearrowright}$ 按钮，对需要倒圆角的线段进行倒圆角操作，完成效果如图 5.32 所示。

（30）单击"轮廓"工具栏中的 $\boxed{\cdot}$ 按钮，创建如图 5.33 所示的点并进行位置约束。将创建的点设置为构造点，然后将约束隐藏。

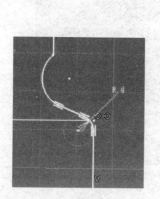

图 5.32　倒圆角（二）

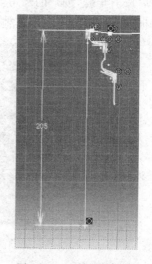

图 5.33　下端外缘定位

（31）单击"轮廓"工具栏中的 $\boxed{\text{Ȝ}}$ 按钮，以刚创建的构造点为起点绘制图 5.34 所示线段。并进行约束。

（32）单击"操作"工具栏中的 $\boxed{\curvearrowright}$ 按钮，对需要倒圆角的线段进行倒圆角操作，完成效果如图 5.35 所示。

（33）单击"圆弧"工具栏中的 $\boxed{\odot}$ 按钮，绘制一段起始受限的圆弧，并对其进行尺寸约束，之后将约束隐藏。尺寸约束如图 5.36 所示。

（34）单击"轮廓"工具栏中的 $\boxed{/}$ 按钮，绘制图 5.37 所示线段，并进行约束，其中 $\boxed{\blacksquare}$ 图形表示的是相切约束。

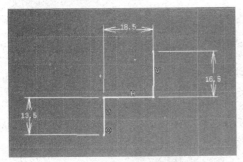

图 5.34　下端阶梯外缘

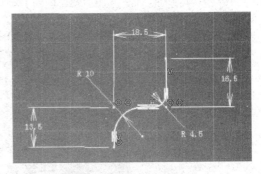

图 5.35　倒圆角（三）

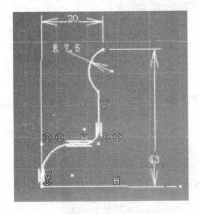

图 5.36　圆弧约束

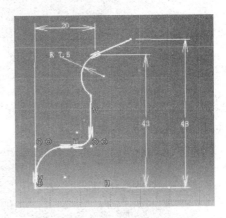

图 5.37　过渡直线

（35）隐藏草图中的约束，单击"轮廓"工具栏中的 按钮，将刚刚画的两个草图局部连起来，完成效果如图 5.38 所示。

（36）单击"轮廓"工具栏中的 按钮，创建一条辅助的直线段，并将其转为构造线和定位。

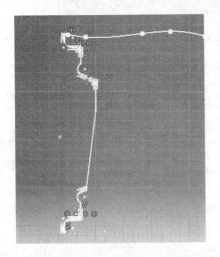

图 5.38　上下端外缘连接线

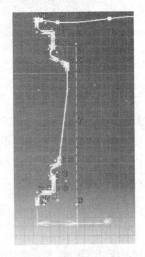

图 5.39　内壁定位

（37）单击"轮廓"工具栏中的 按钮，绘制图 5.40 所示线段，并进行约束。

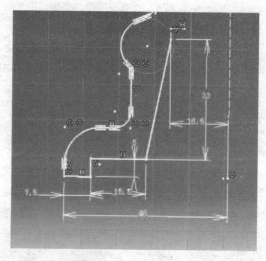

图 5.40　阶梯内壁

（38）单击"操作"工具栏中的 按钮，对需要倒圆角的线段进行倒圆角操作，完成效果如图 5.41 所示。

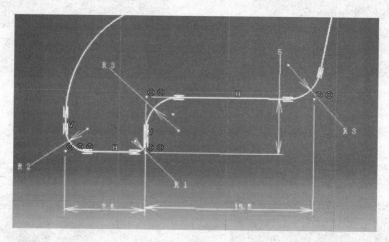

图 5.41　倒圆角（四）

（39）单击"轮廓"工具栏中的 按钮，绘制图 5.42 所示线段（将其设置为构造线），并进行约束。

（40）单击"轮廓"工具栏中的 按钮，绘制图 5.43 所示线段，并进行约束。

（41）单击"轮廓"工具栏中的 按钮，绘制图 5.44 所示线段，并进行约束以及倒角，之后将辅助构造线隐藏。

（42）单击"轮廓"栏中的 按钮，创建图 5.45 所示直线段，并添加约束，之后将约束隐藏。

（43）单击"轮廓"工具栏中的 按钮，创建一条辅助的直线段，并将其转为构造线和定位，如图 5.46 所示。

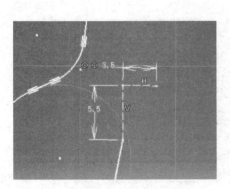

图 5.42　构造线约束

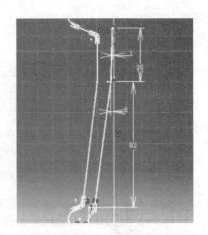

图 5.43　内壁约束

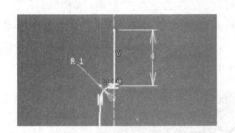

图 5.44　内壁竖直线段

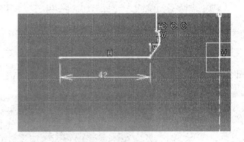

图 5.45　内曲面水平直线

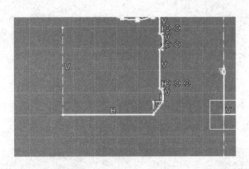

图 5.46　水平直线定位

（44）单击"轮廓"工具栏中的 ▪ 和 ◎ 按钮,使创建的点都是构造点。（图 5.47 为了显示清晰,所以点都还未成为构造点。）

图 5.47　样条曲线构造点

（45）双击"操作"工具栏中的▢按钮,对创建的点进行尺寸约束,完成效果如图 5.48 所示。

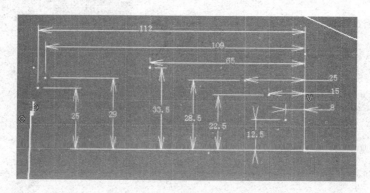

图 5.48　构造点定位

（46）按住 Ctrl 键,连续选择图 5.48 所示的所有约束,在合适位置右击,选择"隐藏"。

（47）单击"轮廓"工具栏中的⤳按钮,连续点选刚刚创建的 6 个点以及 42mm 水平线段的左端点和 4mm 竖直线段的上端点,并在它们之间插入一些必要的调试点（图中显示为白色未定位点）,完成效果如图 5.49 所示。

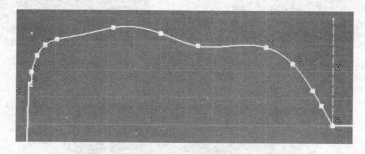

图 5.49　样条曲线绘制

（48）鼠标点选图 5.49 中的白色未定位点,按住拖动,对样条曲线的形状进行适当调整,完成效果如图 5.50 所示。

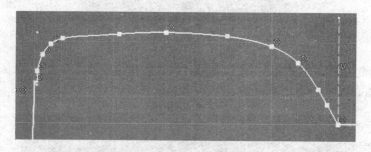

图 5.50　调整后的样条曲线

自此,钢圈主体架构的草图已经完成,其轮廓如图 5.51 所示。

（49）单击"工作台"工具栏上的凸按钮返回到零件设计平台,此时绘制的轮廓图已经在平台上生成并被预选中。单击"基于草图的特征"工具栏中的⬛按钮,系统弹出"旋转体定义"对话框,在"第一角度"和"第二角度"框中分别输入"360deg"和"0deg","轮廓/曲面"的选择文本框默认设置为"草图.1"中的轴线,单击对话框中的"确定"按钮,生成旋转实体,如图 5.52 所示。

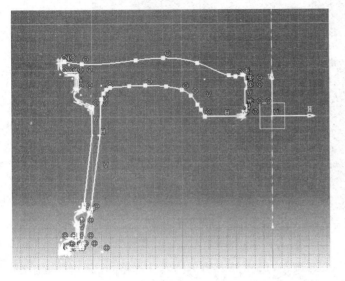

图 5.51　钢圈主体草图`　　　　　　　　　　　图 5.52　钢圈主体模型

5.3.2　梅花形分布沉头孔建模

(1) 单击"参考元素"工具栏上的 ⬚ 按钮,系统弹出如图 5.53 所示的"平面定义"对话框。在对话框的"平面类型"中选择偏移平面使它变成蓝色,然后在工作平台上选择 X-Y 平面,在偏移框中输入偏移距离 63.5mm,单击对话框中的"确定"按钮完成新的参考平面的创建。

(2) 单击"基于草图的特征"工具栏中的 ⬚ 按钮,单击刚刚创建的参考平面,出现"孔定义对话框",单击 定位草图 按钮,进入"草图定位"对话框,如图 5.54 所示。

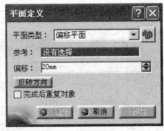

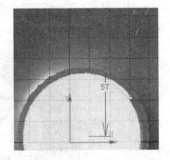

图 5.53　"平面定义"对话框　　　　　　　图 5.54　"草图定位"对话框

(3) 单击 凸,在延伸栏的孔深度选择"直到最后","直径"框输入"19mm",在"类型"栏中选择"沉头孔",在"直径"框中输入"33mm",在"深度"框中输入"50mm",单击"确定"按钮,完成对沉头孔的创建,如图 5.55 所示。

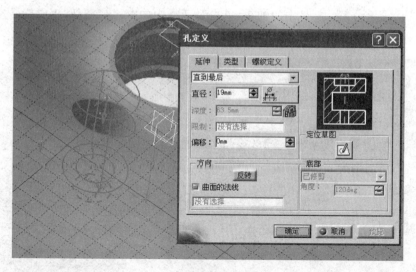

图 5.55　"孔定义"对话框

(4)单击"修饰特征"工具栏中的 按钮,选择需要倒角的实体边线,出现"倒角定义"对话框,在"长度"栏中输入"3.5mm","角度"栏中输入"45deg"。单击"确定"按钮,完成对边线的倒角,如图 5.56 所示。

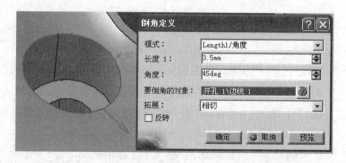

图 5.56　"倒角定义"对话框

(5)单击"修饰特征"工具栏中的 按钮,选择需要倒圆角的实体边线,出现"倒圆角定义"对话框,在半径栏中输入 1mm,单击"确定"按钮,完成对边线的倒圆角操作,如图 5.57 所示。

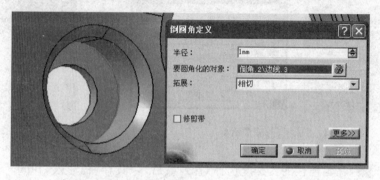

图 5.57　"倒圆角定义"对话框

（6）选择特征树里面的开孔部分，单击"实体变化特征"工具栏中 ▦ 按钮右下角的黑色小三角形，单击其中的 ⚙ 按钮，出现如图 5.58 所示"圆周图样定义"对话框，在其中的"实例"一栏中输入特征个数"5"，在"角度间距"一栏中输入角度"72deg"，单击"参考元素"栏，使其变成蓝色，鼠标选择前面创建的"平面.1"，单击"确定"按钮完成如图 5.59 所示对沉头孔的环形阵列。

图 5.58　"圆周图样定义"对话框

图 5.59　梅花沉头孔模型

（7）重复上述操作，对几个实体边线的倒角以及倒圆角也进行环形阵列。

5.3.3　梅花形分布凹槽建模

（1）将视角调到合适位置，鼠标单击选择图 5.60 所示平面，单击"草图"工具栏中的 🖉 按钮，进入草图设计界面。

（2）单击"轮廓"工具栏中的 ◉ 按钮，在图 5.61 所示"草图工具"工具栏中的圆心坐标的"H"栏中输入"0mm"之后按回车键，在"V"栏中输入"57mm"之后按回车键，在"圆半径"栏中输入"20mm"之后按回车键，创建如图 5.61 所示的圆（这是另一种约束方式，就是在创建图形时连同约束一起定义，系统会在图形完成后自动添加约束显示）。

图 5.60　草图选择曲面

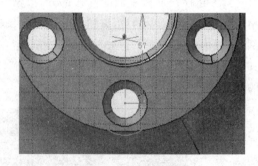

图 5.61　边缘圆约束

（3）单击"操作"工具栏中的 按钮，先选择刚才画的圆，再选择 V 轴，对圆进行镜像操作，如图 5.62 所示。

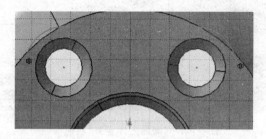

图 5.62　镜像圆

（4）单击"轮廓"工具栏中的 按钮，连续绘制两个圆并对其尺寸约束，如图 5.63 所示。

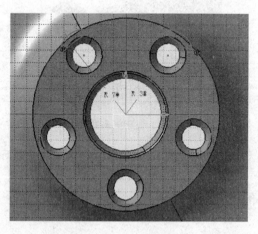

图 5.63　辅助圆绘制

（5）双击"操作"工具栏中的 按钮，在"草图工具"栏中单击选择 按钮（断开及外擦除），对草图进行快速连续修剪，完成效果如图 5.64 所示。

（6）单击"工作台"工具栏上的 按钮返回零件设计平台，此时绘制的轮廓图已经在平台上生成并被预选中。单击"基于草图的特征"工具栏中的 按钮，系统弹出如图 5.65 所

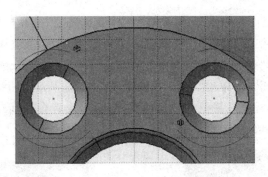

图 5.64　凹槽草图

示的"凹槽定义"对话框,在"第一限制的类型"中选择"尺寸",深度输入"33mm",单击"确定"按钮完成凹槽创建。

(7) 按住 Ctrl 键,连续选择凹槽侧面的四条棱角线,然后单击 按钮,在弹出的实体边线"倒圆角定义"对话框的"半径"栏中输入"3mm",单击"确定"按钮,完成对边线的倒圆角,如图 5.66 所示。

图 5.65　凹槽定义

图 5.66　实体棱边倒圆角

(8) 按住 Ctrl 键,连续选择凹槽顶面的四条棱角线,然后单击 按钮,在弹出的实体边线"倒圆角定义"对话框的"半径"栏中输入"2mm",单击"确定"按钮,完成对边线的倒圆角,如图 5.67 所示。

(9) 按住 Ctrl 键,连续选择凹槽底面的四条棱角线,然后单击 按钮,在弹出的实体边线"倒圆角定义"对话框的"半径"栏中输入"5mm",单击"确定"按钮,完成对边线的倒圆角,如图 5.68 所示。

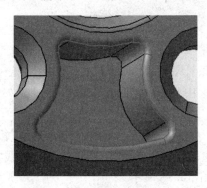

图 5.67　实体边线倒圆角(凹槽顶面)

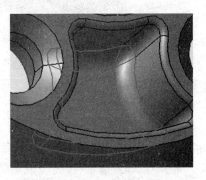

图 5.68　实体边线倒圆角(凹槽底面)

（10）选择特征树里面的凹槽部分，单击"实体变化特征"工具栏中 ▦ 按钮右下角的黑色小三角形，单击其中的 ⊙ 按钮，出现"圆周图样定义"对话框，在其中的"实例"一栏中输入特征个数"5"，在"角度间距"一栏中输入角度"72deg"，单击"参考元素"栏，使其变成蓝色，鼠标选择前面创建的"平面.1"，单击"确定"按钮完成图 5.69 所示对凹槽的环形阵列。

（11）按住 Ctrl 键，连续选择要倒圆角的实体边线，设置合适倒角，完成效果如图 5.70 所示。

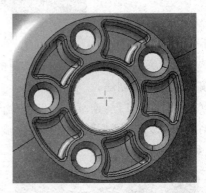

图 5.69　环形阵列特征　　　　　　　　　图 5.70　倒圆角

5.3.4　环形下沉切割凹槽建模

（1）鼠标在"特征树"上选择 Y-Z 平面，单击"草图"工具栏中的 ▨ 按钮，进入草图设计界面。单击"轮廓"工具栏上的 ▨ 按钮，绘制凹槽轮廓并使用约束限定其尺寸和位置，完成效果如图 5.71 所示。

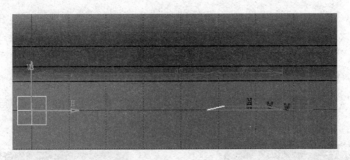

图 5.71　凹槽草图

（2）单击"工作台"工具栏上的 ▵ 按钮返回零件设计平台，此时绘制的轮廓图已经在平台上生成并被预选中。单击"基于草图的特征"工具栏中的 ▣ 按钮，系统弹出如图 5.72 所示的"旋转槽定义"对话框。

（3）在"旋转槽定义"对话框的"限制"栏中，"第一角度"输入"360deg"，"第二角度"输入"0deg"，单击轴线框使其变成蓝色，然后单击最早创建的旋转体，系统默认选中同一轴线"旋转体.1\轴 1"，单击"确定"按钮完成旋转槽的创建，如图 5.73 所示。

图 5.72　"旋转槽定义"对话框

图 5.73　旋转槽创建

5.3.5　轮辐主体建模

（1）鼠标在"特征树"上选择 Z-X 平面，单击"草图"工具栏中的 按钮，进入草图设计界面。单击"轮廓"工具栏上的 按钮，绘制凹槽轮廓并使用约束限定其尺寸和位置，完成效果如图 5.74 所示。

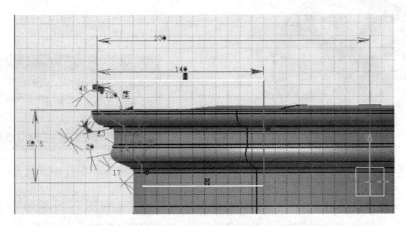

图 5.74　手孔草图

（2）单击"工作台"工具栏上的 按钮返回到零件设计平台，此时绘制的轮廓图已经在平台上生成并被预选中。单击"基于草图的特征"工具栏中的 按钮，系统弹出如图 5.75 所示的"旋转槽定义"对话框。

（3）在"旋转槽定义"对话框的"限制"栏中，"第一角度"输入"21.55deg"，"第二角度"输入"0deg"，单击轴线框使其变成蓝色，然后单击最早创建的旋转体，系统默认选中同一轴线"旋转体.1\轴 1"，单击"确定"按钮完成旋转槽的创建，如图 5.76 所示。

（4）选择"特征树"里面的"旋转槽"部分，单击"实体变化特征"工具栏中 按钮右下角的黑色小三角形，单击其中的 按钮，出现"圆周图样定义"对话框，在其中的"实例"一栏中输入特征个数"9"，在"角度间距"一栏中输入角度"40deg"，单击"参考元素"栏，使其变成蓝色,鼠标选择前面创建的"平面.1",单击"确定"按钮完成图 5.77 所示对旋转槽的环形阵列。(其中会出现一个特征定义错误的提示栏,单击其中的"确定"按钮就可以了。)

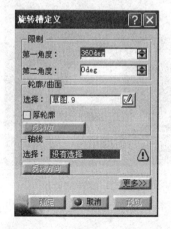

图 5.75 　"旋转槽定义"对话框

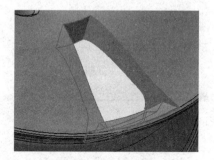

图 5.76 　旋转槽创建

(5) 单击"基于草图的特征"工具栏中 按钮右下角的黑色小三角形,单击下拉工具栏中的 按钮,出现如图 5.78 所示"三切线内圆角定义"对话框。

图 5.77 　环形阵列特征

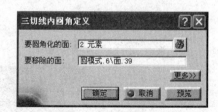

图 5.78 　"三切线内圆角定义"对话框

(6) 按先选择浅色两平面,再单击深色平面的顺序单击选择图 5.79 所示需要倒圆角的面,单击"三切线内圆角定义"对话框中的"确定"按钮,完成效果如图 5.79 所示。

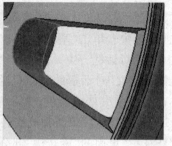

图 5.79 　三切线内圆角创建

（7）双击"圆角"工具栏中的 按钮，对其他需要相同操作的特征部分进行圆角操作，完成效果如图 5.80 所示。

（8）单击"修饰特征"工具栏中 按钮右下角的黑色小三角形，单击下拉工具栏中的 按钮，出现如图 5.81 所示"拔模定义"对话框。

图 5.80 内圆角操作

图 5.81 "拔模定义"对话框

（9）在"拔模定义"对话框"角度"一栏输入角度"5deg"，单击"要拔模的面"一栏，然后选择图 5.82 所示面，单击"中性元素"中的"选择"一栏，然后选择图 5.82 所示旋转体表面，注意选择正确的拔模方向。

此时先不要关闭对话框，鼠标双击图 5.82 中所示的角度约束，出现图 5.83 所示"参数定义"对话框，输入角度"10deg"，单击"确定"按钮完成参数定义。

图 5.82 拔模创建（一）

图 5.83 参数定义

（10）重新退回到"拔模定义"对话框，单击"确定"按钮，完成对面的拔模，如图 5.84 所示。

（11）继续对其他需要拔模的面进行操作，完成效果如图 5.85 所示。

（12）单击"修饰特征"工具栏中 按钮右下角的黑色小三角形，单击下拉工具栏中的 按钮，出现如图 5.86 所示"可变半径圆角定义"对话框。

（13）在"可变半径圆角定义"对话框"半径"一栏输入"2mm"，单击"要圆角化的边线"一栏使其变成蓝色,然后选择如图 5.87 所示的实体边线。

图 5.84　拔模创建(二)

图 5.85　环形阵列拔模特征

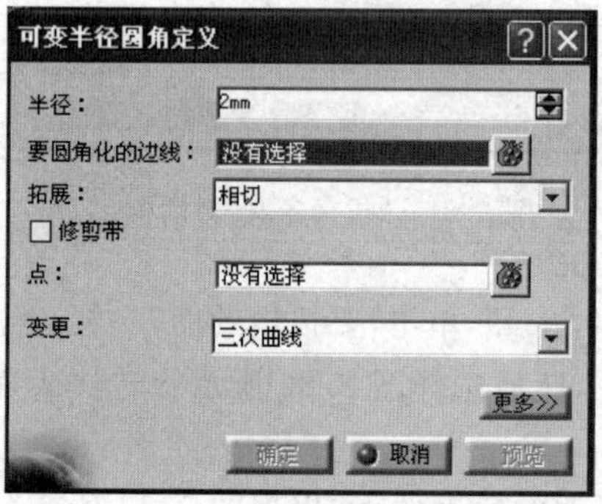

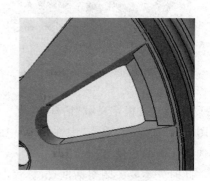

图 5.86　"可变半径圆角定义"对话框

图 5.87　可变半径

此时先不要关闭对话框,鼠标双击图 5.87 中所示的圆角半径约束,出现如图 5.88 所示"参数定义"对话框,输入半径"13mm",对其他几个圆角约束也按要求进行定义,之后单击"确定"按钮完成参数定义。重新退回到"圆角定义"对话框,单击"确定"按钮,完成对边线的倒圆角,如图 5.88 所示。

(14)继续对其他需要拔模的面进行操作,完成效果如图 5.89 所示。

图 5.88　可变倒圆角

图 5.89　环形阵列倒圆角特征

（15）单击"修饰特征"工具栏中的 ▣ 按钮，出现"倒圆角定义"对话框，连续选择需要倒圆角的实体边线，在"倒圆角定义"中的"半径"一栏中输入"5mm"，单击"确定"按钮，完成效果如图 5.90 所示。

（16）对模型中需要进行倒圆角的实体边线进行倒圆角操作，完成效果如图 5.91 所示。

图 5.90　实体边线倒圆角

图 5.91　实体边线倒圆角

（17）鼠标在"特征树"上选择 X-Y 平面，单击【草图】工具栏中的 ▣ 按钮，进入草图设计界面。单击"轮廓"工具栏上的 ▣ 按钮，绘制凹槽轮廓并使用约束限定其尺寸和位置，完成效果如图 5.92 所示。

（18）单击"工作台"工具栏上的 ▣ 按钮返回到零件设计平台，此时绘制的轮廓图已经在平台上生成并被预选中。单击"基于草图的特征"工具栏中的 ▣ 按钮，在系统弹出的"凹槽定义"对话框的"类型"中选择"尺寸"，"深度"输入"44mm"，单击"确定"按钮完成轮辐凹槽的创建，完成效果如图 5.93 所示。

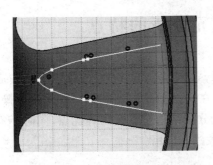

图 5.92　轮辐凹槽草图

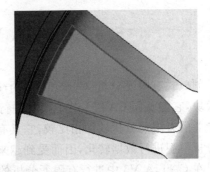

图 5.93　凹槽创建

（19）选择"特征树"里面的"凹槽"部分，单击"实体变化特征"工具栏中 ▦ 按钮右下角的黑色小三角形，单击其中的 ▣ 按钮，出现"圆周图样定义"对话框，在其中的"实例"一栏中输入特征个数"9"，在"角度间距"一栏中输入角度"40deg"，单击"参考元素"栏，使其变成蓝色，鼠标选择前面创建的"平面.1"，单击"确定"按钮完成图 5.94 所示对凹槽的环形阵列。

（20）对模型中需要进行倒圆角的实体边线进行倒圆角操作，完成效果如图 5.95 所示。

图 5.94　环形阵列凹槽特征

图 5.95　倒圆角边线

至此,对汽车钢圈的参数化建模已经完成,最终模型效果如图 5.96 所示。

图 5.96　钢圈总体模型

5.4　CATIA V5 有限元分析的特点

创成式有限元分析(Generative Structure Analysis)是 CATIA V5 软件一个比较成熟的模块,它能够同 CATIA 其他模块进行数据共享,在同一个界面下进行有限元分析操作。同专业的有限元分析软件相比较,它具有操作简单、分析结果可靠性高等优点,同时不需要对分析模型进行数据转化,因而受到越来越广泛的关注和应用。

在 CATIA V5 中进行有限元分析的流程如下:

(1) 创建模型;

(2) 有限元网格划分;

(3) 添加约束和载荷;

(4) 计算机分析计算;

(5) 数据输出分析。

5.5　车轮钢圈有限元网格划分

　　CATIA 提供了丰富的有限元单元类型,如壳单元、梁单元、杆单元、实体单元等。根据车轮钢圈的工件特点和分析精度要求,本书采用软件默认工程精度进行网格划分,选用四面体立体单元,单元网格的大小为 10mm。在定义网格属性之前,需要对其进行材料定义,此模型为碳钢材料模型,弹性模量为 2.0×10^5 MPa,泊松比为 0.27,单元网格属性为实体。手孔、紧固孔、轮缘等重点部位单元细化,以求提高分析结果的精确度。

　　在进行有限元分析时必须设置零件材料属性。如果打开一个没有设定材料属性的零件,应首先进行材料属性设置,然后再进行分析,具体操作步骤如下:

　　(1) 在"产品树中选择"零件,单击 Apply Material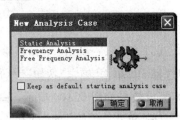
按钮,打开"材料库"对话框。在弹出的"材料库"对话框中选择材料类型为"Metal",具体材料种类为"Steel"。单击"确定"按钮,完成对材料属性的设定。

　　(2) 单击"开始"→"分析与模拟"→Generative Structural Analysis,此时会出现如图 5.97 所示的对话框,选择第一个 Static Analysis,单击"确定"按钮,进入结构分析工作平台。

图 5.97　有限元分析平台

　　(3) 选择产品树中的"零部件几何体"→Steel,双击后出现如图 5.98 所示的"材料属性设定"对话框,单击"分析",在其中对材料的力学系数进行设定,弹性模量为 2.0×10^5 MPa;泊松比为 0.27,单击"确定"按钮完成对材料力学系数的设定。

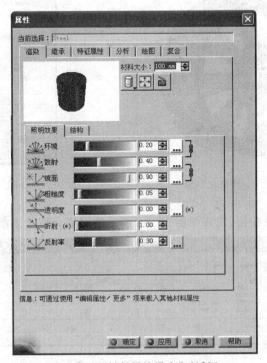

图 5.98　"材料属性设定"对话框

（4）选择产品树中的 Finite Element Model. 1 → Nodes and Elements → OCTREE Tetrahedron Mesh. 1：Part1，双击出现如图 5.99 所示的"网格定义"对话框，设置单元网格的大小为"46.019mm"，单击"确定"按钮完成对单元网格的定义。

图 5.99   "网格定义"对话框

（5）单击 Compute 工具栏中的 ▦ 按钮对模型进行网格划分计算，在之后出现的对话框中选择 all，单击"确定"按钮。然后单击"Image"工具栏中的 ▨ 按钮，对计算完毕的网格显示，完成效果如图 5.100 所示，车轮单位共划分实体单位 60623 个，节点位数 17377 个。

（6）单击"开始"→"分析与模拟"→ Advanced Meshing Tools，进入平台之后单击 Meshing Analysis Tools 工具栏中的 ▩ 按钮，出现如图 5.101 所示的 Quality Analysis 对话框。

图 5.100   网格化模型

图 5.101   "Quality Analysis"对话框

（7）单击其中的 ▦ 按钮，出现如图 5.102 所示的网格分析结果框。

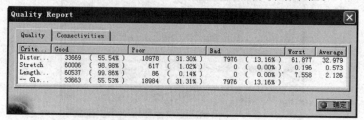

Crite...	Good		Poor		Bad		Worst	Average
Distor...	33669	(55.54%)	18978	(31.30%)	7976	(13.16%)	61.877	32.979
Stretch	60006	(98.98%)	617	(1.02%)	0	(0.00%)	0.196	0.573
Length...	60537	(99.86%)	86	(0.14%)	0	(0.00%)	7.558	2.126
-- Glo...	33663	(55.53%)	18984	(31.31%)	7976	(13.16%)		

图 5.102   网格分析结果

(8) 选择其中的 Connectivities,得出如图 5.103 所示的分析结果。

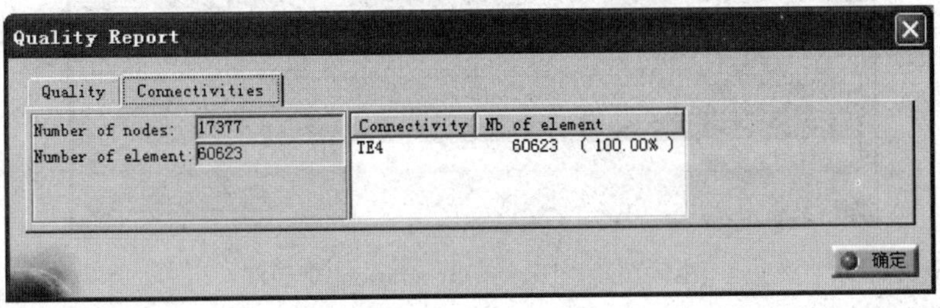

图 5.103 网格分析结果

5.6 车轮钢圈结构强度分析

针对汽车车轮钢圈弯曲强度台架试验和径向强度台架试验工况,对车轮钢圈进行有限元模拟强度和刚度分析。参照给定的条件,进行了如下两种工况条件下的有限元分析(参考数据来自互联网):

工况一:模拟汽车车轮钢圈的弯曲强度台架试验

约束方式:轮辐支撑面接触区固定;

负荷方式:

(1) 轮缘周边施加弯矩 M,弯矩大小为 $M=2683\mathrm{N}\cdot\mathrm{m}$;

(2) 紧固孔锥面施加轴向力 F,单孔轴向力大小为 $F=25000\mathrm{N}$。

工况二:模拟车轮钢圈的径向强度台架试验

约束方式:轮辐紧固孔接触区固定;

负荷方式:

(1) 轮缘垂直平面施加两个轴向力 L,这两个轴向力大小相等、方向相反,沿周边均匀分布;轴向力 L 的大小为 $L=49\,478\mathrm{N}$;

(2) 轮辋两侧胎圈座中轴线左右各 20mm 范围内均匀施加径向力 P_1、P_2,径向力 P_1、P_2 分别为 P_1、$P_2=3528\mathrm{N}$;中轴线左右各 20~50mm 范围内施加径向力 P_3、P_4、P_5,其值大小为 P_3、P_4、$P_5=1176\mathrm{N}$。

运用 CATIA V5 创成式结构分析模块,对上面建立的钢圈有限元分析模型进行分析求解。此模型的计算目的就是分析汽车车轮钢圈在这两种工况条件下的应力分布情况,得到它们的应力大小及分布图。

按要求固定约束和施加负荷,单击 Basic Analysis Report 按钮,打开如图 5.104 所示的 Report Generation 对话框。

设置完路径之后,单击“确定”按钮,生成一个报告。该报告为一个超文本文件,该文件可以用浏览器打开,其中包含的图片也在同一时间生成,图 5.105 是该报告的一部分。

图 5.106 为弯曲强度台架试验工况下的应力云图。

从图 5.106 可以得到变形区域主要集中在轮毂边缘和轮辐中心孔边缘,应力集中区域

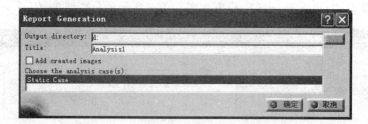

图 5.104 "Report Generation"对话框

ELEMENT QUALITY:

Criterion	Good	Poor	Bad	Worst	Average
Distortion (deg)	33669 (55.54%)	18978 (31.30%)	7976 (13.16%)	61.877	32.979
Stretch	60006 (98.98%)	617 (1.02%)	0 (0.00%)	0.196	0.573
Length Ratio	60537 (99.86%)	86 (0.14%)	0 (0.00%)	7.558	2.126

图 5.105 分析报告

Static Case Solution.1 - Von Mises stress (nodal values).2

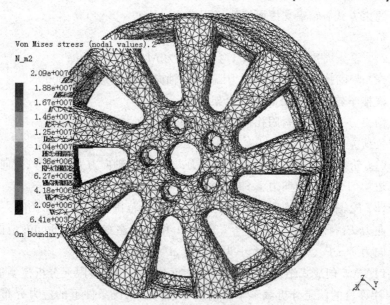

图 5.106 弯曲强度台架试验应力云图

位置主要在轮辐支撑面、螺栓孔周围和手孔边缘,最大应力点数值为 $2.09 \times 10^7 \mathrm{N/m^2}$。

图 5.107 为径向强度台架试验工况下的应力云图。

从图 5.107 中可以得到,变形集中区域位置主要位于轮缘径向受力一侧,应力集中区域位置主要在轮辋轮缘、螺栓孔锥面、手孔边缘,最大应力点数值为 $3.16 \times 10^7 \mathrm{N/m^2}$(螺栓孔锥面)。

Static Case Solution.1 - Von Mises stress (nodal values).2

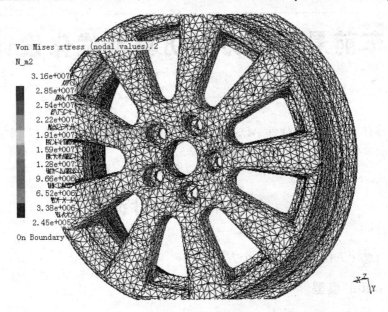

图 5.107 径向强度台架试验应力云图

两种工况下的最大应力都远小于铸钢的强度极限 $2.5 \times 10^8 \mathrm{N/m^2}$，由此可见此模型完全符合强度要求。

第6章

轿车前悬架动力学仿真及优化设计

本章通过多体动力学仿真软件 ADAMS 建立轿车前悬架的数字化模型，并完成其运动学仿真分析以及系统的优化设计。

6.1 ADAMS 的设计流程

ADAMS 的设计流程包括以下几个方面：

1. 创建（Build）模型

在创建机械系统模型时，首先要创建构成模型的构件（Part），它们具有质量、转动惯量等物理特性。创建构件（Part）的方法有两种：一种是使用 ADAMS/View 中的零件库创建形状简单的构件，另一种是使用 ADAMS/Exchange 模块从其他 CAD 软件（如 UG NX、CATIA 等）输入形状复杂的构件。

使用 ADAMS/View 创建的构件一般有三类：刚体、点质量和弹性体。其中，刚体拥有质量和转动惯量，但是不能变形；点质量是只有质量和位置的构件，它没有方向；使用 ADAMS/View 还可以创建分离式的弹性连杆，并且可以向有限元分析软件（如 ANSYS、NASTRAN 等）输出载荷。创建完构件后，需要使用 ADAMS/View 中的约束库创建两个构件之间的约束副，这些约束副确定构件之间的连接情况以及构件之间是如何相对运动的。最后，通过施加力和力矩，以使模型按照设计要求进行运动仿真。

2. 测试和验证模型

创建完模型后，或者在创建模型的过程中，都可以对模型进行运动学仿真，通过测试整个模型或模型的一部分，以验证模型的准确性。

在对模型进行仿真的过程中，ADAMS/View 自动计算模型的运动特性，如距离、速度等信息。使用 ADAMS/View 可以测量这些信息以及模型中构件的其他信息，如施加在弹簧上的力、两个构件之间的角度等。在进行仿真时，ADAMS/View 可以通过测量曲线直观地显示仿真结果。

将机械系统的物理试验数据输入 ADAMS/View 中，并且以曲线的形式叠加在 ADAMS/View 的仿真曲线中，通过比较这些曲线，就可以验证创建的模型的精确程度。

3. 细化模型和迭代

通过初步的仿真分析确定了模型的基本运动后，就可以在模型中增加更复杂的因素，以细化模型。例如,增加两个构件之间的摩擦力、将刚体改变为弹性体、将刚性约束副替换为弹性连接等。

为了便于比较不同的设计方案,可以定义设计点和设计变量,将模型进行参数化,这样就可以通过修改参数自动地修改整个模型。

4. 优化设计

ADAMS/View 符合设计环境,可以定制 ADAMS/View 的界面,将需要经常改动的设计参数定制成菜单和便捷的对话框,还可以使用宏命令执行复杂和重复的工作,提高工作效率。

6.2　前悬架设计基本思路

6.2.1　设计内容及要求

（1）了解汽车动力学分析和运动学分析的一般理论基础。

（2）对当今世界汽车设计领域的最新设计方法和手段有一定程度的认识。

（3）应用机械系统动力学仿真分析软件 ADAMS 创建完全参数化的机械系统几何模型。

（4）进行轿车前悬架模型的运动学仿真分析。

（5）进行对轿车前悬架模型系统的优化设计并得出结论。

基于此要求,首先必须建立汽车前悬架的模型,接着对其施加一定的约束及驱动,在系统对模型的检测无误后,系统对其进行仿真分析,得出该系统的一系列参数,但有时根据所得的参数进行分析后,证明该系统并不一定是最优方案,因此,还需对模型进行细化。最后,根据细化后的模型对模型进行结构优化,得出最优参数方案,保存模型。

6.2.2　建模过程中的假设

（1）各运动副均为刚性连接,内部间隙、摩擦忽略不计。

（2）轮胎为刚性体,在分析过程中会出现一定的误差。

（3）上下缓冲块简化为线性弹簧、阻尼。

（4）路面不平度用函数表达式表示。

6.2.3　分析优化的依据

在模型依次建好后,各个参数也随之确定,在仿真过程中,轮胎跳动带动其他机构运动,当导向机构尺寸设计不合理时,各个角度的变化势必引起轮距的变化,从而加剧轮胎磨损,因此减少车轮轮距变化为优化设计的一个目标;另外,整个机构会出现摆振现象,使驾驶员操纵难度加大,同时也破坏了系统的稳定性,因此增加平顺性也是一个目标。

6.3　前悬架模型的建立

本案例中轿车前悬架模型为双横臂式前独立悬架模型,悬架模型的主销长度为 330mm,主销内倾角为 10°,主销后倾角为 2.5°,上横臂长 350mm,上横臂在汽车横向平面的倾角为 11°,上横臂轴水平斜置角为－5°,下横臂长 500mm,下横臂在汽车横向平面的倾角为 9.5°,下横臂轴水平斜置角为 10°,车轮前束角为 0.2°。

在本案例创建的前悬架模型中,包括主销(Kingpin)、上横臂(UCA)、下横臂(LCA)、拉臂(Pull-arm)、转向拉杆(Tie-rod)、转向节(Knuckle)、车轮(Wheel)以及测试平台(Test-Patch)等(图 6.1),并且将前悬架的主销长度、主销内倾角、主销后倾角、上横臂长、上横臂在汽车横向平面的倾角、上横臂轴水平斜置角、下横臂长、下横臂在汽车横向平面的倾角和下横臂轴水平斜置角等参数设计为设计变量,通过优化这些设计变量以达到优化前悬架的目的。

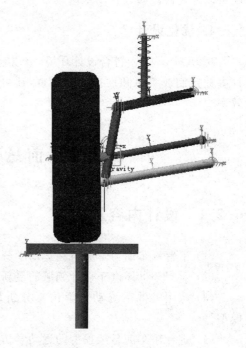

图 6.1　汽车前悬架模型

6.3.1　建立汽车前悬架模型

1. 创建新模型

双击桌面上 ADAMS/View 的快捷图标,打开 ADAMS/View,在欢迎对话框中选择 Create a new model,在模型名称(Model Name)栏中输入 FRONT_SUSP,在其他选项栏中选择系统默认的选项,单击 OK 按钮。

2. 设置工作环境

在 ADAMS/View 菜单栏中,选择"设置"(Settings)菜单中的"单位"(Units)命令,将模型的长度单位、质量单位、力的单位、时间单位、角度单位和频率单位分别设置为毫米、千克、牛顿、秒、度和赫兹。

在 ADAMS/View 菜单栏中,选择"设置"(Settings)菜单中的"图标"(Icons)命令,将图标的大小设置为 50。

3. 创建设计点

单击 ADAMS/View 中零件库的点图标,选择 Add to Ground 和 Don't Attach,在工作

窗口创建图 6.1 中模型的 8 个设计点（LCA_outer，UCA_outer，UCA_inner，LCA_inner，Tie_rod_outer，Tie_rod_inner，Knuckle_inner，Knuckle_outer），它们的坐标如表 6.1 所列，该 8 个设计点按顺序编号为 1、2、3、4、5、6、7、8，不再一一列出，如果创建的设计点位置不准确，可以使用列表编辑器修改它们的坐标位置，如图 6.2 所示。

表 6.1　设计点的位置

设　计　点	X　坐　标	Y　坐　标	Z　坐　标
LCA_outer	0	0	0
UCA_outer	57.25	324.68	14.39
UCA_inner	399.51	391.21	44.90
LCA_inner	485.65	81.27	−86.82
Tie_rod_outer	−26.95	100	−170.71
Tie_rod_inner	439.55	181.19	−252.50
Knuckle_inner	18.91	107.24	4.75
Knuckle_inner	−235.05	102.81	3.86

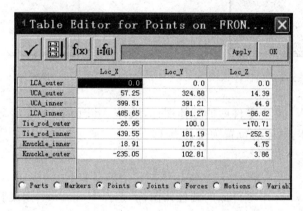

图 6.2　列表编辑器

4. 创建主销

单击 ADAMS/View 中零件库的圆柱体图标，选择 New Part，定义圆柱体的半径为 20，如图 6.3 所示，选择设计点 1、2 创建主销，将其重新命名为 Kingpin。

5. 创建上横臂

单击 ADAMS/View 中零件库的圆柱体图标，选择 New Part，定义圆柱体的半径为 20，选择设计点 2、3 创建上横臂，将其重新命名为 UCA。

单击 ADAMS/View 中零件库的球体图标，选择 Add to Part，定义球体的半径为 25，如图 6.4 所示，选择上横臂为参考物体，球体的位置为设计点 2。

6. 创建下横臂

单击 ADAMS/View 中零件库的圆柱体图标，选择 New Part，定义圆柱体的半径为 20，选择设计点 1、4 创建下横臂,将其重新命名为 LCA。

图 6.3　设置圆柱体选项　　　　　　图 6.4　设置球体选项

单击 ADAMS/View 中零件库的球体图标,选择 Add to Part,定义球体的半径为 25,选择下横臂为参考物体,球体的位置为设计点 1。

7. 创建拉臂

单击 ADAMS/View 中零件库的圆柱体图标,选择 New Part,定义圆柱体的半径为 15,选择设计点 7、5,创建拉臂,将其重新命名为 Pull_arm。

8. 创建转向拉杆

单击 ADAMS/View 中零件库的圆柱体图标,选择 New Part,定义圆柱体的半径为 15,选择设计点 5、6,创建转向拉杆,将其重新命名为 Tie_rod。

单击 ADAMS/View 中零件库的球体图标,选择 Add to Part,定义球体的半径为 20,选择转向拉杆为参考物体,球体的位置分别为 5、6。

9. 创建转向节

单击 ADAMS/View 中零件库的圆柱体图标,选择 New Part,定义圆柱体的半径为 20,选择设计点 8、7,创建转向节,将其重新命名为 Knuckle。

10. 创建车轮

单击 ADAMS/View 中零件库的圆柱体图标,选择 New Part,定义圆柱体的半径为 375,定义圆柱体的长度为 215,如图 6.5 所示。

选择设计点 8 和 7（注意：不能把顺序颠倒），创建车轮，将其重新命名为 Wheel，如图 6.6 所示。单击 ADAMS/View 中零件库的倒圆图标，定义倒圆半径为 50，选择车轮圆柱体的两条圆边，然后按鼠标右键，完成倒圆。

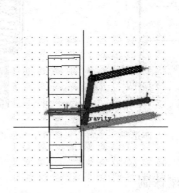

图 6.5　设置圆柱体选项　　　　　　图 6.6　创建中的前悬架模型

11. 创建测试平台

单击 ADAMS/View 中零件库的点图标，选择 Add to Ground 和 Don't Attach，创建设计点 POINT_1，其位置坐标为（-350，-320，-200）。

单击 ADAMS/View 中零件库的长方体图标，选择 New Part，将长方体的长度、高度和厚度分别设置为 500、45 和 400，如图 6.7 所示，选择设计点 POINT_1，创建长方体。

单击 ADAMS/View 中零件库的圆柱体图标，选择 Add to Part，定义圆柱体的长度为 350，半径为 30，选择长方体为参考构件，选择长方体的质心位置为圆柱体的起始点，垂直向下创建圆柱体，它与长方体组合构成测试平台（图 6.8），将其重新命名为 Test-Patch。

12. 创建弹簧

单击 ADAMS/View 中零件库的点图标，选择 Add to Part 和 Don't Attach，在上横臂上创建设计点 Spring_lower，它的位置为（174.6，347.89，24.85）。

单击 ADAMS/View 中零件库的点图标，选择 Add to Ground 和 Don't Attach，创建设计点 Spring_upper，它的位置为（174.6，637.89，24.85）。

单击 ADAMS/View 中力库的弹簧图标，设置弹簧的刚度 K 和阻尼 C 分别为 129.8 和 6000，如图 6.9 所示，选择设计点 Spring_lower 和 Spring_upper，创建弹簧。

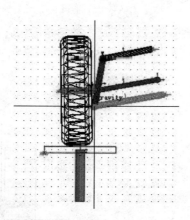

| 图 6.7 设置长方体选项 | 图 6.8 创建测试平台的模型 | 图 6.9 设置弹簧选项 |

13. 创建球副

单击 ADAMS/View 中约束库的球副图标,设置球副的选项为 2 Bod-1Loc 和 Normal To Grid,如图 6.10 所示,选择上横臂和主销为参考构件,选择设计点 2 为球副的位置点,创建上横臂和主销之间的约束副。

单击 ADAMS/View 中约束库的球副图标,设置球副的选项为 2 Bod-1Loc 和 Normal To Grid,选择下横臂和主销为参考构件,选择设计点 1 为球副的位置点,创建下横臂和主销之间的约束副。

单击 ADAMS/View 中约束库的球副图标,设置球副的选项为 2 Bod-1Loc 和 Normal To Grid,选择转向拉杆和拉臂为参考构件,选择设计点 5 为球副的位置点,创建转向拉杆和拉臂之间的约束副。

单击 ADAMS/View 中约束库的球副图标,设置球副的选项为 1 Location 和 Normal To Grid,选择设计点 6 为球副的位置点,创建转向拉杆和大地之间的约束副。

14. 创建固定副

单击 ADAMS/View 中约束库的固定副图标,设置固定副的选项为 2 Bod_1Loc 和 Normal To Grid,选择拉臂和主销为参考构件,选择设计点 7 为固定副的位置点,创建拉臂和主销之间的约束副。

单击 ADAMS/View 中约束库的固定副图标,设置固定副的选项为 2 Bod_1Loc 和 Normal To Grid,选择转向节和主销为参考构件,选择设计点 7 为固定副的位置点,创建转向节和主销之间的约束副。

单击 ADAMS/View 中约束库的固定副图标,设置固定副的选项为 2 Bod_1Loc 和 Normal To Grid,选择转向节和车轮为参考构件,选择设计点 7 为固定副的位置点,创建转向节和车轮之间的约束副。

15. 创建旋转副

首先单击视图按钮,将视图方向设置为前视图,这个视图方向是下面调整旋转副方向时的基准。单击 ADAMS/View 中约束库的旋转副图标,设置旋转副的选项为 1 Location 和 Normal To Grid。

选择设计点 3 为旋转副的位置点,放置旋转副后,直接在菜单栏的 Edit 菜单中选择 Modify 命令,修改刚刚创建的旋转副。系统弹出"修改旋转副"对话框(图 6.11),单击"改变位置"(Change Position)按钮,系统弹出"移动目标"对话框,如图 6.12 所示。

图 6.10　设置球副选项

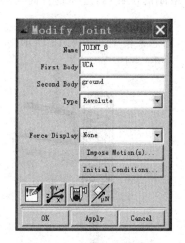

图 6.11　"修改旋转副"对话框

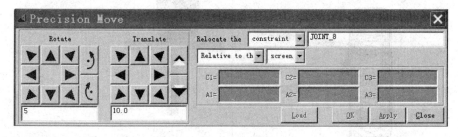

图 6.12　"移动目标"对话框

在"角度"(Angle)栏中,输入"5",按指向左侧的箭头,将旋转副的方向旋转 5°,满足上横臂轴水平斜置角为 -5°的要求。

保持模型的视图为前视图方向,单击 ADAMS/View 中约束库的旋转副图标,设置旋转副的选项为 1 Location 和 Normal To Grid,选择设计点 4 为旋转副的位置点,放置旋转副后,直接在菜单栏的 Edit 菜单中选择 Modify 命令,单击"改变位置"(Change Position)按钮,系统弹出"移动目标"对话框,在"角度"(Angle)栏中,输入"10",按指向右侧的箭头,将旋转副的方向旋转−10°,满足上横臂轴水平斜置角为 10°要求。

16. 创建移动副

单击 ADAMS/View 中约束库的移动副图标,设置旋转副的选项为 1 Location 和 Pick Feature,选择"测试平台"(Test-Patch)"质心"的 Marker 为移动副的位置点,垂直向下或向上创建平台和大地之间的约束副。

17. 创建点-面约束副

单击 ADAMS/View 中约束库的点-面约束副图标,设置点-面约束副的选项为 2 Bodys-1Location 和 Pick Geometry Feature,选择"车轮"(Wheel)和"测试平台"(Test_Patch)为参考构件(注意:不能将两者顺序颠倒),选择"测试平台"(Test_Patch)"质心"的 Marker 为点−面约束副的位置点,选择垂直向上的方向为约束副的方向,创建车轮和测试平台之间的约束副。

至此,前悬架模型如图 6.13 所示。

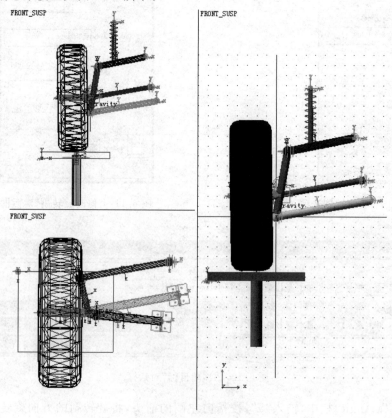

图 6.13　前悬架模型

18. 保存模型

在 ADAMS/View 中,选择 File 菜单中的 Save Database As 命令,将前悬架模型保存在工作目录下。

6.3.2　测试前悬架模型

1. 添加驱动

单击 ADAMS/View 中驱动库的"直线驱动"(Translation Joint Motion)按钮,选择测试平台和大地之间的移动约束副,创建"直线驱动"(TRANS-MOTION-1)。创建"直线驱动"后,直接在 Edit 菜单中选择 Modify,可以修改直线驱动,在添加驱动对话框的"F(Time)="栏中,输入驱动的函数表达式:100 * sin(360d * time),如图 6.14 所示,它表示车轮的上跳和下跳行程均为 100mm。

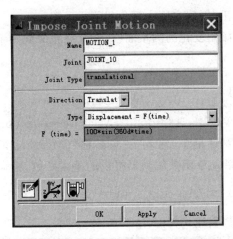

图 6.14　"添加驱动"对话框

在 ADAMS/View 的主工具箱中,选择"仿真"按钮,设置终止时间为 1,工作步为 100,然后单击"开始"按钮进行仿真。观察前悬架运动仿真情况。

2. 测量主销内倾角

在 ADAMS/View 的菜单栏中,选择 Build→Measure→Function→New 命令,创建新的测量函数。在"函数编辑器"对话框的"测量名称"(Measure Name)栏中输入 Kingpin-Inclination,"一般属性"(General Attributes)的"单位"(Units)栏中选择 angle,借助于函数编辑器提供的基本函数,编辑主销内倾角的函数表达式:

```
ATAN(DX(MARKER_2,MARKER_18)/DY(MARKER_2,MARKER_18))
```

具体编辑过程如下:首先,输入反正切函数 ATAN();然后将光标移动到括号内,在"函数编辑器"的"函数"选项中,选择 Displacement 中的 Displacement along X,测量两点 X 方向的距离,单击 Assist。系统弹出"辅助"对话框,在 To Marker 栏中输入主销在设计点 UCA_outer 处的 Marker：MARKER_2，在 From Marker 栏中输入主销在设计点 LCA_outer 处的 Marker：MARKER_18，如图 6.15 所示，单击 OK 按钮，系统自动生成测量两点在 X 轴方向距离的表达式。

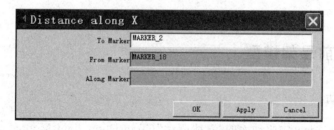

图 6.15　测量两点在 X 轴方向的距离

同样，测量两点在 Y 轴方向的距离时，选择 Displacement along Y，在 To Marker 栏中输入主销在设计点 UCA_outer 处的 Marker：MARKER_2，在 From Marker 栏中输入主销在设计点 LCA_outer 处的 Marker：MARKER_18，单击 OK 按钮。输入的函数表达式如图 6.14 所示，单击 OK 按钮，创建主销内倾角的测量函数。

同时系统生成主销内倾角变化的测量曲线，设置终止时间为 1，工作步为 100，进行主销内倾角变化曲线仿真。

3. 测量主销后倾角

在 ADAMS/View 菜单栏中，选择 Build→Measure→Function→New 命令，创建新的测量函数。在"函数编辑器"对话框中，输入"测量名称"(Measure Name)：Caster-Angle，"单位"(Units)选择为 angle，借助于函数编辑器提供的基本函数，编辑主销后倾角函数表达式：

ATAN(DZ(MARKER_1,MARKER_17)/DY(MARKER_1,MARKER_17))

在函数编辑器中的函数表达式如图 6.16 所示。

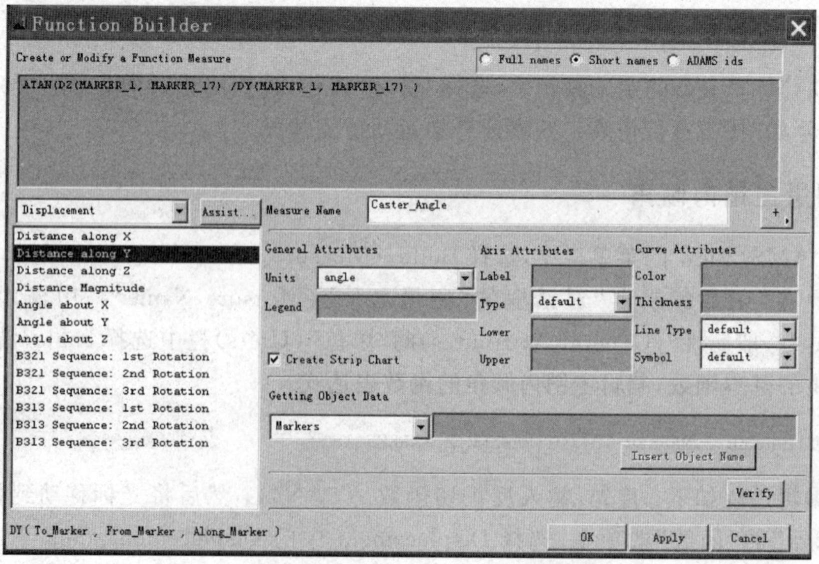

图 6.16　"函数编辑器"对话框

其中，To Marker 选择为主销在设计点 UCA_outer 处的 Marker：MARKER_1，From Marker 选择为主销在设计点 LCA_outer 处的 Marker：MARKER_17。

单击函数编辑器的 OK 按钮创建主销后倾角的测量函数。同时，系统生成主销后倾角变化的测量曲线，设置终止时间为 1，工作步为 100，进行主销后倾角变化曲线仿真。

4. 测量前轮外倾角

在 ASAMS/View 菜单栏中，选择 Build→Measure→Function→New 命令，创建新的测量函数。在"函数编辑器"对话框中，输入"测量名称"（Measure Name）：Camber_Angle，"单位"（Units）选择为 angle，借助于函数编辑器提供的基本函数，编辑前轮外倾角的函数表达式：

```
ATAN(DY(MARKER_10, MARKER_26)/DX(MARKER_10, MARKER_26))
```

在函数编辑器的函数表达式中，To Marker 选择为转向节在设计点 Knuckle_outer 处的 Marker：MARKER_10，From Marker 选择为转向节在设计点 Knuckle_outer 处的 Marker：MARKER_26。

单击函数编辑器的 OK 按钮，创建前轮外倾角的测量函数。同时，系统生成前轮外倾角变化的测量曲线，设置终止时间为 1，工作步为 100，进行前轮外倾角变化曲线仿真。

5. 测量前轮前束角

在 ADAMS/View 菜单栏中，选择 Build→Measure→Function→New 命令，创建新的测量函数。在"函数编辑器"对话框中，输入"测量名称"（Measure Name）：Toe_Angle，"单位"（Units）选择为 angle，借助于函数编辑器提供的基本函数，编辑前轮前束角的函数表达式：

```
ATAN(DZ(MARKER_10, MARKER_29)/DX(MARKER_10, MARKER_29))
```

在函数编辑器的函数表达式中，To Marker 选择为转向节在设计点 Knuckle_outer 处的 Marker：MARKER_10，From Marker 选择为转向节在设计点 Knuckle_inner 处的 Marker：MARKER_29。

单击函数编辑器的 OK 按钮，创建前轮前束角的测量函数。同时，系统生成前轮前束角变化的测量曲线，设置终止时间为 1，工作步为 100，进行前轮前束角变化曲线仿真。

6. 测量车轮接地点侧向滑移量

首先，在"车轮"（Wheel）上创建 Marker，本案例为 Wheel. MARKER_52，修改它的位置为(−150，−270，0)；然后，在"大地"上创建 Marker，本案例为 ground. MARKER_53。它的位置与 Wheel. MARKER_52 相同。

在 ADAMS/View 菜单栏中，选择 Build→Measure→Function→New 命令，创建新的测量函数。在"函数编辑器"对话框中，输入"测量名称"（Measure Name）：Sideways_Displacement，"单位"（Units）选择为 length，借助于函数编辑器提供的基本函数，编辑车轮接地点侧向滑移量的函数表达式：

```
DX(MARKER_52, MARKER_53)
```

在函数编辑器的函数表达式中，To Mark 选择车轮在(−150，−270，0)处的 Marker：

MARKER 52，From Marker 选择大地在(−150,−270,0)处的 Marker：MARKER_53。

单击函数编辑器的 OK 按钮，创建车轮接地点侧向滑移量的测量函数。同时，系统生成车轮接地点侧向滑移量的测量曲线，设置终止时间为 1，工作步为 100，进行车轮接地点侧向滑移量曲线仿真。

7. 测量车轮跳动量

在 ADAMS/View 菜单栏中，选择 Build→Measure→Function→New 命令，创建新的测量函数。在"函数编辑器"对话框中，输入"测量名称"(Measure Name)：Wheel Travel，"单位"(Units)选择为 length，借助于函数编辑器提供的基本函数，编辑车轮跳动量的函数表达式。

DY(MARKER_52, MARKER_53)

在函数编辑器的函数表达式中，To Mark 选择车轮在(−150,−270,0)处的 Marker：MARKER_52，From Marker 选择大地在(−150,−270,0)处的 Marker：MARKER_53。

单击函数编辑器的 OK 按钮，创建车轮跳动量的测量函数。同时，系统生成车轮跳动量的测量曲线，设置终止时间为 1，工作步为 100，进行车轮跳动量仿真。

8. 创建前悬架特性曲线

在 ADAMS/View 菜单栏中，选择 Review 菜单中的 Plotting Window 命令，系统进入定制曲线窗口。

选择曲线的数据来源为"测量值"(Measure)。

在 Independent Axis 栏中，单击 Data，选择"主销内倾角"(Kingpin_Inclination)的测量曲线为定制曲线的 X 轴，如图 6.17 所示，单击 OK 按钮。

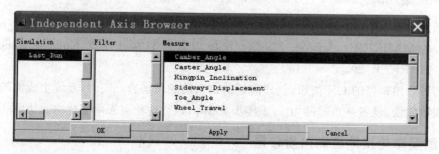

图 6.17　选择定制曲线的 X 轴

选择"车轮跳动量"(Wheel_ Travel)为定制曲线的 Y 轴，如图 6.18 所示，单击 Add Curves 按钮，创建主销内倾角相对于车轮跳动的变化曲线。

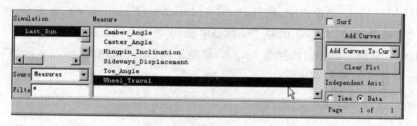

图 6.18　选择定制曲线的 Y 轴

单击 Independent Axis 栏中的 Data 选项,选择"主销后倾角"(Caster_Angle)的测量曲线为定制曲线的 X 轴,选择"车轮跳动量"(Wheel_Travel)为定制曲线的 Y 轴,选择 One Curve Per Plot 表示每幅图只有一条曲线,单击 Add Curves 按钮,创建主销后倾角相对于车轮跳动的变化曲线。

单击 Independent Axis 栏中的 Data 选项,选择"前轮外倾角"(Camber_Angle)的测量曲线为定制曲线的 X 轴,选择"车轮跳动量"(Wheel_Travel)为定制曲线的 Y 轴,选择 One Curve Per Plot,按 Add Curves,创建前轮外倾角相对于车轮跳动的变化曲线。

单击 Independent Axis 栏中的 Data 选项,选择"前轮前束角"(Toe_Angle)的测量曲线为定制曲线的 X 轴,选择"车轮跳动量"(Wheel_Travel)为定制曲线的 Y 轴,选择 One Curve Per Plot,单击 Add Curves 按钮,创建前轮前束角相对于车轮跳动的变化曲线。

单击 Independent Axis 栏中的 Data 选项,选择前轮接地点"侧向滑移量"(Sideways_Displacement)的测量曲线为定制曲线的 X 轴,选择"车轮跳动量"(Wheel_Travel)为定制曲线的 Y 轴,选择 One Curve Per Plot,单击 Add Curves 按钮,创建前轮接地点侧向滑移量相对于车轮跳动的变化曲线。

9. 保存模型

单击"保存"按钮,返回模型界面,选择菜单中的 Save Database 命令,保存前悬架模型。

6.3.3　细化前悬架模型

1. 创建设计变量

在 ADAMS/View 菜单中,选择 Build→Design Variable→New 命令,创建设计变量。

系统弹出"创建设计变量"对话框,变量"名称"(Name)取系统默认的 DV_1(此变量代表主销长度),变量"类型"(Type)选择 Real,变量"单位"(Units)选择 length,变量的"标准值"(Standard Value)取"310",在 Value Range by 栏中选择 Absolute Min and Max Values,输入变量的"最小值"(Min. Value)为"310",输入变量的"最大值"(Max. Value)为"350",如图 6.19 所示,单击 Apply 按钮,创建设计变量 DV_1。

在"创建设计变量"对话框中,变量"名称"(Name)取系统默认的 DV_2(此变量代表主销内倾角),变量"类型"(Type)选择 Real,变量"单位"(Units)选择 angle,变量的"标准值"(Standard Value)取"10",在 Value Range by 栏中选择 Absolute Min and Max Values,输入变量的"最小值"(Min. Value)为"5",输入变量的"最大值"(Max. Value)为"15",单击 Apply 按钮,创建设计变量 DV_2。

在"创建设计变量"对话框中,变量"名称"(Name)取系统默认的 DV_3(此变量代表主销后倾角),变量"类型"(Type)选择 Real,变量"单位"(Units)选择 angle,变量的"标准值"(Standard Value)取"2.5",在 Value Range by 栏中选择 Absolute Min and Max Values,输入变量的"最小值"(Min. Value)为"0",输入变量的"最大值"(Max. Value)为"6",单击 Apply 按钮,创建设计变量 DV_3。

在"创建设计变量"对话框中,变量"名称"(Name)取系统默认的 DV_4(此变量代表上

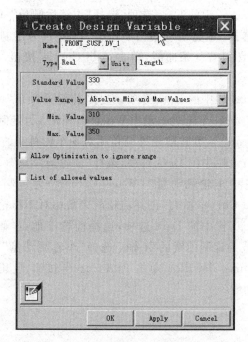

图 6.19　"创建设计变量"对话框

横臂长度),变量"类型"(Type)选择 Real,变量"单位"(Units)选择 length,变量的"标准值"(Standard Value)取"350",在 Value Range by 栏中选择 Absolute Min and Max Values,输入变量的"最小值"(Min. Value)为"300",输入变量的"最大值"(Max. Value)为"400",单击 Apply 按钮,创建设计变量"DV_4"。

在"创建设计变量"对话框中,变量"名称"(Name)取系统默认的 DV_5(此变量代表上横臂在汽车横向平面的倾角),变量"类型"(Type)选择 Real,变量"单位"(Units)选择 angle,变量的"标准值"(Standard Value)取"11",在 Value Range by 栏中选择 Absolute Min and Max Values,输入变量的"最小值"(Min. Value)为"8",输入变量的"最大值"(Max. Value)为"15",单击 Apply 按钮,创建设计变量 DV_5。

在"创建设计变量"对话框中,变量"名称"(Name)取系统默认的 DV_6(此变量代表上横臂轴的水平斜置角),变量"类型"(Type)选择 Real,变量"单位"(Units)选择 angle,变量的"标准值"(Standard Value)取"5",在 Value Range by 栏中选择 Absolute Min and Max Values,输入变量的"最小值"(Min. Value)为"0",输入变量的"最大值"(Max. Value)为"10",单击 Apply 按钮,创建设计变量 DV_6。

在"创建设计变量"对话框中,变量"名称"(Name)取系统默认的 DV_7(此变量代表下横臂长度),变量"类型"(Type)选择 Real,变量"单位"(Units)选择 length,变量的"标准值"(Standard Value)取"500",在 Value Range by 栏中选择 Absolute Min and Max Values,输入变量的"最小值"(Min. Value)为"480",输入变量的"最大值"(Max. Value)为"550",单击 Apply 按钮,创建设计变量 DV_7。

在"创建设计变量"对话框中,变量"名称"(Name)取系统"默认"的"DV_8"(此变量代表下横臂在汽车横向平面的倾角),变量"类型"(Type)选择 Real,变量"单位"(Units)选择

angle,变量的"标准值"(Standard Value)取"9.5",在 Value Range by 栏中选择 Absolute Min and Max Values,输入变量的"最小值"(Min. Value)为"5",输入变量的"最大值"(Max. Value)为"15",单击 Apply 按钮,创建设计变量 DV_8。

在"创建设计变量"对话框中,变量"名称"(Name)取系统默认的 DV_9(此变量代表下横臂轴的水平斜置角),变量"类型"(Type)选择 Real,变量"单位"(Units)选择 angle,变量的"标准值"(Standard Value)取"10",在 Value Range by 栏中选择 Absolute Min and Max Values,输入变量的"最小值"(Min. Value)为"5",输入变量的"最大值"(Max. Value)为"15",单击 OK 按钮,创建设计变量 DV_9。

2. 将设计点参数化

将光标放置在设计点"2"处,单击鼠标右键,选择 Modify,系统弹出列表编辑器,选择设计点"2"的 X 坐标,在列表编辑器顶部的输入窗中,单击鼠标右键,选择 Parameterize→Expression Builder,使用函数编辑器输入设计点坐标的函数表达式。

系统弹出函数编辑器,需要输入设计点 UCA_outer 的 X 坐标值:

```
.FRONT_SUSP.ground.LCA_outer.loc_x + .FRONT_SUSP.DV_1 * cos(.FRONT_SUSP.DV_3) * sin(.FRONT_
SUSP.DV_2)
```

具体输入方法如下:

在函数编辑器下部的 Getting Object Data 栏中选择 Design Points,输入设计点"1"的名称(可以通过按鼠标右键选取),单击 Get Data Owned By Object 按钮,可以获得设计点的相关数据。

系统弹出"选择数据"对话框,选择 loc_x,单击 OK 按钮,系统选取设计点"1"的 X 坐标值:.FRONT_SUSP.LCA_outer.loc_x

在 Getting Object Data 栏中选择 Design Variables,输入设计变量 DV_1 的名称(可以通过按鼠标右键选取),单击 Insert Object Name 按钮,系统选取设计变量 DV_1 的值:".FRONT_SUSP.DV_1"。

同样,可以获得设计变量 DV_2 和 DV_3 的值。

表达式编辑完成后,单击"Evaluate"按钮,函数编辑器计算表达式的值,并在 Fuction Value 栏中显示出来。

单击函数编辑器的 OK 按钮,将函数表达式输入到设计点"2"的 X 坐标栏中。

重复以上步骤,在设计点"2"的 Y 坐标栏中输入表达式:

```
.FRONT_SUSP.ground.LCA_outer.loc_y + .FRONT_SUSP.DV_1 * cos(.FRONT_SUSP.DV_3) * cos(.FRONT_
SUSP.DV_2);
```

在设计设计点"2"的 Z 坐标栏中输入表达式:

```
.FRONT_SUSP.ground.LCA_outer.loc_z + .FRONT_SUSP.DV_1 * sin(.FRONT_SUSP.DV_3);
```

在设计点"3"的 X 坐标栏中输入表达式:

```
.FRONT_SUSP.ground.LCA_outer.loc_x + .FRONT_SUSP.DV_4 * cos(.FRONT_SUSP.DV_6) * cos(.FRONT_
SUSP.DV_5);
```

在设计点"3"的 Y 坐标栏中输入表达式：

.FRONT_SUSP.ground.LCA_outer.loc_y + .FRONT_SUSP.DV_4 * cos(.FRONT_SUSP.DV_6) * sin(.FRONT_SUSP.DV_5);

在设计点"3"的 Z 坐标栏中输入表达式：

.FRONT_SUSP.ground.LCA_outer.loc_z + .FRONT_SUSP.DV_4 * sin(.FRONT_SUSP.DV_6);

在设计点"4"的 X 坐标栏中输入表达式：

.FRONT_SUSP.ground.LCA_outer.loc_x + .FRONT_SUSP.DV_7 * cos(.FRONT_SUSP.DV_9) * cos(.FRONT_SUSP.DV_0);

在设计点"4"的 Y 坐标栏中输入表达式：

FRONT_SUSP.ground.LCA_outer.loc_y + .FRONT_SUSP.DV_7 * cos(.FRONT_SUSP.DV_9) * sin(.FRONT_SUSP.DV_8);

在设计点"4"的 Z 坐标栏中输入表达式：

.FRONT_SUSP.ground.LCA_outer.loc_z + .FRONT_SUSP.DV_1 * sin(.FRONT_SUSP.DV_9);

在设计点"7"的 X 坐标栏中输入表达式：

.FRONT_SUSP.ground.LCA_outer.loc_x + 109 * cos(.FRONT_SUSP.DV_3) * cos(.FRONT_SUSP.DV_2);

在设计点"7"的 Y 坐标栏中输入表达式：

.FRONT_SUSP.ground.LCA_outer.loc_y + 109 * cos(.FRONT_SUSP.DV_3) * cos(.FRONT_SUSP.DV_2);

在设计点"8"的 X 坐标栏中输入表达式：

.FRONT_SUSP.ground.Knuckle_inner.loc_x − 254 * cos(0.2d) * cos(1d)

在设计点"8"的 Y 坐标栏中输入表达式：

.FRONT_SUSP.ground.Knuckle_inner.loc_y − 254 * cos(0.2d) * sin(1d)

在设计点"8"的 Z 坐标栏中输入表达式：

.FRONT_SUSP.ground.Knuckle_inner.loc_z − 254 * sin(0.2d).

完成以上的函数表达式输入后，单击列表编辑器的 OK 按钮，完成设计点的参数化。

3. 将构件参数化

在 ADAMS/View 的工作窗口中，将光标放置在"主销"(Kingpin)上，按鼠标右键，修改主销的圆柱体。如图 6.20 所示。

在"修改圆柱体"对话框中，将圆柱体的"长度"(Length)设置为变量 DV_1(可以通过按右键选取)，单击 OK 按钮，完成主销的参数化。

同样，将上横臂(UCA)的圆柱体"长度"(Length)设置为变量 DV_4，将下横臂(LCA)圆柱体的"长度"(Length)设置为变量 DV_7。将拉臂(Pull_arm)的圆柱体"长度"(Length)用下面的函数表达式表示：

SQRT((.FRONT)SUSP.griund.Knuckle_inner.loc_x − /FRONT_SUSP.ground.Tie_rod_outwr.loc_x) ∗∗

2 + (.FRONT_SUSP.groung.Knuckle_inner.loc_y − .FRONT_SUSP.ground.Tie − rod_outer.loc_y) ∗∗

2 + (.FRONT_SUSP.ground.Knuckle_inner.loc_z − .FRONT_SUSP.ground.Tie − rod_outer.loc_z) ∗∗ 2)

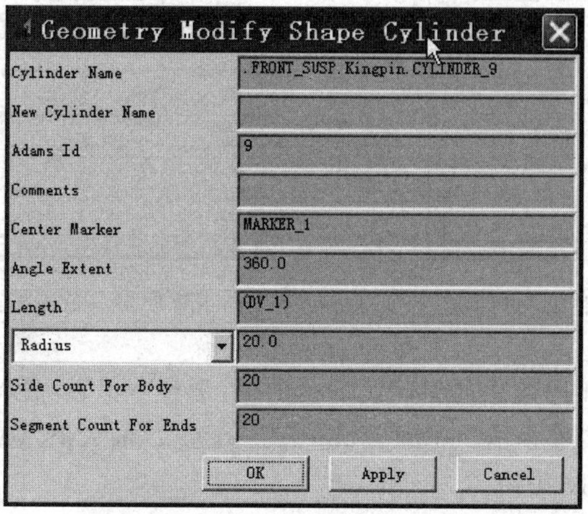

图 6.20　"修改圆柱体"对话框

通过以上步骤,对受设计点参数化影响的主销、上横臂、下横臂和拉臂的长度进行了参数化。

4. 保存模型

在 ADAMS/View 的 File 菜单中,选择 Save Database 命令,保存前悬架模型。

6.3.4　定制界面

1. 创建"修改主销参数"对话框

在 ADAMS/View 菜单栏中,选择 Tools→Dialog Box→Create 命令,系统弹出对话框"制作器";在对话框"制作器"中,选择 Dialog Box 菜单中的 New 命令,系统弹出"创建新对话框"对话框。

在"创建新对话框"对话框中,输入对话框的"名称"(Name):"Modify_Kingpin_Parametr",在"创建"(Create Buttons)选项中选择 OK、Apply 和 Cancel 按钮,如图 6.21 所示,单击 OK 按钮。

系统创建"修改主销参数"对话框(Modify_Kingpin_Parameter)。

选择"对话框制作器"Create 菜单中的 Slider 命令,在"修改主销参数"对话框中创建三个滑动条:slider_1,slider_2 和 slider_3。

双击滑动条 slider_1,在"对话框制作器"的"属性"(Attributes)栏中,选择 Layout,输入滑动条"slider_1"的"左边距"(Left)为"160","宽度"(Width)为"200","顶边距"(Top)为"25","高度"(Height)为"30",如图 6.22 所示,单击 Apply 按钮,完成滑动条 slider_1 大小和位置的定义。

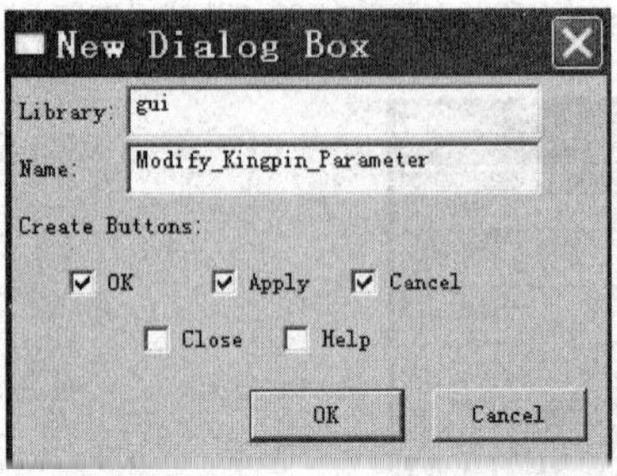

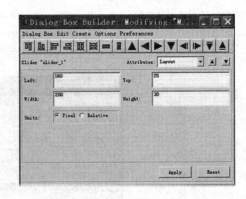

图 6.21 "创建新对话框"对话框   图 6.22 修改滑动条的大小和位置

在"对话框制作器"的"属性"(Attributes)栏中,选择 Value,输入滑动条 slider_1 的"标准值"(Value)为"330","最小值"(Min. Value)为"310","最大值"(Max. Value)为"350",如图 6.23 所示,单击 Apply 按钮。

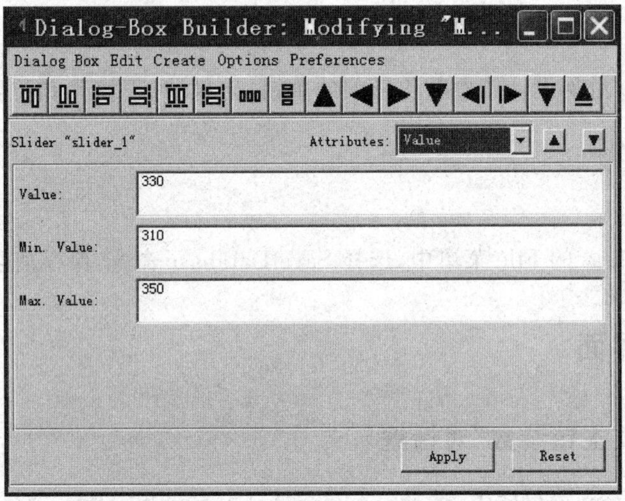

图 6.23 输入滑动条的取值及其范围

在"对话框制作器"的"属性"(Attributes)栏中,选择 Commands,输入滑动条 slider_1 的命令: variable set variable = . FRONT_SUSP. DV_1 real= $ slider_1,如图 6.24 所示。

点选对话框底部的 Execute commands while sliding,如图 6.22 所示,单击 Apply 按钮,将滑动条 slider_1 的值赋予设计变量 DV_1。

双击滑动条 slider_2,在"对话框制作器"的"属性"(Attributes)栏中,选择 Layout,输入滑动条 slider_2 的"左边距"(Left)为"160","宽度"(Width)为"200","顶边距"(Top)为"70","高度"(Height)为"30",单击 Apply 按钮,完成滑动条 slider_2 大小和位置的定义。

在"对话框制作器"的"属性"(Attributes)栏中,选择 Value,输入滑动条 slider_2 的"标准值"(Value)为"10","最小值"(Min. Value)为"5","最大值"(Max. Value)为"15",单击 Apply 按钮。

在"对话框制作器"的"属性"(Attributes)栏中,选择 Commands,输入滑动条 slider_2

的命令：

variable set variable = .FRONT_SUSPDV_2 real = $ slider_2

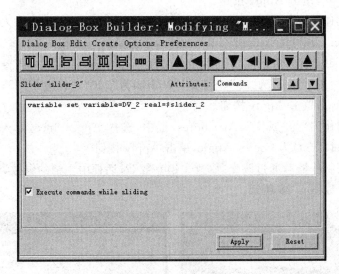

图 6.24 输入命令

点选对话框底部的 Execute commands while sliding，单击 Apply 按钮，将滑动条 slider_2 的值赋予设计变量 DV_2。

双击滑动条 slider_3，在"对话框制作器"的"属性"（Attributes）栏中，选择 Layout，输入滑动条 slider_3 的"左边距"（Left）为"160"，"宽度"（Width）为"200"，"顶边距"（Top）为"115"，"高度"（Height）为"30"，单击 Apply 按钮，完成滑动条"slider_3"的大小和位置的定义

在"对话框制作器"的"属性"（Attributes）栏中，选择 value，输入滑动条 slider_3 的"标准值"（Value）为"2.5"，"最小值"（Min，Value）为"0"，"最大值"（Max. Value）为"6"，单击 Apply 按钮。

在"对话框制作器"的"属性"（Attributes）栏中，选择 Commands，输入滑动条 slider_3 的命令：

variable set variable = .FRONT_SUSP. DV_1 real = $ slider_1

点选对话框底部的 Execute commands while sliding，单击 Apply 按钮，将滑动条 slider_3 的值赋予设计变量 DV_3。

图 6.25 显示创建三个滑动条的对话框。

在"对话框制作器"中，选择 Create 菜单中的 Label 命令，在"修改主销参数"对话框中创建三个标签：label_1，label_2 和 label_3。

双击标签 label_1，在"对话框制作器"的"属性"（Attributes）栏中，选择 Layout，输入标签 label_1 的"左边距"（Left）为"20"，"宽度"（Width）为"120"，"顶边距"（Top）为"25"，"高度"（Height）为"30"，单击 Apply 按钮。在"对话框制作器"的"属性"（Attributes）栏中，选择 Appearance，输入标签 label_1 的"文字符号"（Label Text）为 Kingpin Length，如图 6.26 所示，单击 Apply 按钮。

　　双击标签 label_2,在"对话框制作器"的"属性"(Attributes)栏中,选择 Layout,输入标签 label_2 的"左边距"(Left)为"20","宽度"(Width)为"120","顶边距"(Top)为"70","高度"(Height)为"30",单击 Apply 按钮。

　　在"对话框制作器"的"属性"(Attributes)栏中,选择 Appearance,输入标签 label_2 的"文字符号"(Label Text)为 Kingpin Inclination,单击 Apply 按钮。

　　双击标签 label_3,在"对话框制作器"的"属性"(Attributes)栏中,选择 Layout,输入标签 label_3 的"左边距"(Left)为"20","宽度"(Width)为"120","顶边距"(Top)为"115","高度"(Height)为"30",单击 Apply 按钮。

　　在"对话框制作器"的"属性"(Attributes)栏中,选择 Appearance,输入标签 label_3 的"文字符号"(Label Text)为 Caster Angle,单击 Apply 按钮。

　　关闭"对话框制作器",通过改变"修改主销参数"对话框中主销的参数,观察模型中主销参数的变化情况,如图 6.26 所示。

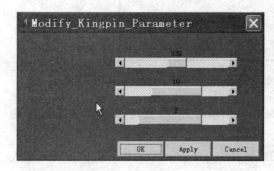

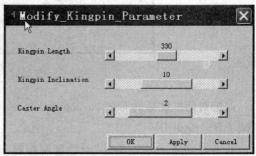

图 6.25　新建的对话框　　　　　图 6.26　"修改主销参数"对话框

2. 创建"修改上横臂参数"对话框

　　在 ADAMS/View 菜单栏中,选择 Tools→Dialog Box→Create 命令,系统弹出"对话框制作器"; 在"对话框制作器中",选择 Dialog box 菜单中的 New 命令,系统弹出"创建新对话框"对话框。

　　在"创建新对话框"对话框中,输入对话框的"名称"(Name):Modify_UCA_Parameter,在"创建按钮"(Create Buttons)选项中选择 OK,Apply 和 Cancel,单击 OK 按钮,系统创建"修改上横臂参数"(Modify_UCA_Parameter)对话框。

　　选择"对话框制作器"Create 菜单中的 Slider 命令,在"修改上横臂参数"对话框中创建三个滑动条:slider_4,slider_5 和 slider_6。

　　双击滑动条 slider_4,在"对话框制作器"的"属性"(Attributes)栏中,选择 Layout,输入滑动 slider_4 的"左边距"(Left)为"160","宽度"(Width)为"200","顶边距"(Top)为"25","高度"(Height)为"30",单击 Apply 按钮。

　　在"对话框制作器"的"属性"(Attributes)栏中,选择 Value,输入滑动条 slider_4 的"标准值"(Value)为"350","最小值"(Min. Value)为"300","最大值"(Max. Value)为"400",单击 Apply 按钮。

　　在"对话框制作器"的"属性"(Attributes)栏中,选择 Commands,输入滑动条 slider_4

的命令：

```
variable set variable = .FRONT_SUSP.DV_4 real = $ slider_4
```

点选对话框底部的 Execute commands while sliding，单击 Apply 按钮，将滑动条 slider_4 的值赋予设计变量 DV_4。

双击滑动条 slider_5，在"对话框制作器"的"属性"（Attributes）栏中，选择 Layout，输入滑动 slider_5 的"左边距"（Left）为"160"，"宽度"（Width）为"200"，"顶边距"（Top）为"70"，"高度"（Height）为"30"，单击 Apply 按钮。

在"对话框制作器"的"属性"（Attributes）栏中，选择 Value，输入滑动条 slider_5 的"标准值"（Value）为"11"，"最小值"（Min. Value）为"8"，"最大值"（Max. Value）为"15"，单击 Apply 按钮。

在"对话框制作器"的"属性"（Attributes）栏中，选择 Commands，输入滑动条 slider_5 的命令：

```
variable set variable = .FRONT_SUSP.DV_5 real = $ slider_5
```

点选对话框底部的 Execute commands while sliding，单击 Apply 按钮，将滑动条 slider_5 的值赋予设计变量 DV_5。

双击滑动条 slider_6，在"对话框制作器"的"属性"（Attributes）栏中，选择 Layout，输入滑动 slider_6 的"左边距"（Left）为"160"，"宽度"（Width）为"200"，"顶边距"（Top）为"115"，"高度"（Height）为"30"，单击 Apply 按钮。

在"对话框制作器"的"属性"（Attributes）栏中，选择 Value，输入滑动条 slider_6 的"标准值"（Value）为"5"，"最小值"（Min. Value）为"0"，"最大值"（Max. Value）为"10"，单击 Apply 按钮。

在"对话框制作器"的"属性"（Attributes）栏中，选择 Commands，输入滑动条 slider_6 的命令：

```
variable set variable = .FRONT_SUSP.DV_6 real = $ slider_6
```

点选对话框底部的 Execute commands while sliding，单击 Apply 按钮，将滑动条 slider_6 的值赋予设计变量 DV_6。

选择"对话框制作器"Craete 菜单中的 Lable 命令，在"修改上横臂参数"对话框中创建三个滑动条：label_4，label_5 和 label_6。

双击标签 label_4，在"对话框制作器"的"属性"（Attributes）栏中，选择 Layout，输入标签 label_4 的"左边距"（Left）为"20"，"宽度"（Width）"120"，"顶边距"（Top）为"25"，"高度"（Height）为"30"，单击 Apply 按钮。

在"对话框制作器"的"属性"（Attributes）栏中，选择 Appearance，输入标签 label_4 的"文字符号"（Label Text）为 UCA Length，单击 Apply 按钮。

双击标签 label_5，在"对话框制作器"的"属性"（Attributes）栏中，选择 Layout，输入标签 label_5 的"左边距"（Left）为"20"，"宽度"（Width）为"120"，"顶边距"（Top）为"115"，"高度"（Height）为"30"，单击 Apply 按钮。

在"对话框制作器"的"属性"（Attributes）栏中，选择 Appearance，输入标签 label_6 的

"文字符号"(Label Text)为 UCA Angle(xz),单击 Apply 按钮。

关闭"对话框制作器",通过改变"修改上横臂参数"对话框中上横臂的参数(图 6.27),观察模型中上横臂参数的变化情况。

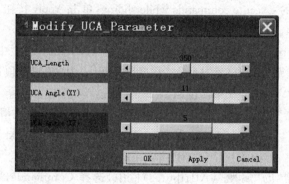

图 6.27　"修改上横臂参数"对话框

3. 创建"修改下横臂参数"对话框

在 ADAMS/View 菜单栏中,选择 Tools→Dialog Box Create 命令,系统弹出"对话框制作器"。选择对话框制作器 Dialog Box 菜单中的 New 命令,系统弹出"创建新对话框"对话框。

在"创建新对话框"对话框中,输入对话框的"名称"(Name):Modify_LCA_Parameter,在"创建按钮"(Create Buttons)选项中选择 OK,Apply 和 Cancel,单击 OK 按钮,系统创建"修改下横臂参数"(Modiy_LCA_Parameter)对话框。

选择"对话框制作器"Create 菜单中的 Slider 命令,在"修改上横臂参数"对话框中创建三个滑动条:slider_7,slider_8 和 slider_9。

双击滑动条 slider_7,在"对话框制作器"的"属性"(Attributes)栏中选择 Value,输入滑动条 Slider_7 的"左边距"(Left)为"160","宽度"(Width)为"200","顶边距"(Top)为"25","高度"(Height)为"30",单击 Apply 按钮。

在"对话框制作器"的"属性"(Attributes)栏中,选择 Value,输入滑动条 slider_7 的"标准值"(Value)为"500","最小值"(Min. Value)为"480","最大值"(Max. Value)为"550",单击 Apply 按钮。

在"对话框制作器"的"属性"(Attributes)栏中选择 Commands,输入滑动条 slider_7 的命令:

```
variable set variable = .FRONT_SUSP.DV_7 real = $ slider_7
```

点选对话框底部的 Execute commands while sliding,单击 Apply 按钮,将滑动条 slider_7 的值赋予设计变量 DV_7。

双击滑动条 slider_8,在"对话框制作器"的"属性"(Attributes)栏中选择 Layout,输入滑动条 slider_8 的"左边距"(Left)为"160","宽度"(Width)为"200","顶边距"(Top)为"70","高度"(Height)为"30",单击 Apply 按钮。

在"对话框制作器"的"属性"(Attributes)栏中选择 Value,输入滑动条 slider_8 的"标准值"(Value)为"9.5","最小值"(Min. Value)为"5","最大值"(Max. Value)为"15",单击 Apply 按钮。

在"对话框制作器"的"属性"(Attributes)栏中选择 Commands,输入滑动条 slider_8 按钮的命令:

```
variable set variable = .FRONT_SUSP.DV_8 real = $ slider_8
```

点选对话框底部的 Execute commands while sliding,单击 Apply 按钮,将滑动条 slider_8 的值赋予设计变量 DV_8。

双击滑动条 slider_9,在"对话框制作器"的"属性"(Attributes)栏中选择 Layout,输入滑动条 slider_9 的"左边距"(Left)为"160","宽度"(Width)为"200","顶边距"(Top)为"115","高度"(Height)为"30",单击 Apply 按钮。

在"对话框制作器"的"属性"(Attributes)栏中选择 Value,输入滑动条 slideR_9 的"标准值"(Value)为"10","最小值"(Min. Value)为"5","最大值"(Max. Value)为"15",单击 Apply 按钮。

在"对话框制作器"的"属性"(Attributes)栏中选择 commands,输入滑动条 slider_9 的命令:

```
variable set variable = .FRONT_SUSP.DV_9 real = $ slider_9
```

点选对话框底部的 Execute commands while sliding,单击 Apply 按钮,将滑动条 slider_9 的值赋予设计变量 DV_9。

选择"对话框制作器"Create 菜单中的 Label 命令,在"修改上横臂参数"对话框中创建三个滑动条: label_7,label_8 和 label_9。

双击标签 label_7,在"对话框制作器"的"属性"(Attributes)栏中选择 Layout,输入标签 label_7 的"左边距"(Left)为"20","宽度"(Width)为"120","顶边距"(Top)为"25","高度"(Height)为"30",单击 Apply 按钮。

在"对话框制作器"的"属性"(Attributes)栏中选择 Appearance,输入标签 label_7 的"文字符号"(Label Text)为 LCA Length,单击 Apply 按钮。

双击标签 label_8,在"对话框制作器"的"属性"(Attributes)栏中选择"Layout",输入标签"label_8"的"左边距"(Left)为"20","宽度"(Width)为"120","顶边距"(Top)为"25","高度"(Height)为"30",单击 Apply 按钮。

在"对话框制作器"的"属性"(Attributes)栏中选择 Appearance,输入标签 label_8 的"文字符号"(Label Text)为 LCA Angle(XY),单击 Apply 按钮。

双击标签 label_9,在"对话框制作器"的"属性"(Attributes)栏中选择 Layout,输入标签 label_9 的"左边距"(Left)为"20","宽度"(Width)为"120","顶边距"(Top)为"25","高度"(Height)为"30",单击 Apply 按钮。

在"对话框制作器"的"属性"(Attributes)栏中选择 Layout,输入标签 label_9 的"文字符号"(Label Text)为 LCA Angle(XZ),单击 Apply 按钮。

关闭"对话框制作器",通过改变"修改下横臂参数"对话框中下横臂的参数,观察模型中下横臂参数的变化情况,如图 6.28 所示。

4. 修改菜单栏

在 ADAMS/View 菜单栏中,选择 Tool→Menu→Modify 命令,准备修改菜单栏,以便直接调出新创建的对话框。系统弹出菜单编辑器,在 MENU1 Help 前面加入下列命令:

```
MENU1 Modify_SUSP_Parameter
   NAME = Modify_SUSP_Parameter
   HELP = Modify front suspension parameter
   BUTTON2 Modify_Kingpin_Parameter
      NAME = Modify_Kingpin_Parameter
      HELP = Modify_Kingpin_Parameter
      CMD = intdiadisdia = .gui.Modify_Kingpin _Parameter par = ""
SEPARATOR2
   BUTTON2 Modify_UCA_Parameter
      NAME = Modify_UCA_Parameter
      HELP = Modify_UCA_parameter
      CMD = intdiadisdia = .gui.Modify_UCA_Parameter par = ""
SEPARATOR2
   BUTTON2 Modify_LCA_Parameter
      NAME = Modify_LCA_Parameter
      HELP = Modify_LCA_Parameter
      CMD = intdiadisdia = .gui.Modify_LCA_Parameter par = ""
```

单击菜单编辑器 Menu Bar 中的 Apply 命令,可以看到 ADAMS/View 的菜单栏中增加了一个新的下拉式菜单 Modify_SUSP_Parameter,这个菜单包含三个按钮,分别单击这三个按钮(图 6.29),就可以打开它们的对话框,以修改前悬架的几何参数。

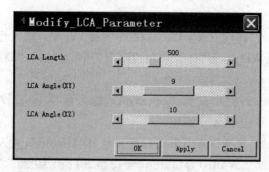

图 6.28 "修改下横臂参数"对话框

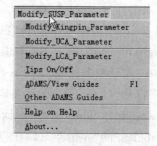

图 6.29 新建的下拉式菜单

5. 保存模型

在 ADAMS/View 的 File 菜单栏中,选择 Save Database 命令,保存前悬架的模型。

6.3.5 优化前悬架模型

1. 定义目标函数

本案例为了减轻轮胎的磨损,选择车轮接地点侧向滑移量的绝对值作为目标函数,通过对上横臂长度、上横臂在汽车横向平面的倾角、下横臂长度和下横臂在汽车横向平面的倾角的优化分析，使车轮接地点侧向滑移量的绝对值最小。

在 ADAMS/View 菜单栏中，选择 Build→Measure→Function→New 命令，创建测量函数。在"函数编辑器"（图 6.30）中，输入测量名称（Measure Name）：OBJECT_FUN，"单位"（Units）选择为 length，借助于"函数编辑器"提供的基本函数，编辑目标函数的函数表达式：

ABS (.FRONT_SUSP.Sideways_Displacement)

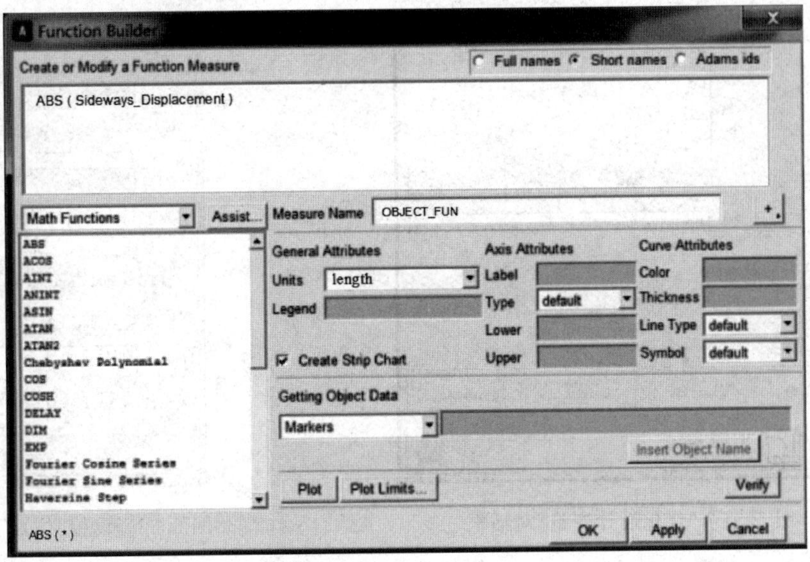

图 6.30　"函数编辑器"对话框

单击 OK 按钮，创建目标函数 OBJECT_FUN。

系统生成目标函数 OBJECT_FUN 的曲线窗口，单击"仿真"按钮，设置终止时间为 1，工作步为 100，进行仿真，可以看到目标函数的值始终为正数。

2. 优化模型

在 ADAMS/View 菜单栏中，选择 Simulate 菜单中的 Design Study，DOE，Optimize 命令，系统弹出"优化设计变量"对话框，优化的设计变量为 DV_4、DV_5、DV_7 和 DV_8，优化的目标为目标函数取最小值，选择和输入选项如图 6.31 所示。

单击"优化设计变量"对话框底部的 Output 按钮，在弹出的"设置仿真"对话框中，点选 Save Analyses 选项，如图 6.32 所示，单击 OK 按钮。

单击"优化设计变量"对话框底部的 Start 按钮，对汽车前悬架进行优化设计分析，系统同时生成目标函数相对于迭代数变化的曲线窗口。

系统完成对汽车前悬架的优化后，通过曲线窗口，可以直观地看到目标函数在优化过程中的变化情况。

3. 查看优化结果

单击"优化设计变量"对话框底部的 Optimizer 按钮，系统弹出优化结果列表对话框，在

Result Set 栏中选择优化结果文件,单击 OK 按钮,系统弹出显示优化结果的信息窗口。

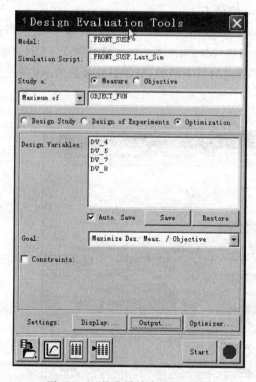

图 6.31 "优化设计变量"对话框

图 6.32 设置"仿真"选项

由优化结果可以看出,上横臂长度(设计变量 DV_4)、上横臂在汽车横向平面的倾角(设计变量 DV_5)、下横臂长度(设计变量 DV_7)和下横臂在汽车横向平面的倾角(设计变量 DV_8)的值最终优化为 332.6mm、12.5°、516.5mm 和 6.5°,车轮接地点的侧向滑移量由初始的 19.783mm 下降为 3.2911mm,大大降低了轮胎的磨损情况。

4. 保存模型

在 ADAMS/View 的 File 菜单栏中,选择 Save Database 命令,保存前悬架的模型。

6.4　仿真结果分析

仿真计算结果由一系列曲线组成,包括主销内倾角变化曲线、主销后倾角变化曲线、前轮外倾角变化曲线、前轮前束变化曲线、车轮接地点侧向滑移量曲线、车轮跳动量曲线,以及一系列前悬架特性曲线,包括主销内倾角随车轮跳动的变化曲线、主销后倾角随车轮跳动的变化曲线、前轮外倾角随车轮跳动的变化曲线、前轮前束随车轮跳动的变化曲线、前轮接地点侧向滑移量随车轮跳动的变化曲线。接下来,根据各曲线对其进行分析,得出一些结论。在进行车轮运动仿真时,由于刚开始车轮处于静态到动态,加速度较大,在曲线上从运动振幅上得到明显体现。在系统进入稳态后,运动加速度减小,运动趋于平缓,所得到的曲线较为平和。通过这些曲线,整个汽车前悬架模型的各方面参数均得到了反映。为对系统的研究分析提供了直观的依据。

图 6.33 所示为主销内倾角变化曲线,主销内倾角是主销上部在汽车横向平面内向内倾斜的一个角度。主销内倾角使车轮具有自动回正作用;此外,主销内倾角还使得主销轴线与路面交点到车轮中心平面与地面交线的距离减小,从而减少转向时驾驶员加在转向盘上的力,使转向操纵轻便,同时也可减少从转向轮传到转向盘上的冲击力。但内倾角不宜过大,否则在转向时,车轮绕主销偏转的过程中,轮胎与路面产生较大滑动,不仅使转向加重,同时加剧轮胎磨损,一般内倾角不大于 8°。此曲线显示主销内倾角较大,需要进一步优化,前半个周期中,内倾角较小,相对平缓,后半个周期内倾角较大。车轮行至最低点时,该角度具有最大值。

图 6.34 所示为主销后倾角变化曲线。主销后倾角是主销在纵向平面内,向后倾斜的一个角度。主销后倾角能形成自动回正的稳定力矩,但此力矩不能过大,否则在转向时为了克服此稳定力矩,驾驶员必须在转向盘上施加较大的力。目前采用的主销后倾角一般不超过 2°～3°。如图 6.34 所示,整个主销后倾角的变化区间为 2.35°～3.85°,当车轮行至最低点时,该角度达到最大值。在前半个周期,主销后倾角相对平缓,大小适中,且基本保持恒定,符合主销后倾角一般不超过 2°～3° 的要求。在后半个周期,主销后倾角相对偏大,需要对系统进行进一步优化,以减小角度的变化范围,并且使其基本保持在最佳范围。

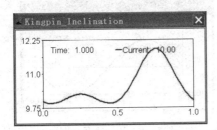

图 6.33　Kingpin_Inclination

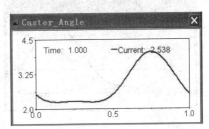

图 6.34　Caster_Angle

图 6.35 所示为前轮外倾角变化曲线。前轮外倾角是通过车轮中心的横向平面与车轮平面的交线与地面垂线之间的夹角。前轮外倾角具有定位作用,为了使轮胎磨损均匀和减轻轮毂外轴承的负荷,前轮外倾角可以防止车轮内倾。同时,车轮外倾角也与拱形路面相适应。从图示曲线可以看出在一个周期内,当车轮在起始位置或运动至起始位置时,外倾角绝对值最大,但车轮行至 5/8 或 7/8 周期时,外倾角绝对值最小(等于 0°)。从整个过程来看,轮胎向上运动时,前轮外倾角增加较快,数值也较大。在每半个周期当中,曲线呈正弦函数分布。

图 6.36 所示为前轮前束角变化曲线,前轮外倾角具有定位作用,可以保证汽车稳定行驶,但是,有了外倾角后,车轮在滚动时,就类似于滚锥,从而导致两侧车轮向外滚开。由于转向横拉杆和车桥的约束使车轮不可能向外滚开,车轮将在地面上出现边滚边滑的现象,从而增加了轮胎的磨损。为了消除这种后果,在安装车轮时,使汽车两前轮的中心面不平行,前边距小于后边距,称之为前轮前束。图示曲线显示了前轮前束的变化情况,这里以前束值为纵坐标。一般前轮前束值为 0～12mm,而图示前轮前束值在后半个周期,前轮前束值为负值,所以要对系统进行进一步优化。

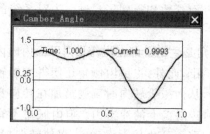

图 6.35　Camber_Angle

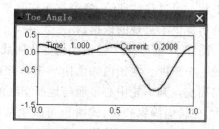

图 6.36　Toe_Angle

图 6.37 所示为车轮接地点侧向滑移量曲线。为了提高轮胎的使用寿命,希望轮胎侧向滑移量减到最小。由该图可以看出,在前半个周期当中,车轮侧向滑移量都相对比较小,当车轮行至最低点时,侧向滑移量达到最大值。在后半个周期,滑移量相对较大。因此,对该系统在车轮侧向滑移量上需要进一步优化,进一步减少滑移量,以提高车轮使用寿命,同时,也提高汽车行驶的平稳性。

图 6.38 所示为车轮跳动量曲线。很明显,这是一条正弦函数曲线。本案例将路面特性以正弦函数形式输入,作为驱动函数,反映了路面不平度的基本情况,振幅为 100mm,周期为 1s。

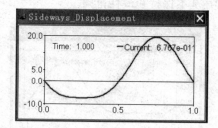

图 6.37　Sideways_Displacement

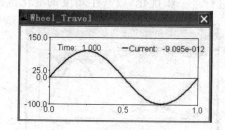

图 6.38　Wheel_Travel

图 6.39 所示为车轮接地点侧向滑移量随主销内倾角变化的曲线。从整个图的趋势可以看出,车轮接地点侧向滑移量是随着主销内倾角的增大,而总体呈增大的趋势,在主销内倾角接近 10.25°时,车轮接地点侧向滑移量为最小值 2.5mm。

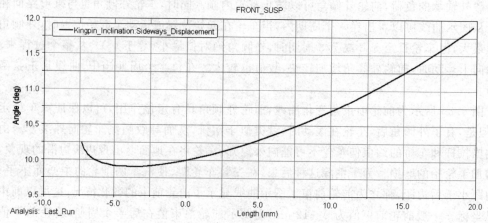

图 6.39　Kingpin_inclination:Sideways_Displacement

图 6.40 所示为主销动能的变化曲线。可以看出,主销角动能呈正弦函数曲线,从主销动能上,间接地反映了路面特性是以正弦函数形式输入的。

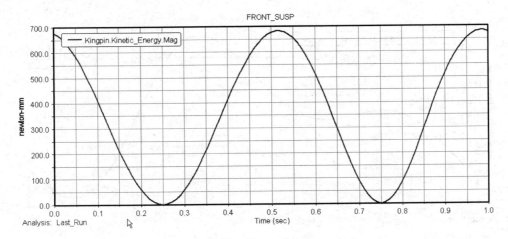

图 6.40　Kingpin. kinetic_Energy. Mag

图 6.41 所示为主销角加速度变化曲线。可以看出,主销角速度呈正弦变化。在前半周期,主销加速度变化相对较小;在后半周期,主销加速度变化相对较大;在 3/4 周期时,主销加速度达到最小值。

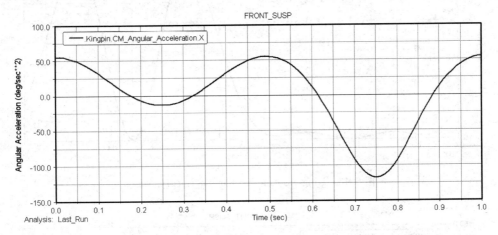

图 6.41　Kingpin. CM_Angular_Acceleration. X

图 6.42 所示为主销角动量变化曲线,整个图呈正弦变化的趋势,但在前半个周期,角动量变化相对较小,在后半个周期,角动量变化较大。曲线在 0.6s 时,角动量达到正的最大值,曲线在 0.9s 时角动量达到负的最大值。

图 6.43 所示为悬架主销角动能随时间变化的曲线。可以看出,在仿真开始阶段,主销角动能较小;在前半个周期里,角动能较小,且变化相对平缓;但在后半个周期里,即当车轮向下运动时,角动能急剧增大,且变化较大,呈正弦曲线趋势。

图 6.44 所示为主销内倾角随车轮跳动的变化曲线。可以看出,车轮上下最大跳动量为 100mm,在仿真开始阶段,随着车轮振幅的增大,主销内倾角先减小,后增大,在车轮到达最高点时,此时主销内倾角为 10.25°,当车轮在后半个周期内,随着车轮振幅的增大,主销内

倾角呈增大趋势。由图可以看出,主销内倾角最小值也大于 9.25°,而主销内倾角一般应不大于 8°,所以要对系统进一步优化。

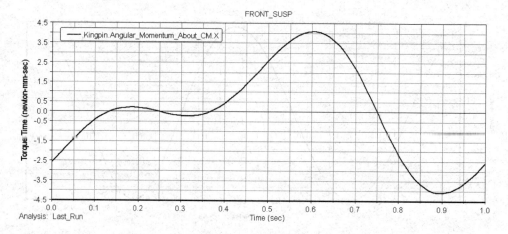

图 6.42　Kingpin. Angular_Momentum_About_CM. X

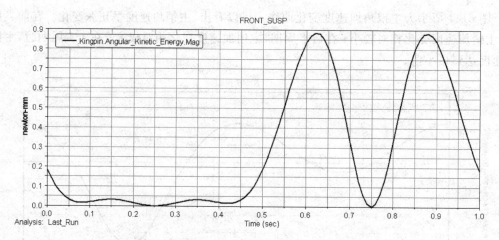

图 6.43　Kingpin. Angular_Kinetic_Enegry. Mag

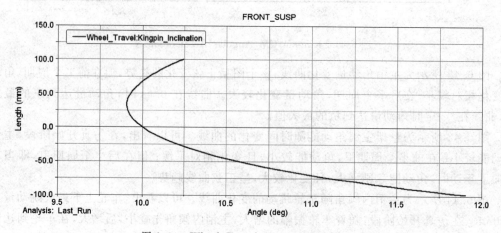

图 6.44　Wheel_Travel:Kingpin_Inclination

图 6.45 所示为主销后倾角随车轮跳动变化曲线。可以看出,在前 1/4 周期中,随着车轮振幅的增加,主销后倾角逐渐减小;在后半周期里随着车轮振幅的增加,主销后倾角逐渐增大,整个曲线的变化趋势比较大。主销后倾角取值范围为 $2.25°\sim4.0°$。

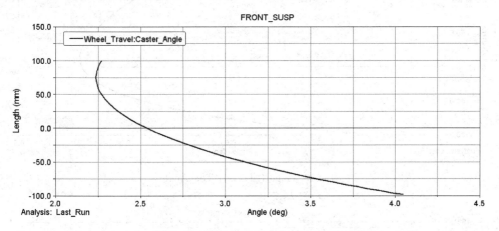

图 6.45　Wheel_Travel:Caster_Angle

图 6.46 所示为前轮外倾角随车轮跳动变化曲线。可以看出,在前 1/4 周期,前轮外倾角随着车轮振幅的增大,其先增大后减小,当车轮到达最高点时,前轮外倾角为 $0.75°$;接下来 1/4 周期,随着车轮回到起始状态,前轮外倾角也逐渐恢复到起始状态。随着车轮向下(负振幅)运动,即在后半个周期里,随着振幅的增大,前轮外倾角呈由大到小至零值,再由零值趋向于负值的趋势。

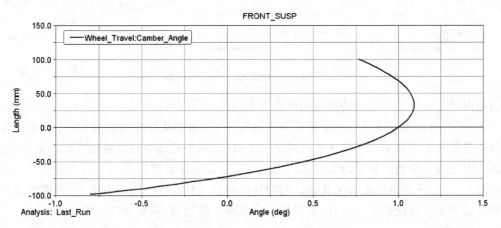

图 6.46　Wheel_Travel:Camber_Angle

图 6.47 所示为前轮前束角随车轮跳动变化的曲线。因该系统是先向上运动,车轮跳动量先为正值,在此过程中,通过曲线可以看出前轮前束呈增加趋势。在后半个周期车轮由起始点开始向下运动,前轮前束角绝对值由大到小再由小到大。

图 6.48 所示为前轮接地点侧向滑移量随车轮跳动的变化曲线。可以看出,在车轮由起始位置向上运动时,前轮接地点侧向滑移量由零值到负的绝对值最大,即反方向侧向滑移量由小到大。在后半个周期里,随着车轮振幅的增大,其侧向滑移量也不断增大,当车轮到达最底端位置时,前轮接地点侧向滑移量也达到最大值 20mm。从整个曲线可以看出,前轮接

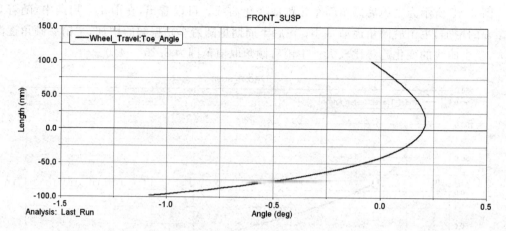

图 6.47　Wheel_Travel：Toe_Angle

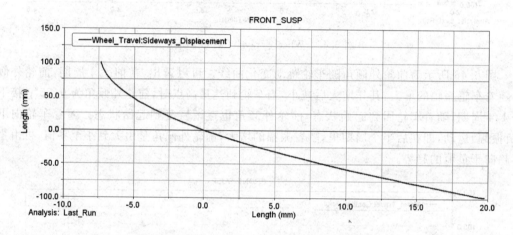

图 6.48　Wheel_Travel：Sideways_Displacement

地点侧向滑移量随车轮跳动的变化曲线较为平缓。

　　图 6.49 所示为系统进行优化设计时的目标函数，为了减轻轮胎的磨损，选择车轮接地点侧向滑移量的绝对值为目标函数。横坐标为时间，纵坐标即为轮胎接地点的侧向滑移量。该曲线即为后面轮胎滑移量曲线的绝对值，因此，在此不作详细讨论。

　　图 6.50 所示为系统进行优化设计时的目标函数变化曲线。可以看出，车轮接地点侧向滑移量随着系统优化运算的进行，滑移量有明显减小的趋势，从而减轻了轮胎的磨损。

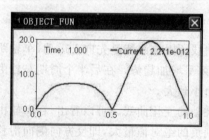

图 6.49　OBJECT_FUN

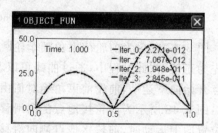

图 6.50　目标函数变化曲线

第 7 章

汽车双离合自动变速器
传动机构建模与仿真

本章在三维 CAD 建模软件 UG NX 环境中,对汽车双离合自动变速器动力传动机构进行了数字化建模和虚拟装配,并进行了运动仿真分析。

7.1 双离合器自动变速器结构及工作原理

汽车双离合(Direct Shift Gearbox,DSG)自动变速器除了拥有手动变速箱的灵活及自动变速箱的舒适外,它更能提供无间断的动力输出,这完全有别于两台自动控制的离合器。DSG 基本由几个大项组成:两个基本 3 轴的 6 前速机械变速箱、一个内含两套多瓣式离合片的电子液压离合器机构、一套变速箱 ECU,如图 7.1 所示。不同于普通的双轴变速箱或者单输入轴系统,DSG 变速箱除了具有双离合器外,更具备同轴的双输入轴系统,而且将 6 个前进挡分别置于两边各自的从动轴上。传统的手动变速箱使用一台离合器,当换挡时驾驶员须踩下离合器脚踏,令不同挡的齿轮做出啮合动作,而动力就在换挡期间出现间断,令输出表现有所断续。

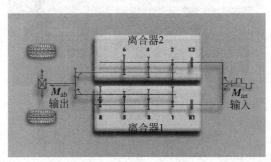

图 7.1 DSG 工作原理示意图

DSG 可以想象为将两台手动变速箱的功能合二为一,并建立在单一的系统内。DSG 内含两组自动控制的离合器,由电子控制及液压推动,能同时控制两组离合器的运作。当变速箱运作时,一组齿轮被啮合,而接近换挡之时,下一组挡段的齿轮已被预选,但离合器仍处于分离状态;当换挡时一具离合器将使用中的齿轮分离,同时另一具离合器啮合已被预选的齿轮,在整个换挡期间能确保最少有一组齿轮在输出动力,令动力不出现间断的状况。

要配合以上运作,DSG 的传动轴被分为两根,一根是置于内里实心的传动轴,另一根则是在外面套着的空心传动轴;内里实心的传动轴连接了一、三、五挡及倒挡,而外面空心的传动轴则连接二、四及六挡,两组离合器各自负责一根传动轴的啮合动作,引擎动力便会由其中一根传动轴做出无间断的传送。考虑到零件使用寿命,设计人员选择了油槽膜片式离合器,离合器动作由液压系统控制。由于使用 2 组离合器并且在换挡之前下一挡位已被预选啮合,因此 DSG 的换挡速度非常快,只需不到 0.2s 的时间,下一挡已经接合。

7.2　传动机构结构及工作原理

传动机构主要包括两根同轴的输入轴,两根平行并均与输入轴和主减速器齿轮盘啮合的输出轴、倒挡轴,以及各轴上的共 14 个斜齿轮。

变速器处于一挡位置时,离合器 K2 打开,离合器 K1 关闭,此时同步器锁环接合到一挡的位置,二挡同步器锁环预压接合。当变速箱从一挡转换到二挡时,离合器 K1 打开,离合器 K2 关闭,发动机传输扭矩到二挡齿轮,依此顺序,变速器完成加速的全过程,如图 7.2 所示。

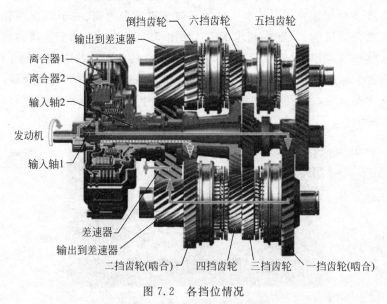

图 7.2　各挡位情况

7.3　DSG 传动机构齿轮的建模

7.3.1　斜齿轮传动相关知识

由机械原理可知,斜齿轮传动时,两啮合齿轮的法面和端面模数相等,压力角以及螺旋

角相等。外啮合平行轴斜齿轮传动的标准中心距为

$$a=(d_1+d_2)/2=m_t(z_1+z_2)/2=m_n(z_1+z_2)/2\cos\beta$$

式中，a 为两啮合齿轮的中心距；d_1 为主动齿轮的分度圆直径；d_2 为从动齿轮的分度圆直径；m_t 为斜齿轮的端面模数；m_n 为斜齿轮的法向模数；β 为螺旋角；z_1 为主动斜齿轮齿数；z_2 为从动斜齿轮齿数。

法向压力角 $a_n=20°$，齿顶高系数 $h_{an}^*=1$，顶隙系数 $c_n^*=0.25$，$\beta=10°$，因此可得到：

分度圆直径 $d_1=z_1 \cdot m_t$

端面压力角 $a_t=\arctan(\tan 20°)/\cos\beta$

基圆直径 $d_b=d_1 \cdot \cos at$

齿顶圆直径 $d_a=d_1+2h_{an}^*m_n$

齿根圆直径 $d_f=d_1-2(h_{an}^*+c_n^*)\cdot m_n$

螺距 $p=\pi\times d_1/\tan\beta$

7.3.2　创建表达式

根据机械原理知识，创建如图 7.3 所示的“表达式”对话框，并保存。

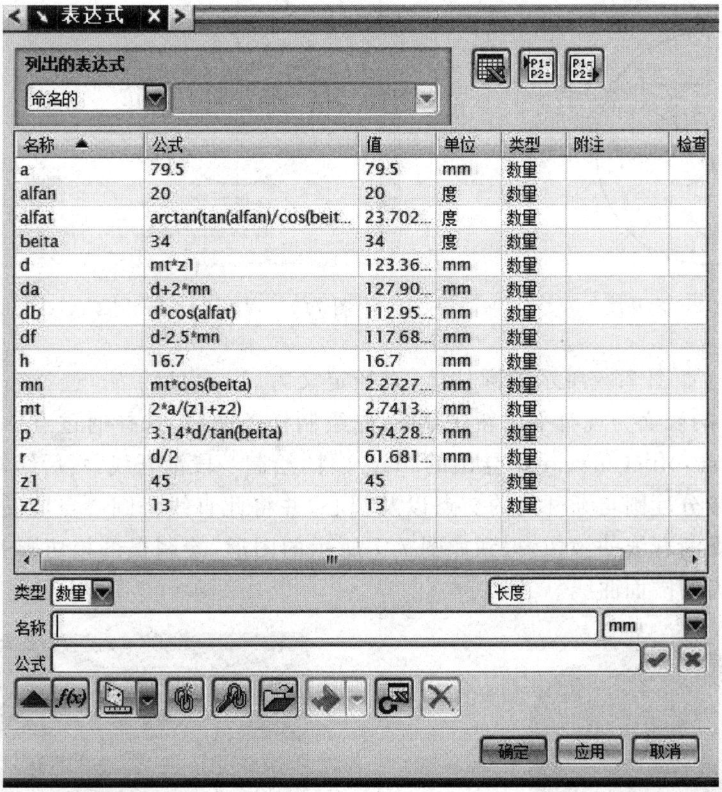
表达式
列出的表达式
命名的
名称 公式 值 单位 类型 附注 检查
a 79.5 79.5 mm 数量
alfan 20 20 度 数量
alfat arctan(tan(alfan)/cos(beit... 23.702... 度 数量
beita 34 34 度 数量
d mt*z1 123.36... mm 数量
da d+2*mn 127.90... mm 数量
db d*cos(alfat) 112.95... mm 数量
df d-2.5*mn 117.68... mm 数量
h 16.7 16.7 mm 数量
mn mt*cos(beita) 2.2727... mm 数量
mt 2*a/(z1+z2) 2.7413... mm 数量
p 3.14*d/tan(beita) 574.28... mm 数量
r d/2 61.681... mm 数量
z1 45 45 数量
z2 13 13 数量
类型 数量
长度
名称
mm
公式
确定
应用
取消

图 7.3　“表达式”对话框

7.3.3　渐开线的绘制

在机械原理中,表示渐开线通常使用极坐标参数方程。但在 UG NX 中,必须使用直角坐标参数来描述各种特征。因此,需要将渐开线的极坐标参数方程转化为直角坐标方程。如图 7.4 所示,当用直角坐标来表示渐开线时,其方程为

$$x = r_b \cdot \sin u - r_b \cdot u \cdot \sin u$$
$$y = r_b \cdot \cos u + r_b \cdot u \cdot \cos u$$

式中,r_b 为基圆半径;u 为渐开线展角。

根据公式:$r_b = 0.5m \cdot z \cdot \cos a_n$,其中,$m$ 为模数,z 为齿数,a_n 为压力角。由此可知,当给定齿轮的模数、齿数、压力角以及渐开线的展角后,即可以计算渐开线上点的坐标。依据此思想编制的应用程序 GearProfileCurve.exe,可以导出渐开线上点的坐标参数,如图 7.5 所示。

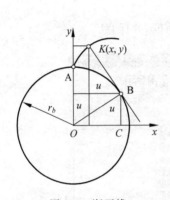

图 7.4　渐开线

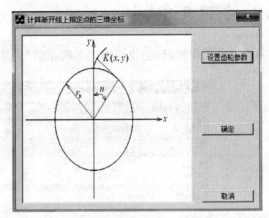

图 7.5　程序 GearProfileCurve.exe 界面

在 UG 建立如图 7.6 所示的圆柱体,直径定义为 d_a,高度为 h。选择"新建草图"对话框,以该圆柱体的底面为现有平面新建草图,先绘制样条曲线,选择通过点→文件中的点方式,选择从 GearProfileCurve.exe 导出的.dat 文件,绘制一段渐开线,然后绘制分度圆、齿顶圆、齿根圆、连接分度圆与渐开线的交点以及圆心,并将此直线绕圆心点旋转 $90°/z_1$。以旋转得到的直线做渐开线的镜像,得到如图 7.7 所示的图形,绘制根部相切圆并修剪,得到如图 7.8 所示的齿槽端面曲线。

图 7.6　齿轮圆柱体

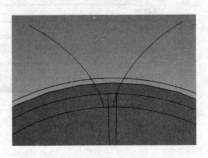

图 7.7　齿面草图

将工作坐标系旋转 $90°$，使得工作坐标系从 X 轴旋转到 Y 轴方向，如图 7.9 所示。

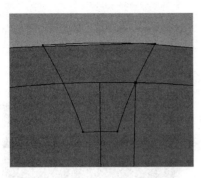

图 7.8　修剪后的齿面草图

图 7.9　旋转 WCS

7.3.4　齿轮模型的创建

选择"插入"→"曲线"→"螺旋线"对话框，设置参数为圈数 0.03，螺距为 p，半径为 r，选定螺旋方向后单击"确定"按钮。得到如图 7.10 所示的螺旋线。然后选择插入→扫掠→沿引导线扫掠，选择齿槽端面的封闭曲线，以螺旋线为引导线，在布尔运算选项中求差，得到如图 7.11 所示的单个齿槽。

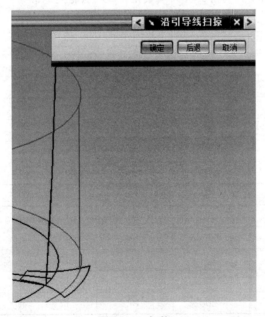

图 7.10　扫掠

在"特征操作"工具条的"实例"选项上选择，进行圆形阵列，如图 7.11 所示选择刚创建的齿槽，设置参数为常规，数量为 z_1，角度为 $360°/z_1$，以圆柱中心轴以及底面圆心点为旋转轴，得到一个完整的齿廓图形，如图 7.12 所示。

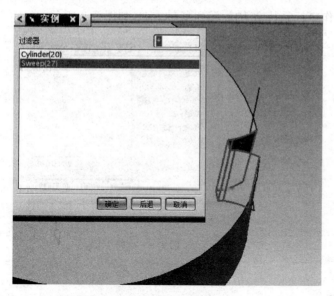

图 7.11　单个实例特征

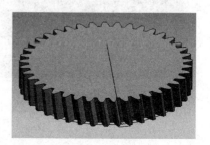

图 7.12　完成的齿轮外形

　　在设置参数时,在"表达式"对话框进行主要参数修改,即可方便地创建其他齿轮。各传动齿轮的参数如表 7.1 所列。

表 7.1　各斜齿轮主要参数

齿　　轮	中心距 a/mm	压力角 α_n/(°)	螺旋角 β/(°)	齿轮宽 h/mm	齿数 z_1	齿数 z_2
C1	79.5	20	10	16.7	45	13
R1	79.5	20	10	20.22	13	45
C2	79.5	20	10	17.38	43	20
R2	79.5	20	10	18.92	20	43
C3	79.5	20	10	15	41	28
R3	79.5	20	10	15.4	28	41
C4	79.5	20	10	15.62	41	38
R4	79.5	20	10	15.4	38	41
C5	73.46	20	10	16.72	35	32
R5	73.46	20	10	16.72	32	35
C6	73.46	20	10	15.6	35	38
Cd	73.46	20	10	17	22	14
D1	63.05	20	10	16.52	33	13
D2	66.24	20	10	17	14	22

　　注:C1 表示一挡位从动轴传动齿轮;R1 表示一挡位/倒挡位主动轴传动齿轮;C2 表示二挡位从动轴传动齿轮;R2 表示二挡位主动轴传动齿轮;C3 表示三挡位从动轴传动齿轮;R3 表示三挡位主动轴传动齿轮;C4 表示四挡位从动轴传动齿轮;R4 表示四挡位/六挡位主动轴传动齿轮;C5 表示五挡位从动轴传动齿轮;R5 表示五挡位主动轴传动齿轮;C6 表示六挡位从动轴传动齿轮;Cd 表示倒挡位从动轴传动齿轮;D1 表示倒挡轴第一级从动齿轮;D2 表示倒挡轴第二级从动齿轮。

在表达式中依次改动各个主要数据,然后改动圆柱体参数以及重新插入渐开线,绘制各个齿轮的模型。

绘制接合齿圈:新建一个接合齿圈的文件,绘制一个接合齿数为 48 的草图,首先经过拉伸,得到一个接合齿形,然后通过圆形阵列方式创建接合齿齿圈盘,最后在底面设计凸台,最终完成效果如图 7.13 所示。以同样的方法绘制齿数为 52 的接合齿圈的部件。通过部件方式导入各个斜齿轮,进行布尔运算以及细节修饰,得到各个齿轮的模型,如图 7.14～图 7.27 所示。

图 7.13　齿轮的接合齿圈

图 7.14　齿轮 C1

图 7.15　齿轮 R1

图 7.16　齿轮 C2

图 7.17　齿轮 R2

图 7.18　齿轮 C3

图 7.19　齿轮 R3

图 7.20　齿轮 C4

图 7.21　齿轮 R4

图 7.22　齿轮 C5

图 7.23　齿轮 R5

图 7.24　齿轮 C6

图 7.25　齿轮 Cd

图 7.26　齿轮 D1

图 7.27　齿轮 D2

7.4　轴及其他零件的建模

轴的建模采用回转的方式完成。选择草图,新建草图,然后绘制半个轴的切面图形。以输入轴 2 为例,绘制草图如图 7.28 所示。

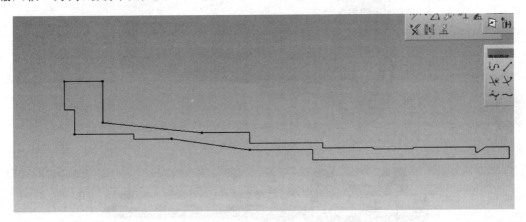

图 7.28　输入轴 2 草图

完成草图后,选择"特征"工具条的"回转"选项,指定中心轴为回转中心,以原点为中心点,选择草图中的曲线,对创建的草图进行回转操作,如图 7.29 所示,得到输入 2 轴的实体模型。

选择"文件"→"导入"→"部件"命令,导入绘制好的齿轮,在轴上相应位置进行定位后,得到输入轴 2 的模型,如图 7.30 所示。

其他零部件的建模从略,结果分别如图 7.31~图 7.38 所示。

本节主要通过知识化驱动对各个齿轮进行建模,同时对轴等零部件进行参数化设计,初步完成 DSG 双离合变速器的传动机构建模,从而为后续的虚拟装配以及运动仿真做好准备。

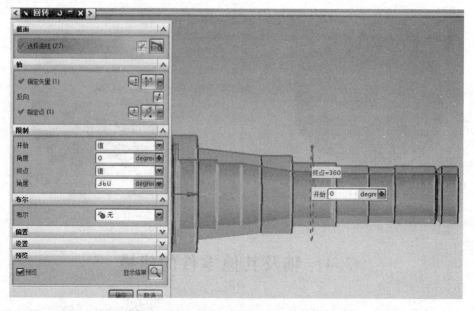

图 7.29 回转体

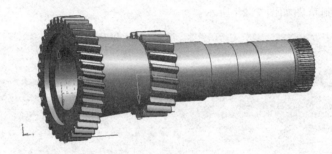

图 7.30 输入轴 2

图 7.31 输入轴 1

图 7.32 输出轴 1

图 7.33　输出轴 2

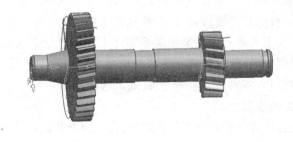

图 7.34　倒挡轴

图 7.35　接合套

图 7.36　花键毂

图 7.37　弹性挡圈

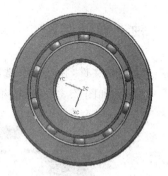

图 7.38　滚动轴承

7.5　DSG 传动机构虚拟装配

7.5.1　UG 装配模块介绍

UG NX 软件是采用单一数据库的设计,因此,在完成零件的设计之后,可以利用装配模块进行组装,然后对该组件进行修改、分析或者重新定向。零件之间的装配关系实际上就是零件之间的位置约束关系。而此装配关系实际上是一种映射关系,当将一个零件或组件引入到一个装配模型中时,仅仅是确立了装配模型文件与被引入零件模型文件之间的映射关系,而无须复制被引入零件模型的所有数据。这样既可以减小装配文件的容量,便于管理,又可以实现装配的参数化。

创建装配体的方法有三种:自顶向下装配、自底向上装配和混合装配。

配对类型有如下几种:

(1) 配对。该关联类型用于约束两个面或线的法向方向相反,且两个面或者线重合。

(2) 对齐。该关联类型约束两个组件保持平行,并且共面及方向一致。

(3) 角度。该关联类型是在两个对象之间定义角度,用于约束匹配组件到正确的方向上。

(4) 平行。该关联类型是约束两个对象的方向矢量彼此平行。

(5) 垂直。该关联类型是约束两个对象的方向矢量彼此垂直。

(6) 中心。该关联类型是约束两个对象的中心,使其中心对齐。

(7) 距离。该关联类型是用于指定两个相关联对象之间的最小三维距离,可以是正值,也可以是负值。

(8) 相切。该关联类型是定义两个对象相切。

7.5.2　轴上零件装配

新建一个装配文件,在"装配"选项中选择"组件"→"添加组件"命令,将各个组件添加到工作界面中,得到如图 7.39 所示的组件。

图 7.39　输出轴 1 组件

由于导入进去的组件没有进行定位,因此必须进行重定位。选定好组件之后,鼠标右键选择重定位,弹出"重定位组件"对话框,如图 7.40 所示,选择定位方式,将轴上的零件进行大致位置的定位。

选择"装配"工具条的"配对条件"选项,弹出"配对条件"对话框,如图 7.41 所示,在对话框中依次选择中心配对,然后进行面与面以及距离配对。

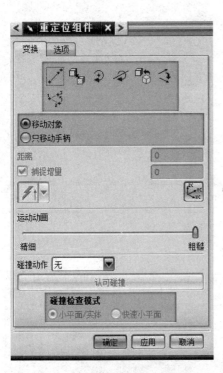

图 7.40　"重定位组件"对话框

图 7.41　"配对条件"对话框

对于斜齿轮与轴的装配,采用齿轮内圆柱面与轴的圆柱面配对类型为中心,齿轮的侧面与轴肩侧面配对类型为配对,如图 7.42 所示。

对于同步器的花键毂与轴的装配,采用同样的方法,先对花键毂的内圆柱面和轴的圆柱面中心装配,再对其进行距离装配,如图 7.43 所示。

对于接合套的装配,接合套是装配在花键毂上面的,因此必须要与花键毂进行装配。采用接合套和花键毂侧面对齐的方式,使面对齐,然后通过圆柱面与圆柱面中心配对,将接合套装配到花键毂上,如图 7.44 所示。

其他的齿轮零件及同步器零件装配采用相同的方式,最后得到输出轴 2 的装配图,如图 7.45 所示。

在传动机构中,输出轴 2 的结构与输出轴 1 的结构相同,因此,采用相同的装配方法,对输出轴 1 进行装配,得到装配结果如图 7.46 所示。

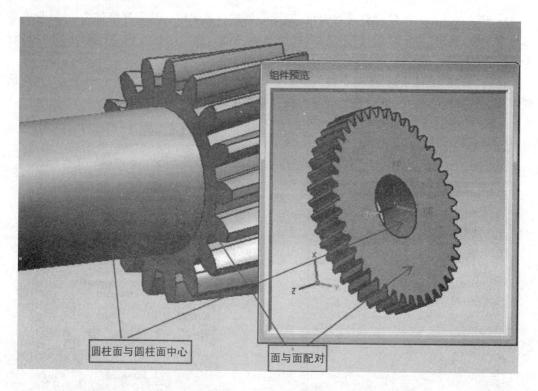

图 7.42   齿轮与轴的装配

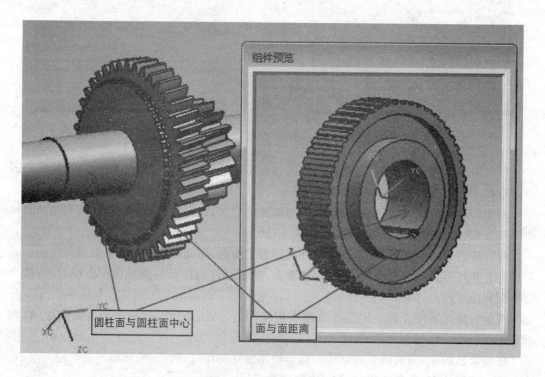

图 7.43   花键毂的装配

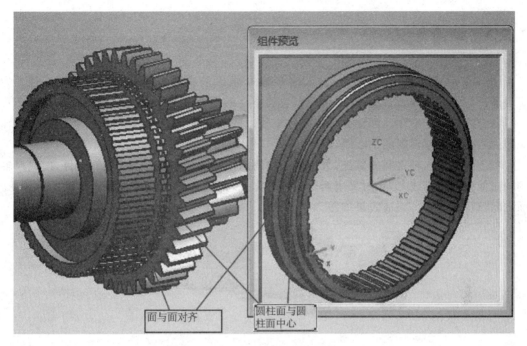

图 7.44 接合套与花键毂的装配

图 7.45 输出轴 2 装配图

图 7.46 输出轴 1 装配完成图

7.5.3　轴间装配

　　DSG 传动机构共有 5 根轴，即输入轴 1、输入轴 2、输出轴 1、输出轴 2 以及倒挡轴。为了保证齿轮之间的啮合，以及各对传动齿轮的中心距相等，必须使轴之间的距离始终等于每一对啮合齿轮的中心距。因此必须保持各个轴之间互相平行，且有相对恒定的轴距。此轴距即为当初齿轮建模时的中心距 a。

　　对于两根输入轴之间的装配，采用两根轴的圆柱面与圆柱面"中心"配对条件，使两根轴的轴向处于同一直线上，然后采用面与面距离方式，即输入 2 轴端面与输入 1 轴的齿轮 R3 面之间"距离"配对。完成效果如图 7.47 所示。

图 7.47　两根输入轴装配

　　对于不在同一轴线的互相平行的轴，首先采用"平行"配对方式，使两根轴平行排列，然后采用"距离"配对方式，指定轴距之后保持两根轴的间距，最后采用一对互相啮合的齿轮侧面"对齐"方式配对。齿轮啮合效果如图 7.48 所示。

图 7.48　齿面相切啮合

　　以此方法，分别获得输入轴与输出轴 1 装配、输入轴与输出轴 2 装配、倒挡轴与输出轴 2 装配、倒挡轴与输入轴装配、倒挡轴装配总图和传动机构总装配图，完成效果分别如图 7.49～图 7.54 所示。

　　本节主要对 UG 装配功能模块进行了介绍，并阐述了装配的一些基本方法。通过对输出轴上的零部件进行装配，以及轴间装配，完成了对 DSG 自动变速器传动机构的虚拟装配。在保证传动关系的条件下将各零部件装配在一起，为后续的运动仿真分析做好了准备。

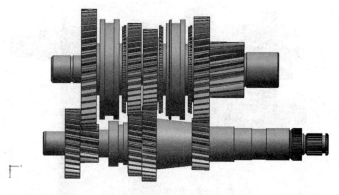

图 7.49　输入轴与输出轴 1 装配

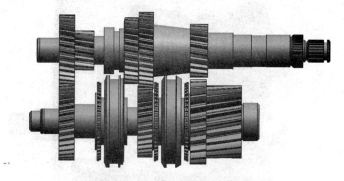

图 7.50　输入轴与输出轴 2 装配

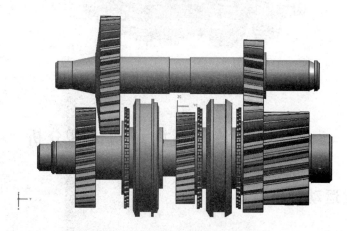

图 7.51　倒挡轴与输出轴 2 装配

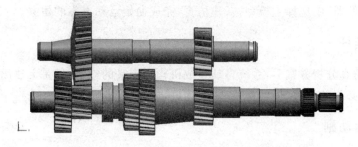

图 7.52　倒挡轴与输入轴装配

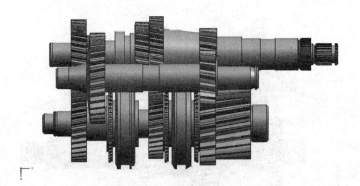

图 7.53   倒挡轴装配总图

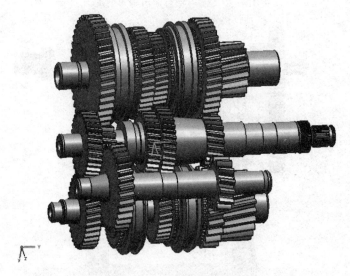

图 7.54   传动机构总装配图

7.6   DSG 传动机构运动仿真分析

7.6.1   建立运动分析方案

运行 UG 软件,打开装配好的 DSG 传动机构文件,进入运动仿真模块,如图 7.55 所示。在"运动导航器"中选择主模型,新建仿真,完成初始运动方案的建立。

1. 创建连杆

新建运动仿真分析方案后,系统自动生成机构所定义的连杆,但是无法满足实际仿真需求,因此要进行必要的修改,最后保留 24 个连杆,如图 7.56 所示。

2. 创建运动副

单击"运动"工具条的"运动副"按钮,弹出"运动副"对话框,在此创建运动副。在没有创

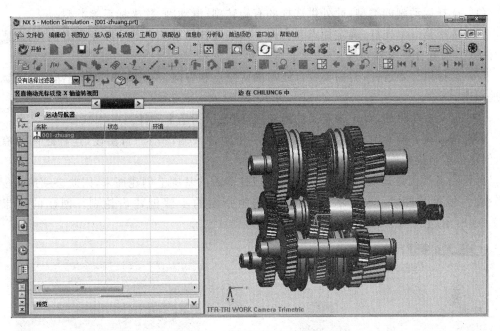

图 7.55　运动分析工作界面

建运动副之前,各个连杆都是空间没有约束的,具有 6 个自由度,需要相应地约束一个或几个自由度。

创建各旋转部件的运动副为旋转副。如图 7.57 所示,创建运动副分为 4 个步骤:

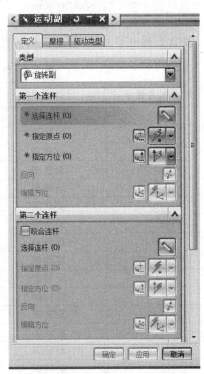

图 7.56　"运动导航器"中定义的连杆　　　　图 7.57　"运动副"对话框

（1）选择运动副的类型，此处供选择的有旋转副、滑动副、柱坐标系等类型。

（2）选择第一个连杆，确定原点和方向。选定连杆后系统会默认原点和方向，对此需要进行确认，不符合要求需要改正。

（3）选择第二个连杆，若需要咬合还需确认原点和方向，不选择第二个连杆则系统默认与地相连。

（4）定义运动驱动，对于未定义的运动副，则表示不是主动件。

创建滑动副：滑动副连接两个连杆，有一个允许来回滑动的自由度，连杆之间没有转动，创建步骤与旋转副相同。

齿轮副虽然也是运动副，但是在旋转副或杆面副的基础上创建而来，因此必须最后创建齿轮副。根据如图 7.58 所示的对话框，按照指定的步骤创建齿轮副。创建的结果如图 7.59 所示。

图 7.58　"齿轮副"对话框

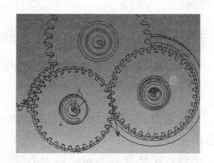

图 7.59　创建的旋转副及齿轮副

表 7.2 列出了 DSG 传动机构仿真所需要的运动副。

表 7.2　传动机构的运动副及对应关系

运动副名称	运动副类型	运动副对应关系
J001	旋转副	输入轴 1 与离合器 K1 连接
J002	旋转副	一挡从动齿轮 C1 与输出轴 1 连接
J003	旋转副	输入轴 2 与离合器 K2 连接
J004	旋转副	二挡从动齿轮 C2 与输出轴 1 连接
J005	旋转副	三挡从动齿轮 C3 与输出轴 1 连接
J006	旋转副	四挡从动齿轮 C4 与输出轴 1 连接
J007	旋转副	五挡从动齿轮 C5 与输出轴 2 连接
J008	旋转副	六挡从动齿轮 C6 与输出轴 2 连接
J009	旋转副	倒挡轴与输入轴 1 以及输出轴连接
J011	旋转副	一挡主动齿轮 R1 与输入轴 1 连接
J012	旋转副	二挡主动齿轮 R2 与输入轴 2 连接
J013	旋转副	三挡主动齿轮 R3 与输入轴 1 连接
J014	旋转副	四挡主动齿轮 R4 与输入轴 2 连接
J015	旋转副	五挡主动齿轮 R5 与输入轴 1 连接
J016	旋转副	六挡主动齿轮 R4/R6 与输入轴 2 连接
J017	旋转副	倒挡主动齿轮 R1 与输入轴 1 连接

续表

运动副名称	运动副类型	运动副对应关系
J018	旋转副	倒挡轴二级从动齿轮 D2 与倒挡轴连接
J019	旋转副	倒挡齿轮 Cd 与输出轴 2 连接
J026	旋转副	倒挡轴一级从动齿轮 D1 与倒挡轴连接
J029	旋转副	输出轴 2 与轴上零部件连接
J030	旋转副	输出轴 1 与轴上零部件连接
J031	旋转副	花键毂与输出轴 2 连接
J032	滑动副	接合套与花键毂连接
J033	固定副	键和轴固定
J034	滑动副	花键毂与输出轴 2 连接
J035	滑动副	接合套与花键毂连接
J036	旋转副	花键毂与输出轴 2 连接
J037	旋转副	花键毂与输出轴 2 连接
J038	固定副	键和轴固定
J039	旋转副	接合套与花键毂连接
J040	滑动副	接合套与输出轴 1 上齿轮连接
J041	旋转副	接合套与花键毂连接
J042	滑动副	接合套与输出轴 1 上齿轮连接
J043	固定副	键和轴固定
J044	固定副	键和轴固定
J045	旋转副	花键毂与输出轴 1 连接
J046	旋转副	花键毂与输出轴 1 连接

3. 标记的创建

在定义连杆后,可以在连杆上标记一个点,此点具有方向性,用于对某一点考察其位移、速度、加速度等参数。单击在"运动"工具条的"标记"选项,选择连杆,即可创建标记点。

创建的标记如下:

A001:输入轴 1 轴线上的一点。

A002:输入轴 2 轴线上的一点。

A003:输出轴 1 轴线上的一点。

A004:输出轴 2 轴线上的一点。

A005:倒挡轴轴线上的一点。

下面以一挡和倒挡为例进行运动学仿真分析,其余挡位分析方法类似。

7.6.2　一挡运动学仿真

前进一挡工作时,动力从离合器 1 传递到输入轴 1,经由主动齿轮 R1 传递到输出齿轮 C1,再由同步器将动力传至输出轴 1 输出。此时动力重要传输路径为一对一挡啮合齿轮,因此主要集中分析其运动仿真。对于齿轮传动,需要增加的运动副为齿轮副 J020,其由旋转副 J002 和 J011 构成,对应关系为将齿轮 R1 的动力传递到齿轮 C1。

1. 匀速时传动机构一挡的运动仿真

给输入轴旋转副 J001 定义运动驱动,在"驱动类型"复选框中设置"驱动类型"为"恒定",输入"初速度"为"360",如图 7.60 所示。然后单击"解算方案",设置"时间"为"1"、"步数"为"50",其他选项默认,如图 7.61 所示,运行求解。在运动仿真界面观察各部件的运动情况,如图 7.62 所示。

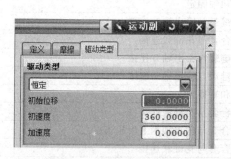

图 7.60 "运动副"对话框

图 7.61 "解算方案"对话框

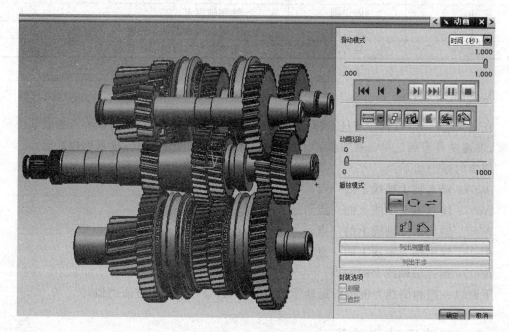

图 7.62 运动仿真界面

从运动分析模块上单击"生成图表"按钮,弹出"图表"对话框,如图 7.63 所示,从"运动对象"复选框中选择运动副对象 J002 和 J011,添加到"Y 轴定义"中。

从图 7.64 中运动曲线可以直观地看出,输入轴 1 和输出轴 1 都是匀速转动的,输入轴 1 的转速大于输出轴 1 的转速,客观上反映了一挡的传动特征,即起到减速的目的,同时增

图 7.63　"图表"对话框

大了扭矩。从图 7.65 的数据表中可以获得输入轴 1 和输出轴 1 的运动速度,表中 Time Step 表示步,drv J001 和 drv J003 表示驱动副和从动副,TIME_TIME 表示每一步对应的时刻,J011_AMAG 为驱动速度,即角速度为 360,J002_AMAG 为输出轴速度,即角速度为 104。

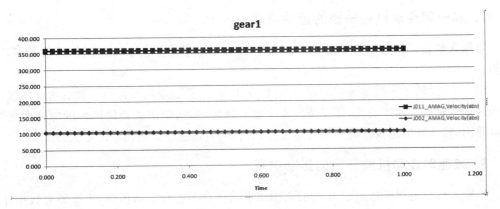

图 7.64　匀速时一挡运动情况

　　计算它们的传动比为:i_1=输出轴速度/输入轴速度=104/360≈0.2889,与齿数计算的传动比结果相同。

　　UG NX 软件可以使用跟踪功能对运动对象进行轨迹追踪,图 7.66 显示的是一挡从动齿轮 C1 的运动轨迹,表示相对于绝对坐标系的位移情况,可以看出齿轮 C1 是绕着中心轴

▲	A	B	C	D	E	F	G	H
1					gear1			
2	Time Step	drv J001,	drv J003,	TIME_TIME	J011_AMAG	J002_AMAG,	Velocity(abs)	
3	0	0.000	0.000	0.000	360.000	104.000		
4	1	7.200	7.200	0.020	360.000	104.000		
5	2	14.400	14.400	0.040	360.000	104.000		
6	3	21.600	21.600	0.060	360.000	104.000		
7	4	28.800	28.800	0.080	360.000	104.000		
8	5	36.000	36.000	0.100	360.000	104.000		
9	6	43.200	43.200	0.120	360.000	104.000		
10	7	50.400	50.400	0.140	360.000	104.000		
11	8	57.600	57.600	0.160	360.000	104.000		
12	9	64.800	64.800	0.180	360.000	104.000		
13	10	72.000	72.000	0.200	360.000	104.000		
14	11	79.200	79.200	0.220	360.000	104.000		
15	12	86.400	86.400	0.240	360.000	104.000		

图 7.65　一挡匀速运动速度数据表

线作旋转运动,与实际运动轨迹相符。事实上,各个齿轮的运动轨迹都应该是绕中心轴的转动叠加。

图 7.66　齿轮 C1 的运动轨迹

2. 加速时传动机构一挡的运动仿真

给输入轴设定初始角速度为 200,角加速度为 100,进行运动仿真,生成图表数据库进行分析。

图 7.67 反映了一挡加速时的运动情况,从上至下,第一条曲线是输入轴的速度曲线,第二条是输入轴的加速度曲线,第三条是输出轴的速度曲线,第四条是输出轴的加速度曲线。可以看出,输入轴的速度比输出轴的速度变化快,同时加速度比输出轴的也大。

3. 减速时传动机构一挡的运动仿真

给输入轴设定初始角速度为 360,角加速度为 -180,进行运动仿真,生成图表数据库进行分析。

图 7.68 反映了一挡减速时的运动情况,从最上面起,第一条曲线是输入轴的速度曲线,第二条是输入轴的减速度曲线,第三条是输出轴的速度曲线,第四条是输出轴的减速度曲线。可以看出,输入轴的速度比输出轴的速度变化要大,同时减速度比输出轴的也大。

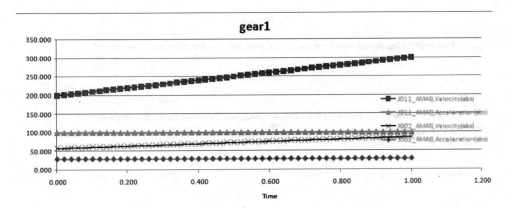

图 7.67　一挡加速时运动情况

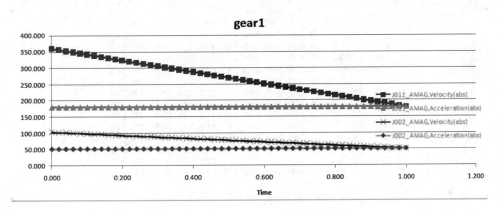

图 7.68　一挡减速时运动情况

7.6.3　倒挡运动学仿真

倒挡工作时,动力经由离合器 1 输入到输入轴 1,经过齿轮 R1 的传递到倒挡轴齿轮 D1,然后倒挡轴齿轮 D2 将动力传递到倒挡齿轮 Cd。因此,需要增加齿轮副 J027 和 J028, J027 为齿轮 R1 和 D1 之间的齿轮副,对应为旋转副 J017 和 J026;J028 为齿轮 D2 和 Cd 之间的齿轮副,对应为旋转副 J018 和 J019。

给输入轴旋转副 J001 定义运动驱动,在"驱动类型"复选框中设置"驱动类型"为"恒定",输入"角速度"为"360"。然后单击"解算方案",设置"时间"为"1","步数"为"50",其他选项默认,运行求解。在运动仿真界面观察各部件的运动情况。对输入齿轮 R1、一级齿轮 D1、二级齿轮 D2 和输出齿轮 Cd 进行运动分析。

从图 7.69 可以看出,倒挡轴具有明显的减速特性,可以在倒挡运行时减速。同时,倒挡轴上的一级齿轮 D1 和二级齿轮 D2 的速度曲线重合,说明这两个齿轮的运行角速度相等。

根据图 7.70 可以查到各个齿轮的转动角速度,计算倒挡时的传动比为

$$i = 90.248/141.818 \times 141.818/360 \approx 0.25$$

这与根据齿数计算的传动比结果相同。

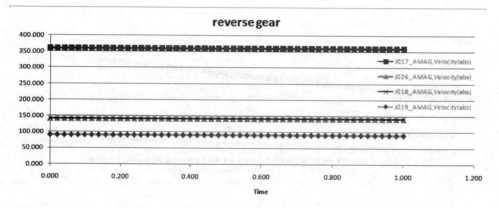

图 7.69   倒挡齿轮运行情况

	A	B	C	D	E	F	G	H	I	J
1					reverse gear					
2	Time Step	drv J001,	drv J003,	TIME_TIME	J017_AMAG	J026_AMAG	J018_AMAG	J019_AMAG, Velocity(abs)		
3	0	0.000	0.000	0.000	360.000	141.818	141.818	90.248		
4	1	7.200	7.200	0.020	360.000	141.818	141.818	90.248		
5	2	14.400	14.400	0.040	360.000	141.818	141.818	90.248		
6	3	21.600	21.600	0.060	360.000	141.818	141.818	90.248		
7	4	28.800	28.800	0.080	360.000	141.818	141.818	90.248		
8	5	36.000	36.000	0.100	360.000	141.818	141.818	90.248		
9	6	43.200	43.200	0.120	360.000	141.818	141.818	90.248		
10	7	50.400	50.400	0.140	360.000	141.818	141.818	90.248		
11	8	57.600	57.600	0.160	360.000	141.818	141.818	90.248		
12	9	64.800	64.800	0.180	360.000	141.818	141.818	90.248		
13	10	72.000	72.000	0.200	360.000	141.818	141.818	90.248		
14	11	79.200	79.200	0.220	360.000	141.818	141.818	90.248		
15	12	86.400	86.400	0.240	360.000	141.818	141.818	90.248		

图 7.70   倒挡轴各齿轮运行速度数值表

利用 UG NX 追踪功能,对倒挡轴的运行情况进行追踪,得到倒挡轴的运行轨迹为绕其中心轴的转动,如图 7.71 所示。

图 7.71   倒挡轴追踪

本章主要对 UG NX 运动仿真模块以及仿真方案的建立进行了介绍,在掌握 DSG 双离合自动变速器原理的基础上,建立了传动机构的仿真分析方案。对前进 6 个挡位以及倒挡进行了运动仿真,对典型挡位的传动特性进行了分析,并通过曲线和数据等方式直观准确地进行了论述,基本完成了 DSG 双离合自动变速器传动机构的运动仿真任务。

第 **8** 章

汽车自动变速器壳体逆向工程设计

本章通过逆向工程 Geomagic 软件,对某型复杂汽车自动变速器壳体激光扫描后获得的点云数据进行逆向造型,获得汽车变速器复杂壳体的三维数字化模型。

8.1　Geomagic 软件特点

1. 建立、完善和优化多边形网格

拥有一套直观的多边形编辑工具(包括一键式自动网格修补工具)、交互式砂纸、曲率敏感光顺和孔洞填补,即使没有完美的扫描数据,也可以创建出高质量的三角网格面模型。智能简化工具在简化数据后保证了高曲率区域的多边形,能够创建更为有效的模型,以用于快速制造和三维打印。

2. 完美扩展现有的 CAD 系统

参数转换器在 Geomagic Studio 和 CAD 系统中提供了一个智能连接,使用户将真正的参数数字模型应用到流行的 CAD 系统中,包括 UG NX、SolidWorks、Pro/E 和 Autodesk Inventor 等。在使用 Geomagic Studio 并与 CAD 系统协同工作的同时,没有必要为了修剪和缝合模型而学习一套新的工具或引进不同的流程,从而不影响标准处理过程。

3. 准确再现设计意图

通过系统内嵌的智能设计功能,Geomagic Studio 能快速获取设计意图且创建优化的、需最少下游编辑的 CAD 曲面。Geomagic Studio 能够自动鉴别解析曲面(平面、圆柱体、圆锥和球体)、扫掠曲面(延伸和旋转)和自由曲面。

4. 利用三维扫描数据创建参数模型

参数转换功能将 Geomagic 模型无缝转换成 CAD 几何特征。通过 Geomagic Studio 将参数曲面、实体、基准和曲线转换到 CAD 系统,而无须中间文件如 IGES 或者 STEP 格式,将节省宝贵的产品开发时间。

5. 约束曲面拟合使下游编辑最少

约束的曲面拟合能进一步精确化处理模型,以更好地捕捉设计意图。可以指定被选曲面的方向矢量,拟合多个不连续区域为单一曲面,使多个曲面共面、同轴和同心。

6. 自动延伸和剪截曲面使模型完善

自动曲面延伸和修剪功能延伸了相邻曲面,使之互相交叉并创建锐边,使模型在 CAD 中能更快更方便地被修改,利用 CAD 系统的强大功能及灵活性,创建真实的倒角半径和倒角边。

7. 交互式重塑物理模型

在三维建模过程早期,交互式的多边形编辑工具增添了雕刻和重塑模型的控制力和灵活性。通过使用一组新的自由式编辑工具,可以雕刻、切割和变形多边形模型上的被选区域。

8. 自动探测并纠正网格错误

在多边形网格上,网格医生自动地探测并纠正错误,最终生成高质量曲面的多边形网格模型,数秒内便能查找并修复成千上万的问题,如果需要,也提供问题区域的手工走查。

9. 能够生成更好的曲面

具有曲率敏感式光顺功能,能够光顺噪声数据区域,同时又维持高曲率区域细微的细节,最终能获得精确描绘对象每个细节的高质量曲面。

10. 填充复杂的孔

当修补十分复杂的孔时,新的切线补孔选项增添了更多的控制力和灵活性;利用 Geomagic Studio 的全套一流补孔技术,能够重建那些缺少扫描数据的区域,这将节省重新扫描对象的时间和费用。

选择"开始"→"程序"→Geomagic Studio 10,就可以进入 Geomagic Studio(以下简称 GEO),如图 8.1 所示。

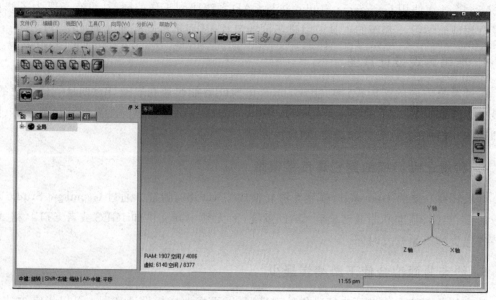

图 8.1　GEO 软件界面

GEO 的主界面包括窗口标题栏、菜单栏、工具栏、工作区、提示栏、状态栏、管理器面板等几个工作区。

8.2　壳体点云数据的处理

这个阶段要做的是对点的质量和数量进行处理,如表 8.1 所列。一般流程为:去除无关点→去除噪声点→点云数量的优化→进行包裹。点云数据主要分为以下几类:①根据扫描设备分类;②根据扫描质量分类;③操作中产生的多余的点。

表 8.1　点云的分类

扫描设备	有序点云	在行列方向上有恒定的密度进行排列
	无序点云	不定的密度在空间的任一位置存在(这样的例子很多)
扫描质量	杂点	杂点就是测量错误的点(不是噪声),是无效的点,放大后就看得出,很明显地离开零件表面,是孤立的点
	噪声点	因为逆向设备与测量方法的缘故,测量数据存在系统误差和随机误差,其中有一些测量点的误差比较大,超出允许范围,这就是噪声点
操作中产生	冗余点	是因拼合或测量角度等问题产生重叠的多余的点。消除这类点,手工和滤波器两种方法就不适用了,而应该结合 Merge/拼合等功能,将特征与特征对齐

选择 GEO→进入主界面→文件→导入→浏览命令,打开扫描得到的原始点云 STL 文件,如图 8.2 所示。

图 8.2　原始点云数据

杂点和噪声点的处理：前面已经介绍了杂点和噪声点产生的原因，对于较少的离散点、杂点，可以手工或使用分离点（图8.3）、轮廓（图8.4）将其选择后再删除。但是此模型复杂，点云中点的数量达到了一百多万且平面较少，故采用去除噪声的方法直接去除误差较大的噪声点。

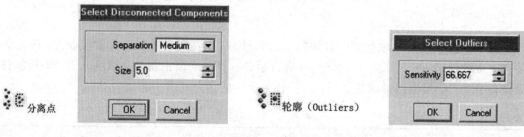

图 8.3　分离点　　　　　　　　　　　　　　　　　　图 8.4　轮廓

分离点是指同一物体上具有一定数量的点形成点群，并且彼此间分离。此命令应用于无序点云。是否将点群定义为群组取决于它们的远近程度和所占整体点云的比例，用于选取杂点将其删除或后续使用。分离程度（Separation）是指影响分离点如何成组，通过使用选项低等、中等、高等来控制远近程度。

轮廓是选择与其他绝大多数的点云具有一定距离的点，参数敏感度是指低数值选择远距离的点，高数值选择的范围广。

因模型较复杂，故在弹出的"管理器面板"中的"减少噪声"的"参数"栏中选取"棱柱形（积极）"，"平滑级别"选择"最大值"，在第二栏"体外孤点"中选择设定的孤点远离表面的距离，并选择"删除"，单击"应用"按钮，如图8.5所示。得到如图8.6所示减少噪声后的模型，可以发现点的数量减少了一部分，所减少的就是噪声点。

点云数量的优化：由于点的数量太多，运行时将占用系统内存并容易产生错误，故需要优化点云的数量。点云数量的优化有4种方式，如图8.7所示，这里采用统一采样，如图8.8所示。

在"统一采样"对话框内，第一栏"输入"中"绝对"间距指的是原点云数据中点的平均距离，可以适当调大些，这样点的密度会适当降低；因为汽车自动变速器上壳体复杂曲面有很多，故将第二栏"优化"栏中"曲率优先"调节至2/3处，然后单击"确定"按钮。这样得到的点云中点的数量又进一步得到优化，如图8.9所示。点云点的数量由一百多万变成96万，这样也提高了操作效率。

封装点云数据：在完成对点云数据的修改和优化之后，单击图标，进行点阶段的最后一步封装。

单击"封装"，弹出"计算封装"对话框，如图8.10所示，在"封装类型"中有两个选项：一个是"曲面"，另一个是"体积"，前者是针对较简单的模型，其封装的时间较短；后者是针对复杂模型的选项，封装的时间长。在这里选择"体积"，单击"确定"按钮。在"高级选项"栏中，"噪声的降低"选择"自动"；当选择体积封装方式时，"计算封装"对话框中"目标三角形""表现""质量"选项都不会被激活，只需单击"确定"按钮，即点云数据进入封装阶段，如图8.11所示。

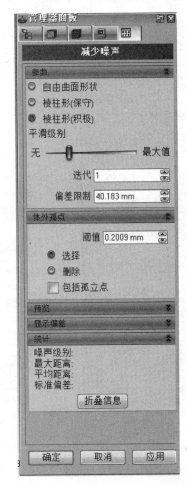

Reduce Noise（去除噪声）

图 8.5　减少噪声

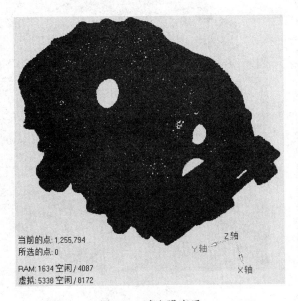

图 8.6　减少噪声后

图 8.7　数据采样

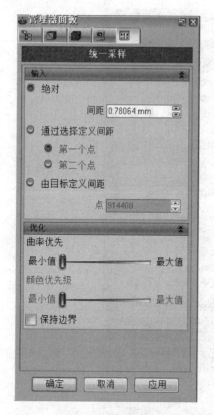

图 8.8 统一采样

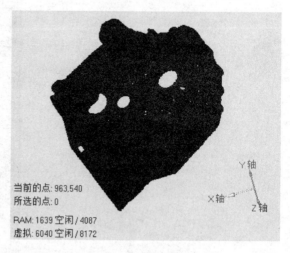

图 8.9 统一采样后的点云数据

图 8.10 "计算封装"对话框

图 8.11 封装阶段

在封装阶段,由于封装的效果较理想,所以不需要在其中进行修正,直接进入多边形阶段,单击"编辑"→"阶段"→"多边形阶段"。

8.2.1　多边形阶段的处理过程

因多边形的修正直接影响曲面生成的质量,所以多边形处理是很重要的一步,其基本流程如图 8.12 所示。

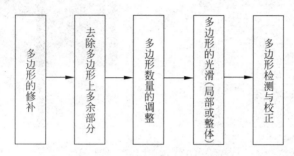

图 8.12　多边形处理基本流程

在上一封装阶段,直接生成的多边形模型如图 8.13 所示。

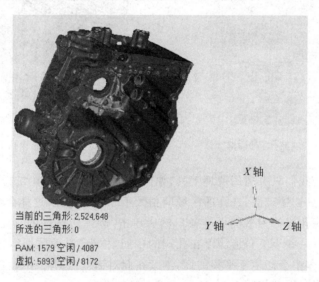

当前的三角形:2,524,648
所选的三角形:0
RAM:1579 空闲 / 4087
虚拟:5893 空闲 / 8172

图 8.13　多边形阶段

可以看到,被扫描变速器上壳体孔洞较多,由于扫描时采用的是激光扫描,有些较小较深的孔洞内部扫描不充分,于是出现了图 8.13 中的浅色孔边缘,这时需要运用填充孔 命令。"填充孔"对话框如图 8.14 所示。

但并不是所有的孔都能一次填补完整,因为扫描时产生的轻微振动对扫描结果的影响或者扫描时激光不能扫描到孔的内壁,所以大多数孔洞的边缘不在一个平面上,如图 8.15 所示,若直接使用填孔命令填充孔,补后的洞将会是个凹凸不平的破面,得到的结果如图 8.16 所示。

图 8.15　边缘不平整的孔

图 8.14　"填充孔"对话框　　　　　图 8.16　直接填充该孔的结果

在这种情况下,我们只有运用清理工具,如图 8.17 所示,首先在"选择"栏中单击"三角形",然后用套索工具选中破面,选择的区域应稍大于原孔的直径(这样会把边缘不平整的边缘删除,为后面的将孔修补为平面做准备),然后单击"删除所选择的",完成效果如图 8.18 所示,可以发现仍有一些小三角形漂浮在孔洞的中间,称为"浮动数据",正是它们的存在导致孔在直接修补过程中会产生不平整的面,继续在此对话框"选择"中选择"浮动数据",然后单击"删除浮动数据",得到如图 8.19 所示清理干净的孔。

在此之后,再次选择"填充"命令,直接单击"孔"得到一个平整的面,完成效果如图 8.20 所示。

模型中的大多数孔基本上都是用此方法填充。由于此模型较复杂,故采用先填补后挖孔的策略。对于挖孔的方法,将在后面介绍。当所有的孔都补上之后,得到的模型如图 8.21 所示。

多边形表面的平滑处理:对模型的孔洞进行修补后,放大模型,有些平面上有粗糙突起物或者小凹坑,这是由于在扫描时模型表面有刻字、模型有破损、模型没有清理干净等原因造成的现象。

图 8.17　"清理干净"命令

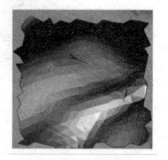

图 8.18　浮动数据图

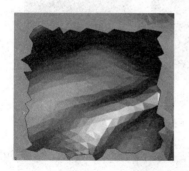

图 8.19　清理干净后的孔

图 8.20　修补的最终结果

Geomagic 里面提供了 4 种解决方法：

（1）利用填孔里面的命令，删除突起物，然后重新填孔，前面已经提到。

（2）使用去除特征命令 ，只在选择三角形的情况下，此选项才会被激活。其实去除特征就是第一种方法的结合。

此时去除特征按钮已被激活 ，或者单击"多边形"→"去除特征"。单击"确定"按钮后得到效果如图 8.22 所示。

（3）砂纸功能。打开砂纸功能 ，得到"砂纸"菜单对话框，如图 8.23 所示，对于突起程度较简单的面使用"松弛"，"强度"设置为 2/3 的位置，若是针对突起或凹陷程度严重的情况，选择"消除"，"强度"同上。顾名思义，"砂纸"就是打磨命令，单击"确定"按钮后的界面是一个圆圈，圆圈内部即打磨区域。此方法只限于突起物，或者向内部褶皱的三角形。

它的含义可以参照曲面的物理特征，其实就是减少控制点的过程，控制点越少，面越光滑，精确度也就越低。打磨过程如图 8.24 所示。

图 8.21　上壳体结合面的孔修补完毕

不需要的凹陷特征　　　　　选择不需要的特征　　　　　消除特征的结果

图 8.22　消除特征过程

图 8.23　"砂纸"菜单对话框

粗糙的突起

打磨界面

打磨后

图 8.24　打磨过程

以此方法，一一寻找表面不平整处并逐一修复。

（4）松弛多边形。也可以用软件提供的"多边形"→"松弛多边形" 松弛(R) 指令一次性光滑整个模型。由于这个模型有不少的杂点数据，下面将使用此指令来实现其光滑。弹出对话框如图 8.25 所示。

在多边形菜单中选择"松弛"，拉动"强度"的滑动杆的值到大概 2/3 位置，然后单击"应用"按钮。经过简短的计算后，模型显著变光滑了。前后拖动"平滑级别"滑动杆进行操作。最后，将值设为"最大值"，并单击 OK 按钮退出指令。

最终结果如图 8.26 所示。

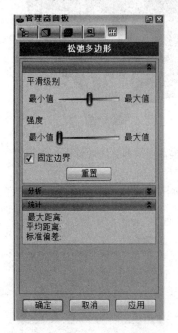

图 8.25　"松弛多边形"对话框

图 8.26　彻底修复后的多边形模型

8.2.2　粗糙多边形的锐化

以上工作完成后，模型表面基本已经变得很光滑，没有太多较严重的凹凸不平。但是经过以上处理后的数据依然不是很完美，模型关键表面并不满足壳体装配条件，比如各个接合面，有些棱角依旧是圆角。此时 Geomagic 的锐化功能提供了帮助，这个工具更直观，可以

延伸曲面以生成一条棱角边,操作步骤如下:

(1)在"多边形"菜单或主工具条中,选择"锐化向导" 。操作界面如图 8.27 所示。"曲率敏感性"默认为"80",为了更好地细分一些小区域,我们设置为 85,其他保持默认,单击"计算区域"按钮,经过计算以后,模型如图 8.28 所示,所有最高曲率的区域都用红色选上了。而在选择之间的区域也以不同的颜色区域表示,这样就很容易看到选择带围起来的区域。

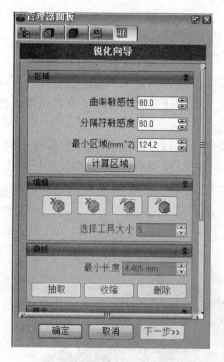

图 8.27 "锐化向导"对话框

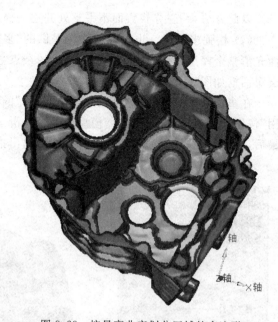

图 8.28 按最高曲率划分区域的多边形

因为我们只进行最关键面的锐化,所以将编辑被红色带所围住的关键区域来告诉软件要忽略哪些已经检测出来的边界。可以按住"Ctrl+套索工具"反选被选择的区域,只留下关键区域。对软件没有计算到,但我们其实需要的曲率红带,可以选择画笔工具或线条工具人工添加高曲率区域的红带。如图 8.29 所示,一旦选择完成形成了一个沿高曲率区域的闭合环,区域内的颜色就会更新改变,表明已经成功地选择这个区域的边界。此时"抽取"按键已经激活,最后单击"抽取"按钮,系统就会自动沿选择带整合一系列的橙色线条,用来描绘最高曲率所在的线。

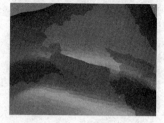

图 8.29 手动编辑红带区域

由于此阶段运行得很慢,所以先抽取再删除不必要的线也是一种选择。此时得到结果如图 8.30 所示。

(2)单击对话框底部的"下一步"按钮,如果需要可以对曲线进行一些编辑以稍微调整曲线的整合情况,也可以删除一些错误创建的曲线。不过,在这里不需要进行什么修改,如图 8.31 所示。

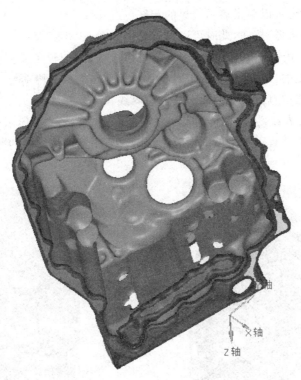

图 8.30　所需划分的接合面

（3）再次单击"下一步"按钮，进入一个相切线延伸的小对话框。单击"延伸"按钮，系统就会在模型上生成一些黑色的相切线。这些相切线描绘了计算出来的开始变形线，或者说是模型曲率发生突变的区域。改变"延伸因子"的值为更高的值（如 1.5），这些线会从橙色线偏移更远的距离。因为后期的生成网格过程中不允许交叉线条的存在，所以这里选择0.5。并编辑修复延伸的黑色线条使其不会相交，最后得到结果如图 8.32 所示。

图 8.31　抽取后的模型

图 8.32　延伸得到的网格

（4）继续单击"下一步"按钮，就到了这一过程的最后一步。在出现的对话框里，单击"更新格栅"按钮。几秒钟后，就会在相切线内部构建一个蓝色的网格面，这便是锐化多边形的预览。如果需要，也可以单击表示边界的紫红色线并修改它的整合情况。在此，接受默认的线并单击"锐化多边形"按钮，此时可以看见模型如图 8.33 所示。

（5）单击"完成"按钮，退出处理过程。通过以上步骤，创建了模型的尖角边，这些边原来是扫描后质量较差的。这个强力的工具也是对处理扫描数据特别有用的工具。这些边界线可以在下面的创建中直接用作曲面布局的边界线。

（6）放大模型的表面，会发现其实表面并不是平面，如图 8.34 所示，这是因为物理模型某些地方有翘曲而不是真正的平面的缘故。这时就要用到这个软件的另一个功能整合到一个平面上。

图 8.33　最终得到的红线围起来的区域

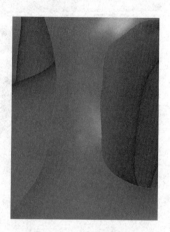

图 8.34　不平整的表面

（7）在刚刚所生成的红色线条内部任意单击一下，然后选择"编辑"→"选择"→"有界组件"命令，这个指令即会选择在红色边界内的三角形，如图 8.35 所示。

（8）当整个面选中以后，选择"多边形"→"基本几何形状"→"拟合到平面"命令，就会出现一个适配整个选择平面的透明平面。单击"确定"按钮，则所有被选择的部分都整合到一个完美的平面上，可以旋转放大检测整合效果，如图 8.36、图 8.37 所示。并对其他关键接合面一一整合，最终得到结果如图 8.38 所示。

图 8.35　选中的有界组件

图 8.36　整合前

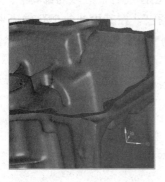

图 8.37　整合后的平面

图 8.38　最终结果

8.2.3　孔的生成和整合

这一阶段将把模型的非规则的孔整合成指定半径的孔。

（1）在之前的补孔过程中，选择"工具"→"特征"→"创建特征"命令，进入"创建特征"对话框，"类型"栏中选择 ⚪，"方法"栏选择 🔲（最佳拟合），"方法输入"选择 🔲（边界），"操作"栏选择"定义边界"→"全部"，这时单击修补第一次后再次删除时的孔，输入实际测量半径，此时可以创建特征，并再次修补，最终结果如图 8.39 所示。

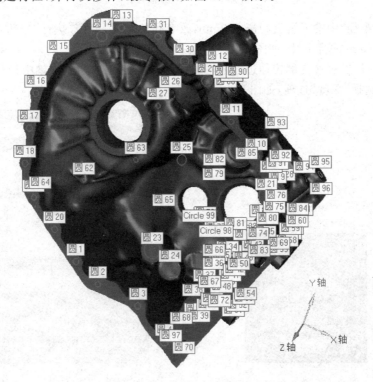

图 8.39　创建了所有孔的特征

（2）再次打开此文件时，为了方便操作，选择"管理器面板"里面的"模型管理器"，选择"特征"，然后单击右键，选择"隐藏"。整合孔时，需要删除之前创建的特征区域的圆，在"边界"菜单中，选择"创建/拟合孔"。在对话框的选项中，选择"拟合孔"。在其中的一个孔的边界上单击一下，就会看见一个表示垂直向量的箭头并且系统会检测到孔的半径，如图 8.40 所示。

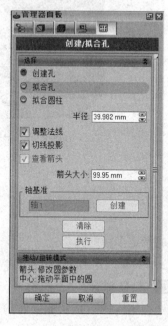
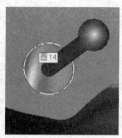

图 8.40　创建/拟合孔

（3）在"半径"中输入测量距离 8.0mm，改变孔的尺寸，单击"执行"按钮，则孔会重新整合为半径是 8mm 的标准孔，如图 8.41 所示。

（4）下一步通过往内部拉伸边界来增加孔的深度。在"边界"菜单中选择"伸出边界"，在对话框中选择"深度"选项，如图 8.42 所示。

图 8.41　整合后的孔　　　　　图 8.42　"伸出边界"对话框

（5）单击其中一个孔的边界，在"深度"中输入测量实际深度 33mm，并打开"封闭仰视"选项。这样一个用来预览的白色拉伸如图 8.43 所示，单击"执行"按钮，完成效果如图 8.44 所示。

图 8.43　白色拉伸

图 8.44　孔创建成功

（6）对所有孔进行上述操作，得到最终结果如图 8.45 所示。

通过以上步骤就可以创建一个完全封闭的实体模型了，要验证这一点，在"分析"菜单中，选择"计算体积"。此时计算的体积如图 8.46 所示，若显示是 0，那么表示这个模型某个地方还有一个孔。此时已经成功修补好了这个模型，并可以保存成一个封闭实体的 STL 文件，或进入下一步生成曲面，并实现实体化。

图 8.45　创建全部孔的模型

图 8.46　计算得到的体积

8.3　曲面模型的创建

在此多边形模型上只需要四个步骤来创建一个曲面：

（1）检测曲率；

（2）构造曲面片；

（3）构造格栅；

（4）生成曲面。

8.3.1　检测曲率

与前述中的多边形锐化步骤类似，在这之前将此多边形阶段进入到形状阶段，选择"编辑"→"阶段"→"形状阶段"命令。

首先需要开始加亮最高曲率的部分，单击■■■按钮。此指令会自动根据曲面的曲率生成轮廓线。单击"计算"按钮后，会生成同锐化阶段一模一样的红带。划分后如图 8.47 所示。

图 8.47　规则的划分区域

单击"抽取"按钮，可以生成按划分区域红带得到的轮廓线，然后单击"确定"按钮，得到橘黄色轮廓线，如图 8.48 所示。

8.3.2　构造曲面片

运行曲面片工具■，弹出对话框，选择"自动估计"选项，软件会自动评估模型曲率分布的复杂度并显示出必需数目的轮廓线。单击"确定"按钮，得到如图 8.48 所示的曲面片模型。可见模型上有很多黑色的轮廓线，这是软件自动检测出来的曲面片，这些曲面片的轮廓线会因为模型表面构造的关系和窄平面的突出而产生相交情况，若直接构造栅格，会导致 8.3.4 节生成的曲面中有些曲面会丢失，从而导致不能在 UG NX 软件里面缝合成实体。这里需要修补生成的曲面片，以防曲面片的轮廓线相交。

逐一处理直到曲面片布局排列得相当整齐，这得益于构造曲面片之前使用了构造轮廓线来定义面板，但是仍然有些局部曲面片需要编辑。

选择"移动面板"■。因为我们的轮廓线形成了闭合环，所以通过很简单的重排就可以生成一个更工整的曲面片布局。"移动面板"对话框如图 8.49 所示。

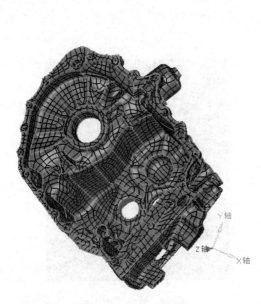

图 8.48　构造曲面片

图 8.49　"移动面板"对话框

操作/类型分为 2 栏,当重新填充曲面片时,使用定义来重新定义曲面片;添加 2 条路径是当曲面片内部分布不均匀时,用来均衡曲面片;编辑主要是用来移动黄色轮廓线的顶点,它们的共同作用是为了使曲面片分布得更加均匀和美观,后期的实体化也会很顺利。

"类型"一栏中主要是重新定义曲面片类型,如图 8.50 所示。

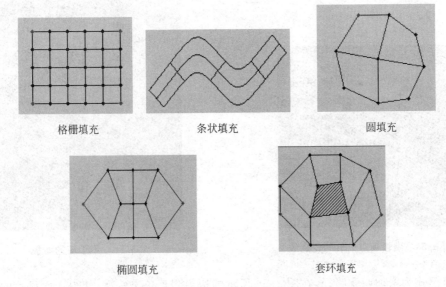

图 8.50　重新定义曲面片类型

对于以上五种方式,只有按照规则定义轮廓线后期填充面板时才会生成较完美的曲面片。以下取几个典型的局部作为说明。如图 8.51 所示轮廓线有曲折,导致其附近曲面片质量较低,首先在轮廓线中单击一处选中该曲面片,可以见到内部曲面片线条变成白色,如图 8.52 所示。单击"编辑"选择其中的"移动顶点",移动图 8.52 中的曲折轮廓线弯折处的折点,将其变成一条直线,如图 8.53 所示。

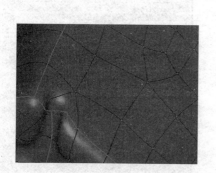

图 8.51　有弯折的轮廓线

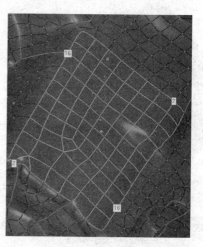

图 8.52　被选中的面板

当处于白色加亮时单击四个角。当单击每个角时会随之在角上出现一个小红圈。当所有的四个角都被选中之后,模型如图 8.54 所示,红色和绿色的数字指示在面板中相应边上的曲面片数。当数字是绿色时,表明曲面片数目和对边一样或者说是平衡的。当数字是红色时,则表明是不相等的或者说是不平衡的,要重排这个面板,对边的数字必须是相等的。当两对曲面片数相等时,面板便是平衡的,并能够自动重组矩阵或曲面片的栅格。

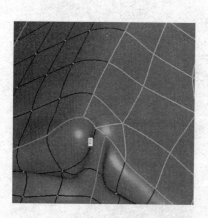

图 8.53　编辑顶点以后的轮廓线

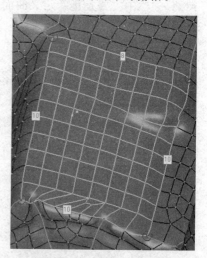

图 8.54　不平衡的面板

改变模式为增加两条路径,在图 8.54 所示的边界附近单击一次,使得上面显示的"8"变为同下方"10"相同的曲面片从而达到平衡。这样这个面板中每边都有 10 个曲面片(如果选错了角,直接按 Ctrl＋Z 组合键撤销此次操作)。

当增加路径后,两对边的数目都相等且平衡了,同时颜色也变成绿色,这意味着面板已经重排成功。首先,把"类型"设为"栅格",这是对这种面板最好的描述形式。然后单击"执行"按钮,则面板会重组成一个有序的类似栅格的样式,如图 8.55 所示。注意:如果打开了"自动分布"选项,那么当单击"执行"按钮后,端点会在每一条边上平均分布。

当对此布局满意后,单击"下一个"按钮,以重排下一个面板,直到全部修复完毕,最后单击"确定"按钮,退出该对话框,得到模型如图 8.56 所示。

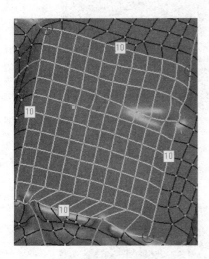

图 8.55　平衡的面板

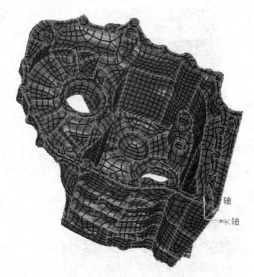

图 8.56　修补完毕的曲面片模型

另外,还可以用以下工具软件自动优化轮廓线或曲面片边界:在工具条上单击"松弛轮廓线"〰图标,这个命令将有助于拉直轮廓;然后再单击"松弛边界"▦线性图标,这个命令有助于平均边界的间距。以上步骤都完成后将进入构造格栅阶段。

8.3.3　构造格栅

这一步较为简单,主要是在每个曲面片中构造小格栅为生成面做准备。在"格栅"菜单中选择"构造格栅",对话框如图 8.57 所示。将"分辨率"设置为"20"(格栅的范围是 80～100,这个数字越高,曲面的精度就越高。较低的数目生成较光滑的曲面。格栅数不影响最终生成的 igs 文件的大小),并单击"确定"按钮。这个操作将在每个曲面片内部铺设 U-V 格栅网,后期生成的 NURBS 曲面的控制点也是根据这些格栅而来,得到效果如图 8.58 所示。

8.3.4　生成曲面

这是从点云模型到多边形模型,再到曲面模型的最后一步,在 NURBS 菜单中选择拟合曲面,弹出如图 8.59 所示的"拟合曲面"对话框。"最大控制点数"不要设置得太高,可以设置为"12",而"表面张力"的值设为"0.15",单击"确定"按钮。由于此模型较复杂,等待一段时间后,这个操作自动在格栅网上整合出一个连续的 NURBS 曲面,至此曲面模型终于完成。最终结果如图 8.60 所示。

图 8.57　"构造格栅"对话框

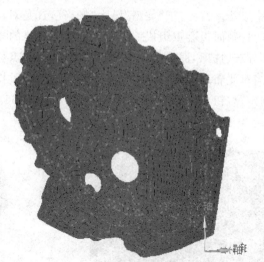

图 8.58　构造格栅的模型

图 8.59　"拟合曲面"对话框

图 8.60　最终生成的曲面模型

　　最后将其保存为 igs 或者 stp 文件,为下面进行的在 UG NX 系统中缝合成实体模型做好了准备。

8.4　实体模型的创建

　　进入 UG NX 6.0 操作界面,打开经过 igs 格式转换后的模型,如图 8.61 所示。

　　图 8.61 显示的是静态线框,为了更直观地查看曲面片,选择工具栏 ,并选择"带边着色",得到带边着色的面,如图 8.62 所示。

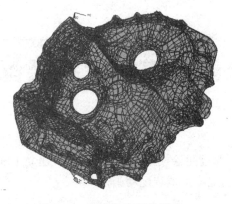

图 8.61 格式转化后的模型

图 8.62 带边着色的面

可以看到有很多单独的曲面,但是它们都是片体,需要将它们缝合(缝合是通过将公共边缝合在一起来组合片体,或通过缝合公共面来组合实体)成一个封闭的面,这样系统就会自动生成实体模型。单击 UG NX 工具栏里的"插入"→"组合体"→"缝合"或者工具栏里的 **缝合** 图标进行缝合操作,任选一片作为目标体,全选所有的其他单独片体作为刀具体(可以在系统中采取缩小模型后直接用鼠标框选的方式),单击"确定"按钮生成实体模型,如图 8.63 所示。

图 8.63 缝合生成的实体模型

因为 igs 文件转化中会导致原本的三角形产生变形,从而影响缝合是否能生成实体。可以通过"分析"中的"测量体"来检测缝合后的缝合体是否已经生成实体。打开后选择实体,若能选中即证明已经生成了实体,得到测量体分析信息如图 8.64 所示。

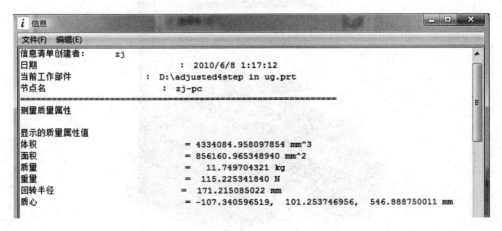

图 8.64 测量体分析信息

至此,就完成了对汽车自动变速器壳体从激光扫描的原始点云数据到实体模型的逆向造型设计过程。

第9章

DSG 自动变速器离合器建模与虚拟装配

本章在三维建模分析软件 UG NX 环境下,通过测绘或逆向工程的方法,建立 DSG 变速器双离合器三维数字化模型,并实现虚拟装配,完成虚拟装配动画。

9.1 DSG 自动变速器基本结构和原理

DSG 自动变速器采用两套离合器,通过两套离合器的相互交替工作,达到无间隙换挡的效果。两组离合器分别控制奇数挡与偶数挡,具体来说就是在换挡之前,DSG 已经预先将下一挡位齿轮啮合,在得到换挡指令之后,DSG 迅速向发动机发出指令,发动机转速升高,此时先前啮合的齿轮迅速接合,同时第一组离合器完全放开,完成一次升挡动作,后面的动作依次类推。图 9.1 和图 9.2 是其工作原理示意图和构造剖析图。

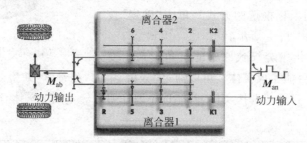

图 9.1　双离合器工作原理示意图

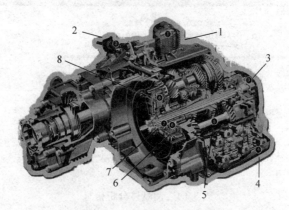

图 9.2　DSG 变速器构造剖析图

1—机油冷却器;2—换挡机构;3—油泵;4—机电控制器;5—倒挡轴;6—输入轴;7—输入轴;8—湿式离合器

多片式双离合器内部结构如图 9.3 所示。DSG 变速器有 2 根同轴心的输入轴,输入轴 1 装在输入轴 2 里面。输入轴 1 和离合器 K1 相连,输入轴 1 上的齿轮分别和 1 挡齿轮、3 挡齿轮、5 挡齿轮相啮合;输入轴 2 是空心的,和离合器 K2 相连,输入轴 2 上的齿轮分别和 2 挡齿轮、4 挡齿轮、6 挡齿轮相啮合;倒挡齿轮通过中间轴齿轮与输入轴 1 的齿轮啮合。通俗地讲,离合器 K1 负责 1 挡、3 挡、5 挡和倒挡,在汽车行驶中一旦用到上述挡位中任何一挡,离合器 K1 是接合的;离合器 K2 负责 2 挡、4 挡和 6 挡,当使用其中的任一挡时,离合器 K2 接合。

DSG 变速器的挡位转换是由挡位选择器来操作的,挡位选择器实际上是个液压马达,推动拨叉就可以进入相应的挡位,由液压控制系统控制它们的工作。在液压控制系统中有 6 个油压调节电磁阀,用来调节 2 个离合器和 4 个挡位选择器中的油压压力,还有 5 个开关电磁阀,分别控制挡位选择器和离合器的工作。

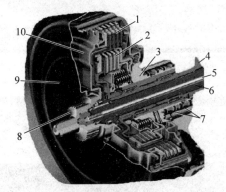

图 9.3　多片式双离合器内部结构

1—离合器 K1;2—离合器 K2;3—主轴套;4—输入轴 2;5—驱动轴 ATF;
6—输入轴;7—旋转进油口;8—输入轴套;9—外壳;10—驱动盘

9.2　离合器参数化建模

9.2.1　离合器 K1

1. 离合器 K1 摩擦片建模

(1) 选择“开始”→“程序”→UGS NX6.0 选项,如图 9.4 所示,单击左上角“新建”功能,如图 9.5 所示,新建一个名为“K1-mocapian”的文件,选择好路径,单击“确定”按钮就可以进入 UG NX 界面,如图 9.6 所示。

(2) 单击“图层设置”按钮,出现如图 9.7 所示对话框,将工作层设置为 21 层,单击“草图”按钮,出现如图 9.8 所示对话框,在 X-Y 平面上新建一个草图。这样就进入 UG 的草图功能界面,如图 9.9 所示。

(3) 利用图 9.10 所示“草图工具”,在草图界面内建立如图 9.11、图 9.12 所示的草图。

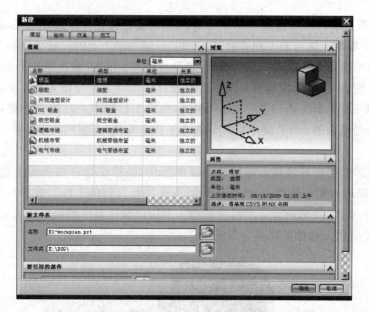

图 9.4　"新建"对话框

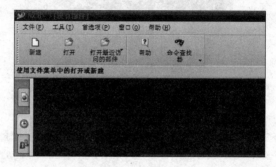

图 9.5　新建文件

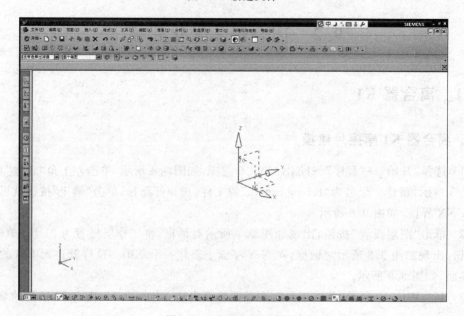

图 9.6　UG NX 图形界面

图 9.7　"图层设置"对话框　　　　　　　　图 9.8　"创建草图"对话框

图 9.9　UG NX 草图界面

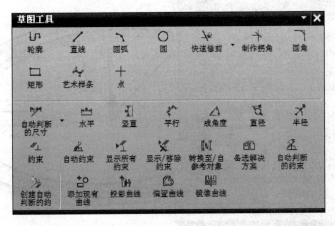

图 9.10　草图工具

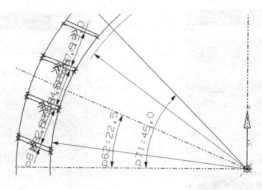

图 9.11　草图(一)

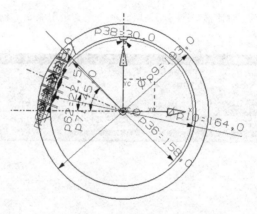

图 9.12　草图(二)

（4）单击"完成草图"，进入建模模块，单击"拉伸"按钮，如图 9.13 所示，选择圆环，设置拉伸方向，设置拉伸开始及结束位置，单击"确定"按钮，完成拉伸成形的模型如图 9.14 所示。

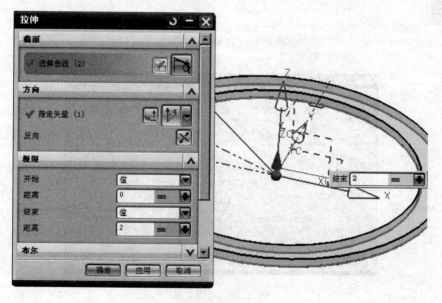

图 9.13　拉伸操作

（5）再次选择"拉伸"操作，拾取曲线，选择方向和厚度，生成如图 9.15 所示特征；如图 9.16 所示，选择圆形阵列；如图 9.17 所示，选择拉伸特征；如图 9.18 所示，设置"数量"和"角度"，生成如图 9.19 所示模型。

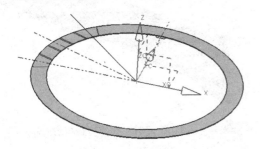

图 9.14　拉伸完成

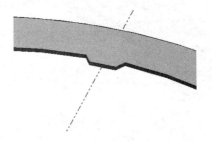

图 9.15　拉伸特征（一）

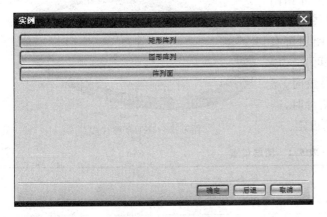

图 9.16　圆形阵列

图 9.17　选择拉伸特征

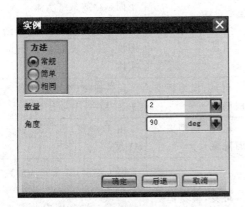

图 9.18　输入数量及角度

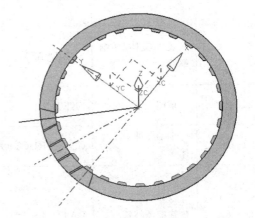

图 9.19　完成阵列

（6）再次选择"拉伸"操作，生成如图 9.20 及图 9.21 所示特征。

（7）再次进行圆周整列，生成如图 9.22 所示模型。

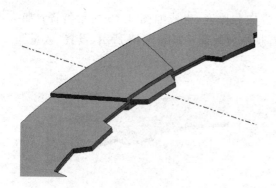

图 9.20　拉伸特征(二)

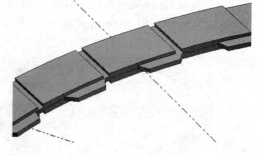

图 9.21　拉伸特征(三)

至此 K1-mocapian 模型已经建立完成。

参考 UG NX 三维建模规范,下面介绍图层设置,种子文件中已分类命名的图层的设置不可作任何修改。UG NX 中,每一图层可有四种状态:工作、可选、可见、隐藏不可见。层的具体设置见表 9.1。在创建几何对象时,需按表中的设置放置几何对象;模型交付时,需按最终提交时的层状态设置进行层的设定。

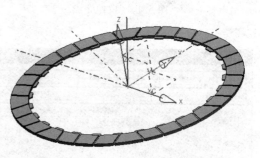

图 9.22　K1 摩擦片模型

表 9.1　图层设置

图　层	内容描述	目　录	最终提交时的层状态	备　注
1~20	实体	MODEL	可选	建模时,1 层为默认工作层(也是提交时的默认层,下同),存放最终实体
2	装配实体/详细螺纹	SOLID_ASM	可选	用于变形零件以及详细螺纹,存在装配状态下的实体
21~40	草图	SKETCH	可见,模型提交时隐藏	用于建模,草图默认放置于 21 层
41~60	曲线、曲面、片体等	CONSTRUCTION	可见,模型提交时隐藏	用于建模,默认放置于 41 层
61~80	基准类特征	DATUM	可见,模型提交时隐藏	用于建模,基准默认放置于 61 层 用于二维制图中的参考线(包括草图与链接的曲线),默认放置于 70 层
81~85	三维文本、注释	ANNOTATION	可见	用于建模,默认放置于 81 层

续表

图　　层	内容描述	目　　录	最终提交时的层状态	备　　注
86～90	钣金	SHEET_METRAL	可见	86 层存放展开的部件及最终版本
91～100	Wave 几何	WAVE	可见,模型提交时隐藏	用于建模,Wave 的草图及曲线默认放置于 91 层,Wave 的面默认放置于 92 层,Wave 的体默认放置于 93 层。Wave 的基准面以及基准轴看作为基准类特征,放置于 61 层
101～120	电气数据	ELECTRIC	隐藏	
121～130	NC 数据	CAM	隐藏	CAM 时,121 为工作层
131～140	有限元和运动学等 CAE 数据	CAE	隐藏	CAE 时,131 为工作层
141～149	保留	RESERVED	隐藏	
150	图框、标题栏视图	DRAWING	可见	用于制图
151	二维尺寸	DRAWING	可见	制图时,151 层为 Work 层
152	二维符号(如表面粗糙度,焊缝等)	DRAWING	可见	用于制图
153	技术条件	DRAWING	可见	
154～254	保留	RESERVED	隐藏	
255	临时几何	TEMPORARY	隐藏	归档时所有的对象需删除

　　现在我们将实体部分选中,如图 9.23 所示,移动到 1 层,然后将层 1 设置为工作层,将21 层草图和 61 层基准设置为不可见。

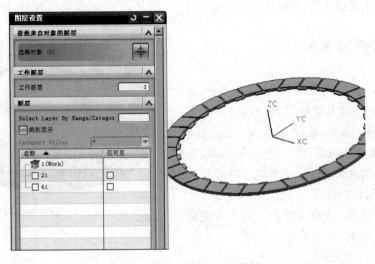

图 9.23　"图层设置"对话框

到此为止,整个 K1-mocapian 建模过程结束,单击"保存"按钮,退出 UG NX 软件。

2. 离合器 K1 壳体建模

离合器 K1 壳体的建模过程本书不赘述,通过 UG 的草图功能和特征建模的应用就可以完成对模型的建立,图 9.24 所示为壳体内部,图 9.25 所示为壳体外部特征。离合器 K1 压盘如图 9.26 所示。离合器 K1 压片如图 9.27 所示。

图 9.24　K1 壳体内部　　　　　　　　图 9.25　K1 壳体外表面

图 9.26　K1 压盘　　　　　　　　　　图 9.27　K1 压片

离合器 K1 建模工作结束,共有 K1 壳体 1 个,摩擦片 4 片,压片 5 片,压盘 1 片。

9.2.2　离合器 K2

离合器 K2 共有壳体 1 个,摩擦片 5 片,压片 6 片,压盘 1 片。本书省略了离合器 K2 各部件的建模过程。相关部件模型有 K2 壳体,图 9.28 所示为壳体内部,图 9.29 所示为 K2 壳体外表面。图 9.30 所示为 K2 摩擦片。图 9.31 所示为 K2 压盘。图 9.32 所示为 K2 压片。

至此离合器 K2 建模完成。一共 1 个壳体,6个摩擦片,7 个压片,1 个压盘。

图 9.28　K2 壳体内部

图 9.29　K2 壳体外表面

图 9.30　K2 摩擦片

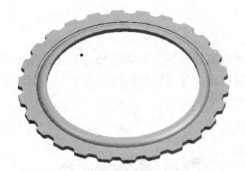

图 9.31　K2 压盘

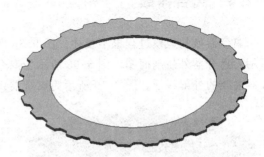

图 9.32　K2 压片

9.2.3　驱动盘

驱动盘在离合器中是一个建模过程比较复杂的部件,其圆形特征比较多,所以我们要做的就是测出很多圆特征的半径,通过草图画出它的断面,通过特征操作旋转来得到模型,再对模型进行细化,便得到最终的模型。图 9.33 所示为驱动盘的等二轴测视图,图 9.34 所示为驱动盘的侧视图,图 9.35 所示为驱动盘的仰视图。

图 9.33　驱动盘

图 9.34　驱动盘侧视图

图 9.35　驱动盘仰视图

9.2.4　离合器鼓

　　离合器鼓的建模过程也不赘述。图 9.36 所示为离合器外鼓的等二轴测视图。图 9.37 所示为离合器外鼓剖面图。图 9.38 所示为离合器内鼓的等二轴测视图。图 9.39 所示为离合器内鼓的外部特征。图 9.40 所示为离合器内鼓的半剖面图。

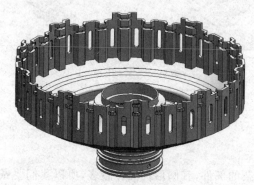

图 9.36　离合器外鼓

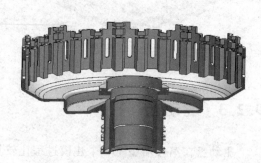

图 9.37　离合器外鼓剖面

图 9.38　离合器内鼓内部

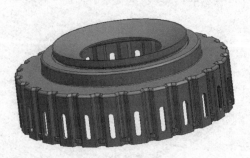

图 9.39　离合器内鼓外部

图 9.40　离合器内鼓剖面

9.2.5　离合器内部构件

离合器内部构件如图 9.41～图 9.46 所示。图 9.41 所示为离合器 K1 的膜片弹簧。图 9.42 所示为膜片弹簧剖面图。图 9.43 所示为密封圈。图 9.44 所示为回位弹簧底座。图 9.45 所示为回位弹簧上顶座。图 9.46 所示为 K2 的周布回位弹簧。

图 9.41　离合器 K1 膜片弹簧

图 9.42　膜片弹簧剖面

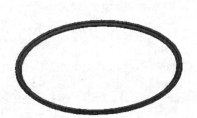

图 9.43　密封圈

图 9.44　回位弹簧底座

图 9.45　回位弹簧上顶座

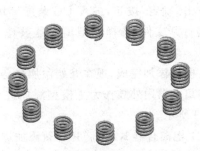

图 9.46　K2 周布回位弹簧

9.3　离合器虚拟装配

9.3.1　离合器各部件总装

（1）打开 UG，新建一个名为 zongzhuang 的装配文件，如图 9.47 所示。

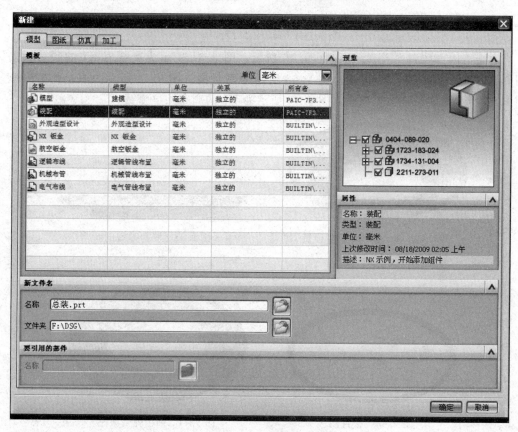

图 9.47　新建装配文件

单击"确定"按钮，进入 UG 装配模块。弹出"添加组件"对话框，如图 9.48 所示。首先单击打开文件，选择模型离合器鼓作为主模型。通过装配约束条件，将主模型定位于原点。

主模型添加完成，现在开始添加剩余的组件。

将离合器内外鼓作为主模型添加进装配文件中。为了方便操作，模型用剖面显示，如图 9.49 所示。

（2）把离合器 K1 的膜片弹簧添加进装配模型，"添加组件"选择膜片弹簧，如图 9.50 所示，然后对膜片弹簧进行约束，如图 9.51 所示，并定位到主模型中，如图 9.52 所示。

（3）通过上述步骤已经把膜片弹簧添加到装配模型当中，现在需要把膜片弹簧下底座添加到模型中，同前面的操作，选择模型，如图 9.53、图 9.54 所示，对该组件进行约束。

图 9.48　"添加组件"对话框

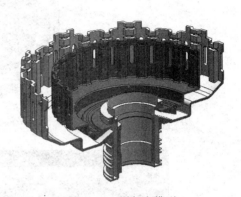

图 9.49　添加主模型

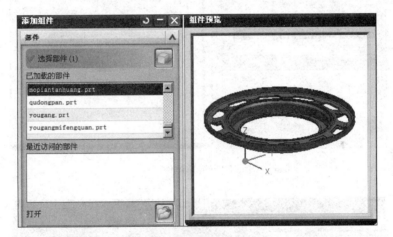

图 9.50　选择膜片弹簧

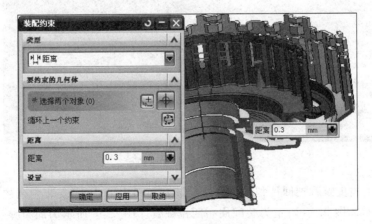

图 9.51　约束膜片弹簧

图 9.52　完成膜片弹簧装配

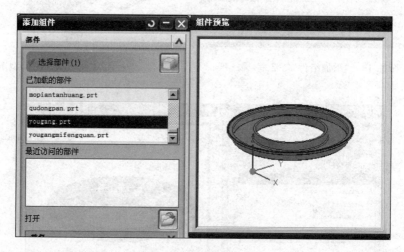

图 9.53　选择组件底座

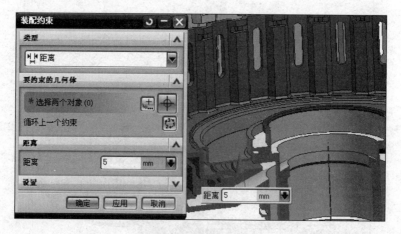

图 9.54　对组件底座约束

　　（4）通过上述步骤就把回位弹簧下底座安装到模型中了，下面安装剩余的组件，操作过程不再一一展示。图 9.55 所示为装配周布回位弹簧。图 9.56 所示为周布弹簧装配好的效果图。图 9.57 所示为安装周布弹簧顶座。图 9.58 所示为安装 K2 壳体。图 9.59 所示为装配 K2 摩擦片和压片。图 9.60 所示为摩擦片和压片安装完成的效果。图 9.61 所示为安装 K1 压片。图 9.62 所示为安装 K1 摩擦片。图 9.63 所示为 K1 摩擦片和压片安装完成效果。图 9.64 所示为安装 K1 壳体。图 9.65 所示为安装驱动盘。在安装完驱动盘后，整个离合器就安装完成。图 9.66～图 9.68 都是离合器总成的剖面图。图 9.69 所示为离合器总成的等二轴测视图。

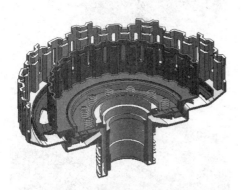

图 9.55　装配周布回位弹簧

图 9.56　周布回位弹簧装配完成效果

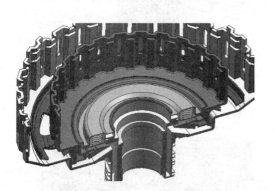

图 9.57　装配周布弹簧顶座

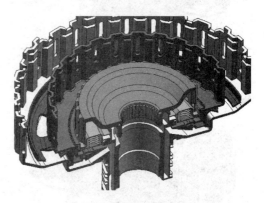

图 9.58　装配 K2 壳体

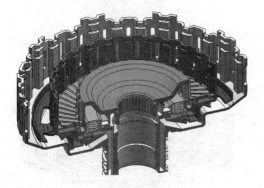

图 9.59　装配 K2 摩擦片和压片

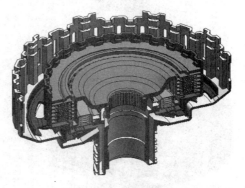

图 9.60　K2 装配完成效果

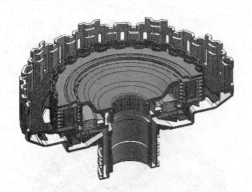

图 9.61　装配 K1 压片

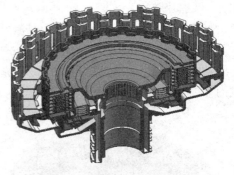

图 9.62　装配 K1 摩擦片

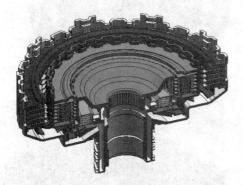

图 9.63　K1 各盘片安装完成效果

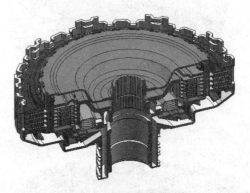

图 9.64　装配 K1 壳体

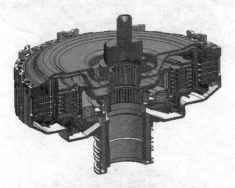

图 9.65　装配驱动盘

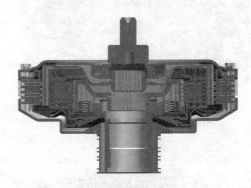

图 9.66　装配完成（一）

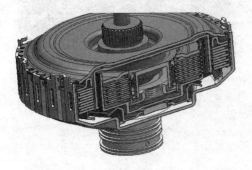

图 9.67　装配完成（二）

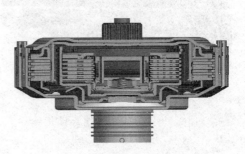

图 9.68　装配完成（三）

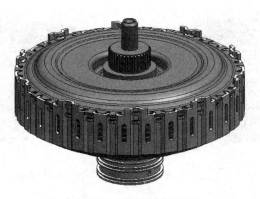

图 9.69　装配总体图

9.3.2　虚拟装配动画制作

根据 9.3.1 节对装配序列功能的介绍,下面根据装配序列制作 DSG 自动变速器的离合器的装配动画。

(1) 单击 按钮,新建一个名为 DSG-1 的序列。为了便于观察,将离合器对半剖切显示。

(2) 开始对部件一个一个进行拆除。如图 9.70 所示,选中第一个组件驱动盘,然后单击 按钮,选择 拆卸,此时驱动盘就被拆卸掉了,如图 9.71 所示。

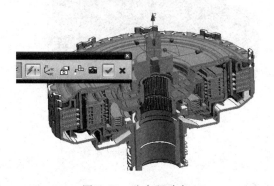

图 9.70　选中驱动盘

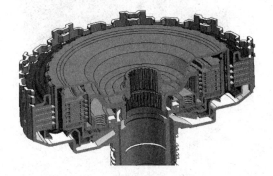

图 9.71　拆卸驱动盘

(3) 剩余组件也用同样的方式进行拆除,最后剩下离合器鼓,如下列拆卸图所示。图 9.72 所示为 K1 壳体被拆卸。图 9.73 所示为开始拆卸 K1 和 K2 各盘片。图 9.74 所示为 K1 和 K2 各盘片被拆卸结束。图 9.75 所示为 K2 壳体被拆卸。图 9.76 所示为回位弹簧顶座被拆卸。图 9.77 所示为周布回位弹簧被拆卸。图 9.78 所示为回位弹簧下底座被拆卸。图 9.79 所示为膜片弹簧被拆卸。至此整个离合器就拆卸完成。

最后,在工具栏中选择"工具(T)"→"导出至电影(X)",将装配序列回放生成的装配动画保存到自定义文件夹中,生成 AVI 格式动画。

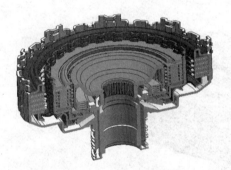

图 9.72　拆卸 K1 壳体

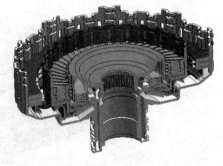

图 9.73　拆卸 K1 和 K2 各盘片

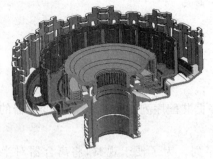

图 9.74　拆卸 K1 和 K2 各盘片

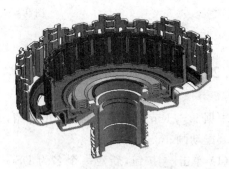

图 9.75　拆卸 K2 壳体

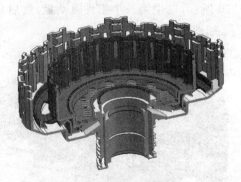

图 9.76　拆卸回位弹簧顶座

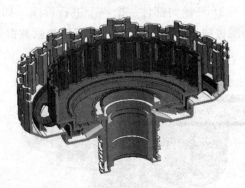

图 9.77　拆卸周布回位弹簧

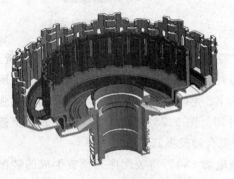

图 9.78　拆卸回位弹簧下底座

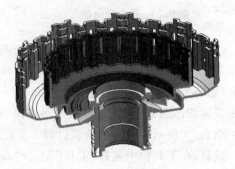

图 9.79　完成拆卸

基于热应力场耦合的涡旋压缩机动、静涡盘有限元分析

本章通过建立某型汽车空调压缩机三维数字化 CAD 模型，对动、静涡盘数字模型进行数值理论计算，分别研究了涡轮动、静盘的应力和变形分布规律，并从热应力、气体压力和热-力耦合三个方面分析动、静盘的等效应力和涡旋齿轴向变形等计算结果。

10.1　涡旋压缩机概述

涡旋压缩机是一种利用容积的变化来实现气体压缩的新型流体机械。主要由固定涡旋体（静盘，又称静涡旋盘）、动涡旋体（动盘，又称动涡旋盘）、止推机构（由钢球、定珠圈和止推垫片组成）、偏心回转机构（由曲轴、偏心套、滚针轴承组成）、密封装置及排气阀片等组成。涡旋压缩机的离合器主要由驱动盘、带轮（含带轮轴承）、线圈和固定卡簧等组成，其作用是通过驱动带把来自发动机的动力传输给空调压缩机。当离合器的线圈通电后，产生的磁力把离合器带轮和驱动盘锁住，再通过曲轴的转动带动空调压缩机内部的动盘运转，产生压力，使制冷剂循环，当线圈断电时，空调压缩机曲轴停止转动，制冷剂也停止循环。涡旋压缩机整体结构如图 10.1 所示。

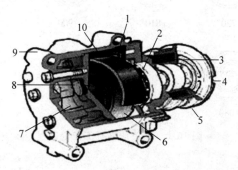

图 10.1　涡旋压缩机整体结构
1—静盘；2—止推与偏心回转机构；3—离合器线圈；4—离合器驱动盘；5—离合器带轮；
6—动盘；7—排气腔；8—排气阀片；9—机壳；10—吸气腔

10.2　涡旋压缩机工作原理

　　涡旋压缩机的动、静涡盘由相同的渐开线型构成,两者偏心一定距离相位错开 180°对插在一起,两涡旋盘上涡旋齿之间的多点啮合形成了多个封闭的月牙形工作腔容积,当偏心曲轴转动时,在防自转机构的作用下,动盘的中心(基圆中心)围绕静盘的中心(基圆中心)以一定的半径作圆周运动,但动盘本身只作平动,最外圈的一对工作腔随着动盘的运动,逐渐张开,压缩机开始吸气,随着偏心曲轴的转动,吸气腔由小到大,又由大到小,逐渐关闭,整个吸气过程中,偏心曲轴正好运动一周。随着偏心曲轴的转动,气体不断被往中心驱赶,体积越来越小,最终被压缩到中心压缩腔,当压力达到排气压力时,压缩机就开始排气。

　　但就某一腔气体来说,从吸气开始到排气终了,曲轴大约转动了 3 圈,但由于动、静盘间有几对对称腔室,曲轴每转一周,压缩机均完成一次吸排气过程。图 10.2 表示压缩机从吸气开始到排气终了的全过程。

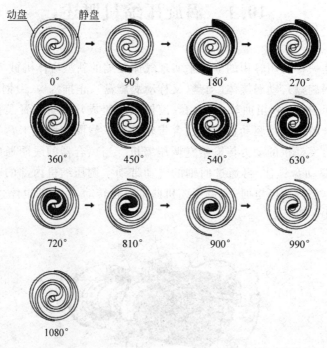

图 10.2　涡旋压缩机工作全过程

10.3　动、静盘模型前期处理及其模型分析

10.3.1　实体建模

　　进行有限元分析首先要建立三维实体模型,本案例是利用专业的造型软件 CATIA 建

模,另存成 igs、sat、step 等格式,然后直接导入 ABAQUS 软件中(推荐使用 step 格式导入)。这种方法优点是建模快速,对于细节问题(比如倒角等)处理得也比较好,如果是由于模型的问题而导致分析出现错误,可返回到原来的造型软件中进行修改,比较方便。图 10.3、图10.4 分别是导入的动、静盘模型。

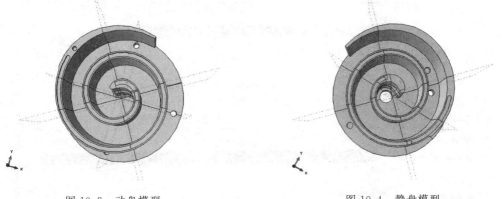

图 10.3　动盘模型　　　　　　　　图 10.4　静盘模型

10.3.2　材料属性

动、静盘的材料为铝合金 4032,其各项属性参数均来自《铝及合金材料手册》,如表 10.1 所列。

表 10.1　动、静盘属性参数

属 性 参 数	动 涡 盘	静 涡 盘
弹性模量/GPa	79	79
泊松比	0.33	0.33
密度/(g·cm^{-3})	2.68	2.68
屈服强度/MPa	315	315
拉伸强度/MPa	380	380
热传导系数/(W·m^{-1}·K^{-1})	141	141
比热容/(J·kg^{-1}·K^{-1})	864	864
线膨胀系数/(10^{-6}·K^{-1})	19.5	19.5

在属性设置模块为模型添加弹性模量、泊松比等材料属性,如图 10.5 所示。

10.3.3　网格单元

计算中包括传热分析和静力分析两个部分,因此"单元控制属性"分别采用传热单元 DC3D4 和结构计算单元 C3D4,如图 10.6 所示。

网格划分方式保持一致,单元长度为 1mm,动盘划分单元数为 699 700,静盘划分单元数为 1 073 305,如图 10.7 和图 10.8 所示。

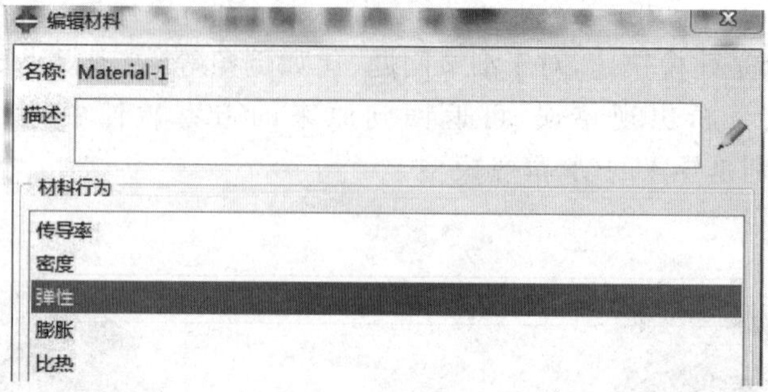

图 10.5　材料属性设置

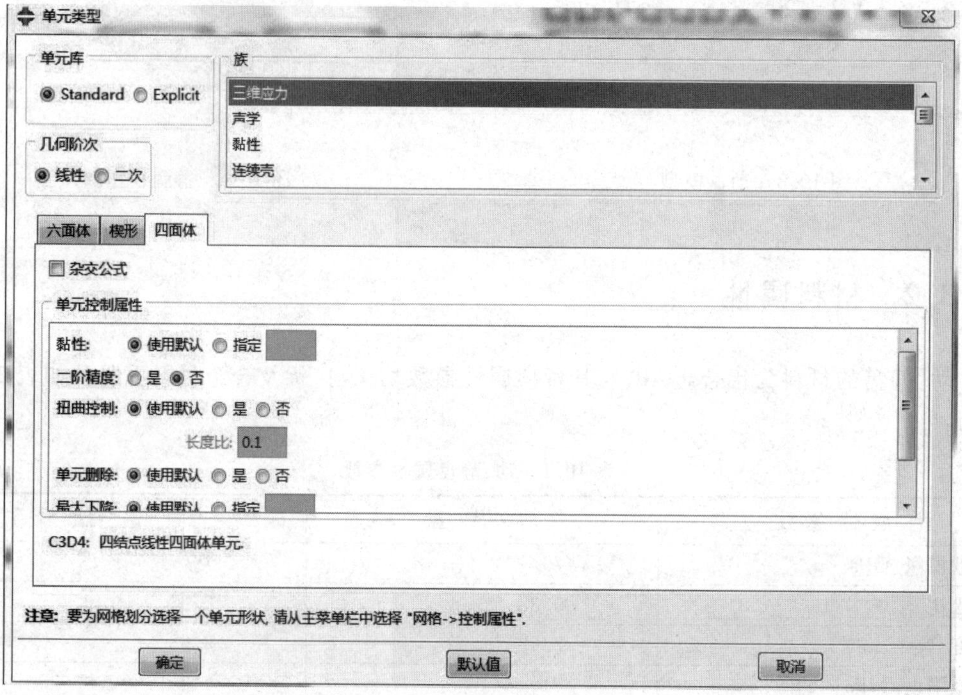

图 10.6　网格单元设置

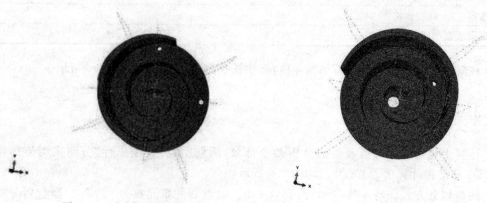

图 10.7　动盘网格划分　　　　　　图 10.8　静盘网格划分

10.3.4　定义分析步

整个分析模型是一个装配体,建立装配体只需在装配模块下,单击 ▐▌ 按钮,选中部件,将部件实例化即可,这里就不作赘述。对于分析步设置,ABAQUS/CAE 会自动创建一个初始分析步(initial step),可以在其中施加边界条件。用户还必须自己创建后续分析步(analysis step),用来施加载荷,如图 10.9 所示。

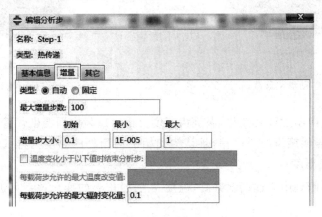

图 10.9　分析步设置

10.3.5　边界条件及载荷

涡旋齿工作中受到相互啮合的涡旋齿作用、气体(或其他工质)的内压力作用、惯性力作用和温度场作用。由于涡旋齿本身精度和涡旋机械的整体精度较高,相互啮合的涡旋齿面之间的接触力和摩擦力都比较小,同时为保证涡旋机械的稳定工作,涡旋齿的惯性力会设法得到平衡。因此在分析涡旋齿上的作用载荷时可忽略惯性力和涡旋齿之间的相互作用力,影响涡旋齿变形和强度的主要因素是涡旋齿内外壁面上的压力分布和动、静盘稳态温度场。

1. 位移边界条件

由于动、静盘是分别单独计算其应力和变形的(属于两个独立的计算过程),因此我们将两个盘各自的底面均加以固定。

此时对动、静涡盘进行位移载荷设置时,动盘约束底面环形区域的 6 个自由度,静盘约束整个底面的 6 个自由度,如图 10.10 和图 10.11 所示。

2. 热边界条件

由于动、静盘的温度分布在机械稳态运转中几乎不变,因此对涡轮齿的稳态温度分布可以做如下假设:

(1) 涡旋齿稳态温度分布不随时间变化;

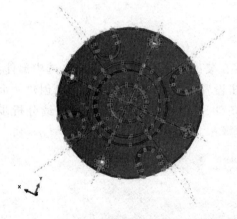

图 10.10　动盘位移载荷

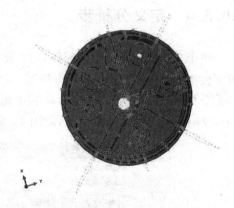

图 10.11　静盘位移载荷

（2）沿齿高方向温度没有变化，涡旋齿温度可由涡旋齿中面温度代替；

（3）忽略动、静涡旋齿的温度差，且认为初始法向角处的温度为排气温度，而终止法向角处的温度为吸气温度；

（4）温度从外侧到中心逐渐地升高，温度 T 随展角 ϕ 的变化关系可近似简化为线性变化，关系式如下：

$$T(\phi) = T_\mathrm{d} - \frac{T_\mathrm{d} - T_\mathrm{s}}{\phi_\mathrm{e} - \phi_\mathrm{s}}(\phi - \phi_\mathrm{s}) \tag{10-1}$$

式中，ϕ_s 为起始展角；ϕ_e 为终止展角；T_d 为排气温度；T_s 为进气温度。

该案例中取进气温度 30℃，排气温度 130℃，温度边界条件设置于动、静盘涡旋齿内表面，随展角线性变化。通过在模型上建立截面，分成 11 个区域，最里面区域温度最高是 130℃，然后依次递减至最外围区域温度 30℃，如图 10.12 所示。

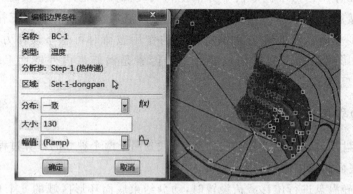

图 10.12　热边界条件设置

3. 气体压力载荷

在工作时，处于涡旋盘外侧的吸气腔内的压力为吸气压力，与排气口相通的中心腔内的压力为排气压力，而内部第 N 个密闭压缩腔内的气体压力 P_N 可以利用气体绝热过程的 $P\text{-}V$ 关系式求出：

$$P_N = P_0 \left(\frac{V_0}{V_N} \right)^{\gamma} \tag{10-2}$$

式中，P_0 为进气压力；V_0 为压缩腔初始体积；V_N 为第 N 个压缩腔的体积；γ 为比热容比。

　　该案例中，出于安全考虑，取进气压力 0.2MPa，排气压力 2.9MPa，且由于压缩气体 R134a 为多原子气体，比热容比取 4/3。在涡旋齿上，只有在内、外侧存在压差的部分才受到气体径向力的作用。压力在壁面的分布如图 10.13 所示。

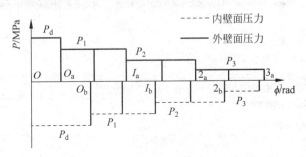

图 10.13　动涡旋齿内、外壁面的作用压力

　　由涡旋齿几何对称特性可知，气体压力载荷可以简化为作用于内壁面间隔展角为 π 的展角区域内压 ΔP_i，其大小为相邻两个不同大小密闭压缩腔的压力差，即 $\Delta P_i = P_N - P_{N+1}$。

　　由于工作过程中气体内压及其简化的作用力总是随时间不断变化的，因此对于不同的工况，需要分别求出每个对应压缩腔的气体压力以及作用于内壁面的 π 展角区域内压。这一点会在后面的结果分析中分不同的情况详细讨论。

10.3.6　提交分析作业

　　在作业模块，单击左侧工具区中的"作业管理器"对话框，创建分析作业。在"作业管理器"对话框中单击"提交"按钮，就可以进行计算分析，在分析过程中也可以单击"监控"按钮，查看分析中的状态，如图 10.14 所示。

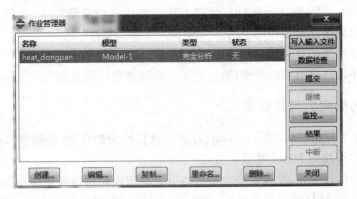

图 10.14　提交分析作业

　　"提交"按钮：用于提交分析作业，等同于在主菜单中执行"作业"→"提交"命令，提交分析作业后，管理器中的状态栏会相应地改变。

　　"监控"按钮：用于打开分析作业监控器。该对话框中的上部表格显示分析过程的信息，这部分信息可以通过状态文件（job_namc. sta）进行查阅，如图 10.15 所示。

"结果"按钮：用于运行完成的分析作业的后处理，单击该按钮可进入可视化功能模块。

"中断"按钮：用于终止正在运行的分析作业。

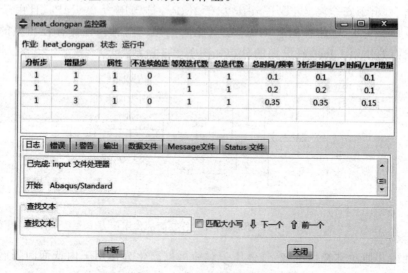

图 10.15　计算状态监控

10.4　动、静盘有限元分析

10.4.1　热应力作用下的强度和变形结果分析

首先观察由热边界条件所计算出的动、静盘温度场分布。

从图 10.16 和图 10.17 可以看出，动、静盘中心区域温度均为排气温度 130℃，边缘区域为进气温度，约 30℃，整体温度分布规律为从外侧到中心逐渐升高，近似为线性变化，这与预期的温度边界条件是相符的。

接下来将温度场的计算结果作为边界条件，代入静力结构分析过程中，以计算动、静盘在该温度分布下的热应力和热变形（暂不考虑工作气体的内压作用）。

1. 动盘的热应力与热变形

（1）动盘应力分布云图（注：由于动、静盘的材料均为铝合金，根据第四强度理论，在分析其结构强度时均使用 Mises 等效应力）。

从图 10.18 可以看出，动盘的最大应力点分别位于涡轮齿曲线始端和末端的齿根处，大小为 28.67MPa，与材料的屈服强度 315MPa 相比，是一个较安全的数值。因此可以认为在单纯的热应力作用下，动盘的结构强度是可靠的。

（2）动盘位移分布云图（为了使热变形更加直观，将变形放大系数设置为 300，本分析的所有图例变形均有不同程度的放大）。

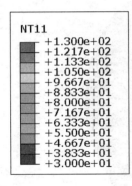

ODB: heat_dongpan.odb　Abaqus/Standard 6.12-1　Wed May 08 18:39:47 GMT+08:00 2013

分析步: Step-1
Increment　　6: Step Time =　　1.000
主变量: NT11

图 10.16　动盘热传递云图

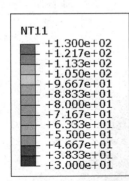

ODB: heat_jingpan.odb　Abaqus/Standard 6.12-1　Wed May 08 19:16:42 GMT+08:00 2013

分析步: Step-1
Increment　　6: Step Time =　　1.000
主变量: NT11

图 10.17　静盘热传递云图

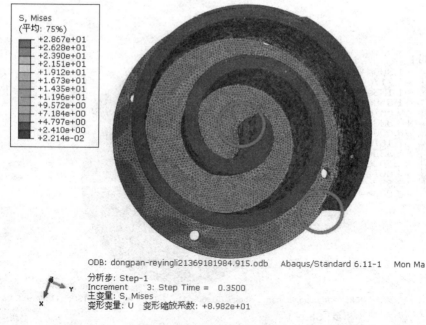

图 10.18　动盘热应力云图

从动盘的总位移云图可以看出，最大位移发生在涡旋齿始端顶部，大小为 3.456×10^{-2} mm，如图 10.19 所示。Z 向（轴向）最大位移量发生在涡旋齿始端顶部，大小为 3.429×10^{-2} mm，如图 10.20 所示。X 向（纵向）最大位移量发生在盘面下端，大小为 1.563×10^{-2} mm，如图 10.21 所示。Y 向（横向）最大位移量发生在盘面右端，大小为 1.447×10^{-2} mm，如图 10.22 所示。

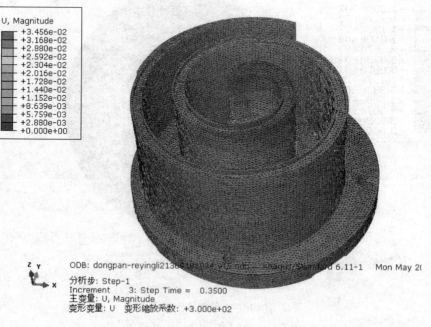

图 10.19　动盘总位移云图

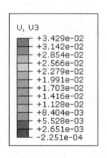

U, U3
+3.429e-02
+3.142e-02
+2.854e-02
+2.566e-02
+2.279e-02
+1.991e-02
+1.703e-02
+1.416e-02
+1.128e-02
+8.404e-03
+5.528e-03
+2.651e-03
-2.251e-04

ODB: dongpan-reyingli21369181984.915.odb　Abaqus/Standard 6.11-1　Mon May 20 1

分析步: Step-1
Increment　　3: Step Time =　0.3500
主变量: U, U3
变形变量: U　变形缩放系数: +3.000e+02

图 10.20　动盘 Z 向(轴向)位移云图

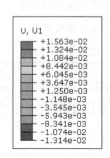
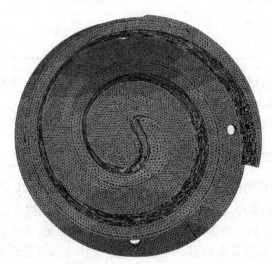

U, U1
+1.563e-02
+1.324e-02
+1.084e-02
+8.442e-03
+6.045e-03
+3.647e-03
+1.250e-03
-1.148e-03
-3.545e-03
-5.943e-03
-8.341e-03
-1.074e-02
-1.314e-02

ODB: dongpan-reyingli21369181984.915.odb　Abaqus/Standard 6.11-1　Mon May 20 :

分析步: Step-1
Increment　　3: Step Time =　0.3500
主变量: U, U1
变形变量: U　变形缩放系数: +3.000e+02

图 10.21　动盘 X 向(纵向)位移云图

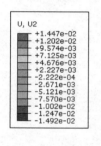
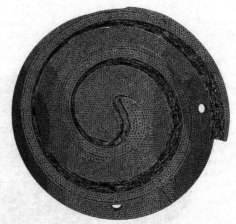

ODB: dongpan-reyingli21369181984.915.odb   Abaqus/Standard 6.11-1   Mon May 20 16:26:39 GMT+08:00 2013

分析步: Step-1
Increment   3: Step Time = 0.3500
主变量: U, U2
变形变量: U 变形缩放系数: 000e+02

图 10.22 动盘 Y 向(横向)位移云图

将以上结果整理成表 10.2。

表 10.2 动盘在热应力作用下的位移

参 数 类 型	最大数值/mm	所 处 位 置
总位移	3.456×10^2	涡旋齿始端顶部
Z 向位移	3.429×10^{-2}	涡旋齿始端顶部
X 向位移	1.563×10^{-2}	动盘盘面下端
Y 向位移	1.447×10^{-2}	动盘盘面右端

由此可见,整体的最大位移点是在涡旋齿始端顶部,其总位移约为 3.456×10^{-2}mm,所以该部位是动盘在温度场作用下发生热变形最大的地方。这主要是由于盘中心的温度最高,因而发生的热膨胀也最大。

2. 静盘的热应力与热变形

(1) 静盘应力分布云图。静盘的最大应力点如图 10.23 中圆圈所示,位于涡轮齿曲线末端的齿根处,大小为 10.15MPa,这与材料的屈服强度 315MPa 相比也是一个较安全的数值,因此静盘在热应力作用下的结构强度也是可靠的。

(2) 静盘位移分布云图。通过盘的总位移云图可以看出,最大位移发生在涡旋齿始端顶部,大小为 9.597×10^{-2}mm,如图 10.24 所示。

静盘 Z 向(轴向)最大位移量发生在涡旋齿始端顶部,大小为 9.481×10^{-2}mm,如图 10.25 所示。静盘 X 向(纵向)最大位移量发生在盘面下端及涡旋齿下侧顶端,大小为 4.370×10^{-2}mm,如图 10.26 所示。静盘 Y 向(横向)最大位移量发生在盘面右端及涡旋齿右侧顶端,大小为 3.887×10^{-2}mm,如图 10.27 所示。

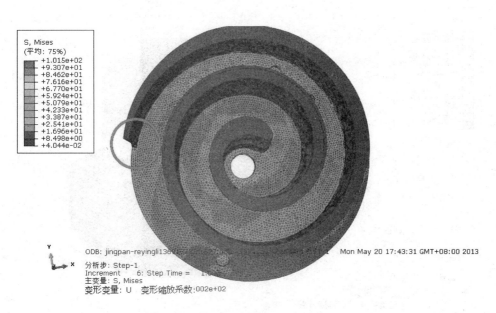

图 10.23　静盘热应力云图

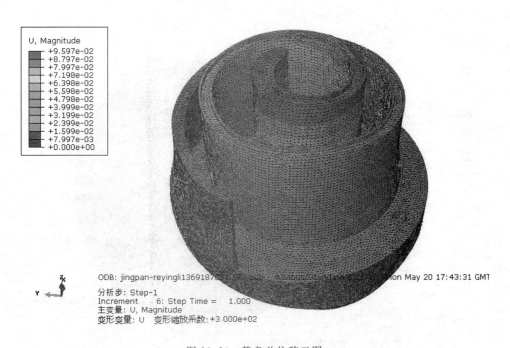

图 10.24　静盘总位移云图

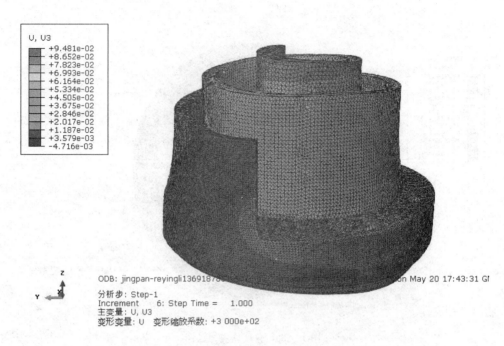

图 10.25 静盘 Z 向（轴向）位移云图

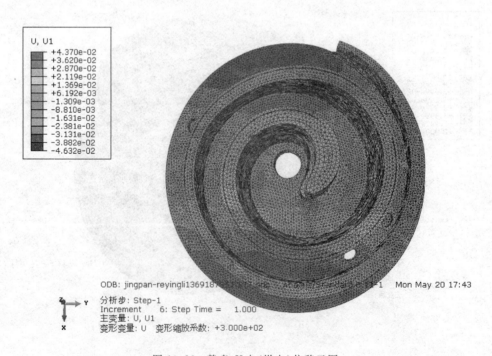

图 10.26 静盘 X 向（纵向）位移云图

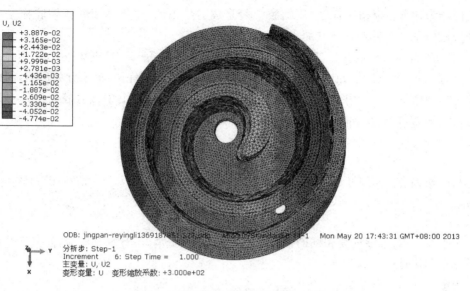

分析步: Step-1
Increment　　6: Step Time =　1.000
主变量: U, U2
变形变量: U　变形缩放系数: +3.000e+02

图 10.27　静盘 Y 向（横向）位移云图

将以上结果整理成表 10.3。

表 10.3　静盘在热应力作用下的位移

参 数 类 型	最大数值/mm	所 处 位 置
总位移	9.597×10^{-2}	涡旋齿始端顶部
Z 向位移	9.481×10^{-2}	涡旋齿始端顶部
X 向位移	4.370×10^{-2}	静盘盘面下端及涡旋齿下侧顶端
Y 向位移	3.887×10^{-2}	静盘盘面右端及涡旋齿右侧顶端

可见静涡盘的最大位移点也在涡旋齿始端顶部，总位移大小为 9.597×10^{-2} mm，与动盘同理，该部位也是静盘在温度场作用下发生热变形最大的地方。

10.4.2　气体压力作用下的强度和变形结果分析

如前所述，工作过程中气体内压及其简化的作用力总是随时间不断变化的。为了将模型简化为静力学问题求解，我们取 5 个不同的工况，分别为动盘相对于静盘转动了 $0°$、$90°$、$180°$、$270°$、$360°$，求出每一个工况下对应压缩腔的气体压力以及作用于内壁面的 π 展角区域内压载荷，然后通过有限元计算出结构的应力和位移，并将不同工况下的结果作比较分析。

1. 工况一

（1）动、静盘相对位置图。这里选取一个截面，研究二维图形中两者的相对位置关系，如图 10.28 所示。图中的剖面线部分为静盘，无剖

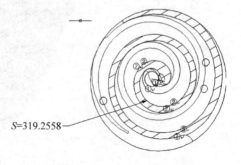

$S=319.2558$

图 10.28　工况一压缩腔面积

面线部分为动盘。根据对称性，压缩腔一般是成对出现的，将等体积的压缩腔标注相同编号，并通过 CAD 软件计算出其面积大小。

（2）动、静盘气压载荷计算。压缩腔内压计算根据式(10-2)，这里取进气压力 0.2MPa，排气压力 2.9MPa，比热容比取 4/3。此工况下 3 号腔刚进气完毕，尚未开始压缩，因此其体积即为初始体积 V_0。而平面图中的面积比近似等于体积比，经计算 3 号腔面积 $S_3 = 620$，因此可以将第 N 个压缩腔的气压计算公式简化为

$$P_N = P_0 \left(\frac{S_3}{S_N}\right)^{\frac{4}{3}} = 0.2 \times \left(\frac{620}{S_N}\right)^{\frac{4}{3}} \text{MPa}$$

利用该简化公式，可以求出图中各压缩腔的内压：$P_1 = P_{排} = 2.9\text{MPa}$；$P_2 = 0.2 \times \left(\frac{620}{320}\right)^{\frac{4}{3}} = 0.33\text{MPa}$；$P_3 = P_{进} = 0.2\text{MPa}$。

对于齿面内、外壁气压相同的情况，认为压力相互抵消，不计算其载荷，而只计算存在压力差 π 展角区域内压载荷。

图中存在两个压差载荷：

$$\Delta P_1 = P_1 - P_2 = 2.57\text{MPa}$$

$$\Delta P_2 = P_2 - P_3 = 0.13\text{MPa}$$

（3）动、静盘在气压载荷作用下的应力和变形分析。下面分别比较动、静盘在工况一下的等效应力云图和位移变形云图，动盘最大应力发生在涡旋齿始端根部，大小为 111.3MPa，如图 10.29 所示。动盘最大位移量发生在涡旋齿始端顶部，大小为 1.007×10^{-1} mm，如图 10.30 所示。静盘最大应力发生在涡旋齿始端根部，大小为 145.3MPa，如图 10.31 所示。静盘最大位移量发生在涡旋齿始端顶部，大小为 9.359×10^{-2} mm，如图 10.32 所示。

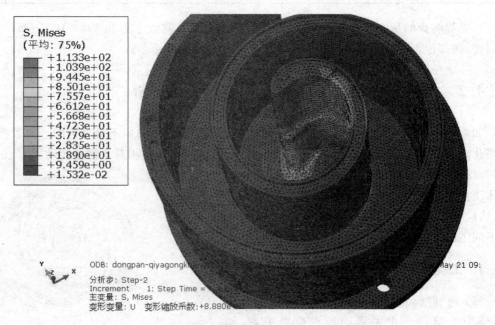

图 10.29　动盘应力云图（工况一）

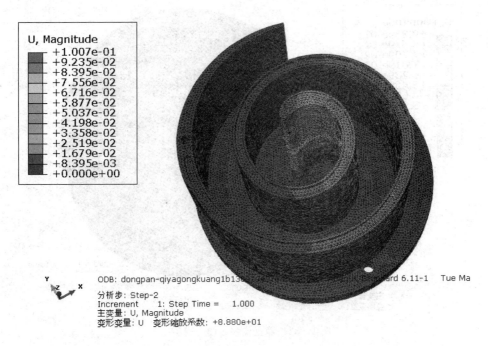

图 10.30　动盘位移云图(工况一)

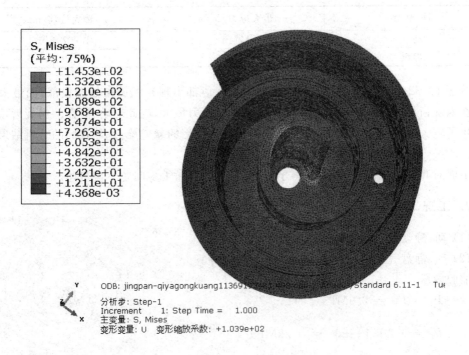

图 10.31　静盘应力云图(工况一)

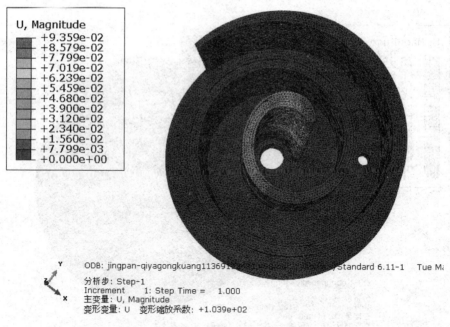

U, Magnitude
+9.359e-02
+8.579e-02
+7.799e-02
+7.019e-02
+6.239e-02
+5.459e-02
+4.680e-02
+3.900e-02
+3.120e-02
+2.340e-02
+1.560e-02
+7.799e-03
+0.000e+00

ODB: jingpan-qiyagongkuang1136913   Standard 6.11-1   Tue Mi

分析步: Step-1
Increment   1: Step Time =   1.000
主变量: U, Magnitude
变形变量: U   变形缩放系数: +1.039e+02

图 10.32   静盘位移云图(工况一)

将以上结果整理成表 10.4。

表 10.4   工况一下动、静盘应力、位移对比

动、静盘	最大应力/MPa	最大位移/mm
动盘	111.3	1.007×10^{-1}
静盘	145.3	9.359×10^{-2}

从图 10.32 中可以看出,动、静盘的应力最大值都出现在涡旋齿始端根部,而最大位移点都在涡旋齿始端顶部。这主要是由于中心腔的压力最大,因此对动、静盘的涡旋齿始端内壁产生了较大的压差,其力学模型近似于均布载荷作用的悬臂梁,这与我们的分析结果是一致的。

下面对其他工况作简单介绍,由于分析的方法类似,很多问题不再赘述。

2. 工况二

(1) 动、静盘相对位置图(图 10.33)。

(2) 动、静盘气压载荷计算。根据式(10-2)计算各压缩腔内压:

$$P_1 = P_{排} = 2.9\text{MPa}$$

$$P_2 = 0.2 \times \left(\frac{620}{537}\right)^{\frac{4}{3}} = 0.22\text{MPa}$$

涡旋齿内壁压差载荷:

$$\Delta P_1 = P_1 - P_2 = 2.68\text{MPa}$$

$$\Delta P_2 = P_2 - P_0 = 0.02\text{MPa}$$

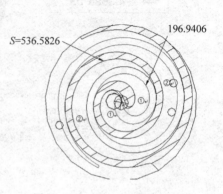

图 10.33   工况二压缩腔面积

（3）动、静盘在气压载荷作用下的应力和变形分析。动盘最大应力发生在涡旋齿始端根部，大小为 113.3MPa，如图 10.34 所示。动盘最大位移量发生在涡旋齿始端顶部，大小为 $5.749×10^{-2}$mm，如图 10.35 所示。静盘最大应力发生在涡旋齿始端根部，大小为 61.09MPa，如图 10.36 所示。静盘最大位移量发生在涡旋齿始端顶部，大小为 $2.976×10^{-2}$mm，如图 10.37 所示。

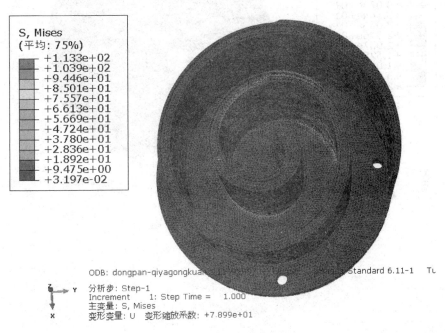

图 10.34　动盘应力云图（工况二）

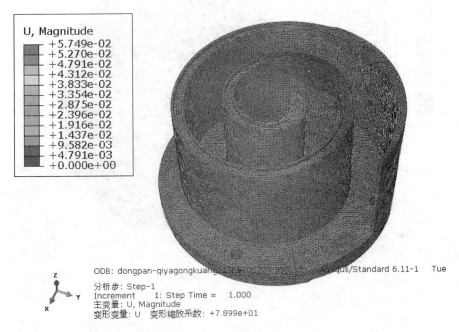

图 10.35　动盘位移云图（工况二）

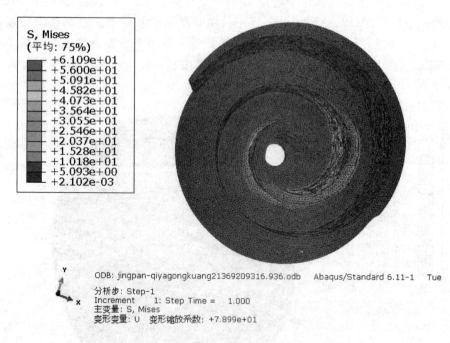

S, Mises
(平均: 75%)
+6.109e+01
+5.600e+01
+5.091e+01
+4.582e+01
+4.073e+01
+3.564e+01
+3.055e+01
+2.546e+01
+2.037e+01
+1.528e+01
+1.018e+01
+5.093e+00
+2.102e-03

ODB: jingpan-qiyagongkuang21369209316.936.odb　　Abaqus/Standard 6.11-1　Tue

分析步: Step-1
Increment　　1: Step Time =　1.000
主变量: S, Mises
变形变量: U　变形缩放系数: +7.899e+01

图 10.36　静盘应力云图(工况二)

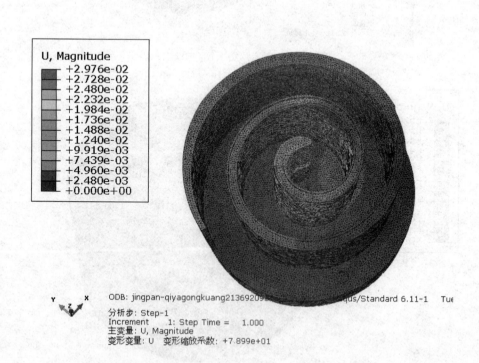

U, Magnitude
+2.976e-02
+2.728e-02
+2.480e-02
+2.232e-02
+1.984e-02
+1.736e-02
+1.488e-02
+1.240e-02
+9.919e-03
+7.439e-03
+4.960e-03
+2.480e-03
+0.000e+00

ODB: jingpan-qiyagongkuang21369209　　　　　qus/Standard 6.11-1　Tue

分析步: Step-1
Increment　　1: Step Time =　1.000
主变量: U, Magnitude
变形变量: U　变形缩放系数: +7.899e+01

图 10.37　静盘位移云图(工况二)

将以上结果整理成表 10.5。

表 10.5　工况二下动、静盘应力、位移对比

动、静盘	最大应力/MPa	最大位移/mm
动盘	113.3	5.749×10^{-2}
静盘	61.09	2.976×10^{-2}

从图中可以看出,动、静盘的应力最大值都出现在涡旋齿始端根部,而最大位移点都在涡旋齿始端顶部。

3. 工况三

(1) 动、静盘相对位置图(图 10.38)。

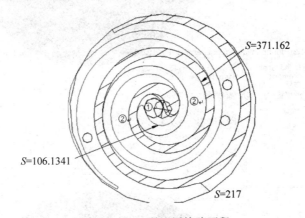

图 10.38　工况三压缩腔面积

(2) 动、静盘气压载荷计算。根据式(10-2)计算各压缩腔内压:

$$P_1 = P_{排} = 2.9 \text{MPa}$$

$$P_2 = 0.2 \times \left(\frac{620}{371}\right)^{\frac{4}{3}} = 0.29 \text{MPa}$$

涡旋齿内壁压差载荷:

$$\Delta P_1 = P_1 - P_2 = 2.61 \text{MPa}$$

$$\Delta P_2 = P_2 - P_0 = 0.09 \text{MPa}$$

(3) 动、静盘在气压载荷作用下的应力和变形分析。动盘最大应力发生在涡旋齿始端根部,大小为 92.34MPa,如图 10.39 所示。动盘最大位移量发生在涡旋齿始端顶部,大小为 5.822×10^{-2}mm,如图 10.40 所示。静盘最大应力发生在涡旋齿始端根部,大小为 100.9MPa,如图 10.41 所示。静盘最大位移量发生在涡旋齿始端顶部,大小为 6.222×10^{-2}mm,如图 10.42 所示。

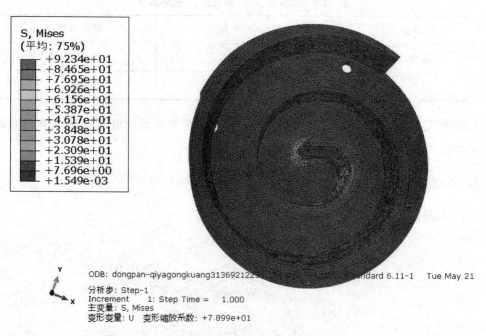

ODB: dongpan-qiyagongkuang3136921222... ...ndard 6.11-1　Tue May 21

分析步: Step-1
Increment　　1: Step Time =　1.000
主变量: S, Mises
变形变量: U　变形缩放系数: +7.899e+01

图 10.39　动盘应力云(工况三)

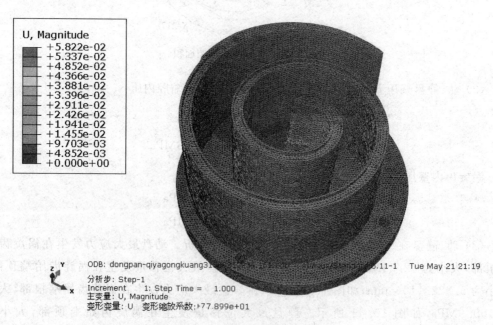

ODB: dongpan-qiyagongkuang31... ...6.11-1　Tue May 21 21:19

分析步: Step-1
Increment　　1: Step Time =　1.000
主变量: U, Magnitude
变形变量: U　变形缩放系数:+77.899e+01

图 10.40　动盘位移云图(工况三)

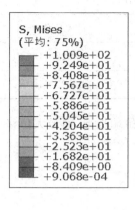
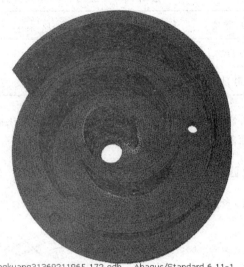

ODB: jingpan-qiyagongkuang31369211965.172.odb　Abaqus/Standard 6.11-1　Tue M

分析步: Step-1
Increment　1: Step Time =　1.000
主变量: S, Mises
变形变量: U　变形缩放系数: +7.899e+01

图 10.41　静盘应力云图(工况三)

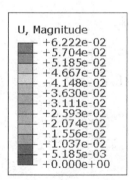
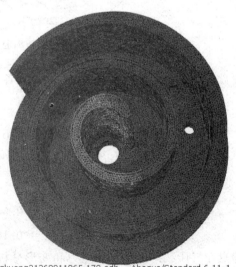

ODB: jingpan-qiyagongkuang31369211965.172.odb　Abaqus/Standard 6.11-1　Tue Ma

分析步: Step-1
Increment　1: Step Time =　1.000
主变量: U, Magnitude
变形变量: U　变形缩放系数: +7.899e+01

图 10.42　静盘位移云图(工况三)

将以上结果整理成表 10.6。

表 10.6　工况三下动、静盘应力、位移对比

动、静盘	最大应力/MPa	最大位移/mm
动盘	92.34	5.822×10^{-2}
静盘	100.9	6.222×10^{-2}

从图中可以看出,动、静盘的应力最大值都出现在涡旋齿始端根部,而最大位移点都在涡旋齿始端顶部。

4. 工况四

(1) 动、静盘相对位置图(图 10.43)。

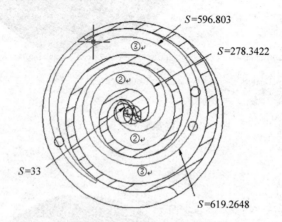

$S=596.803$

$S=278.3422$

$S=33$

$S=619.2648$

图 10.43　工况四压缩腔面积

(2) 动、静盘气压载荷计算。根据式(10-2)计算各压缩腔内压:

$$P_1 = P_{排} = 2.9\text{MPa}$$

$$P_2 = 0.2 \times \left(\frac{620}{278}\right)^{\frac{4}{3}} = 0.36\text{MPa}$$

$$P_3 = P_{进} = 0.2\text{MPa}$$

涡旋齿内壁压差载荷:

$$\Delta P_1 = P_1 - P_2 = 2.54\text{MPa}$$

$$\Delta P_2 = P_2 - P_3 = 0.16\text{MPa}$$

(3) 动、静盘在气压载荷作用下的应力和变形分析。动盘最大应力发生在涡旋齿始端根部,大小为 123.9MPa,如图 10.44 所示。动盘最大位移量发生在涡旋齿始端顶部,大小为 9.954×10^{-2} mm,如图 10.45 所示。静盘最大应力发生在涡旋齿始端根部,大小为 141.3MPa,如图 10.46 所示。静盘最大位移量发生在涡旋齿始端顶部,大小为 9.267×10^{-2} mm,如图 10.47 所示。

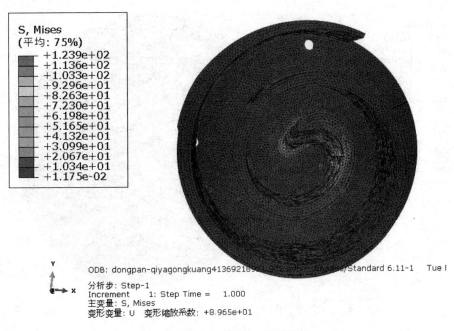

图 10.44　动盘应力云图(工况四)

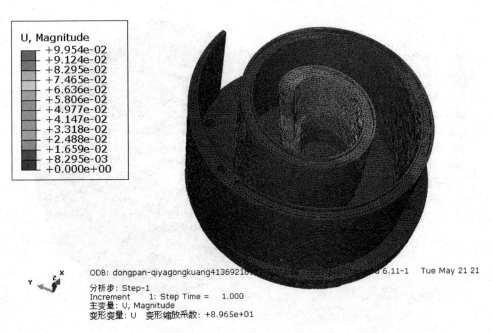

图 10.45　动盘位移云图(工况四)

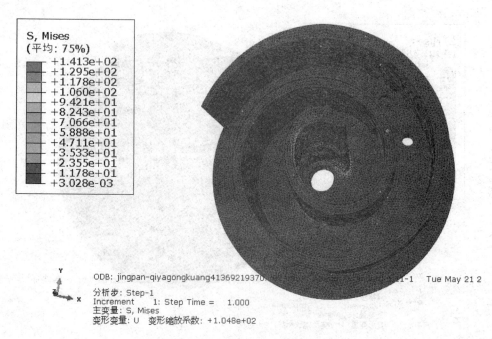

图 10.46　静盘应力云图(工况四)

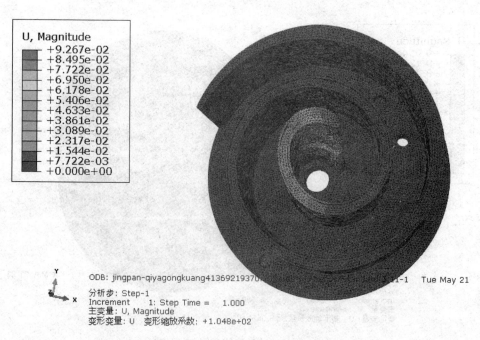

图 10.47　静盘位移云图(工况四)

将以上结果整理成 10.7。

表 10.7　工况四下动、静盘应力、位移对比

动、静盘	最大应力/MPa	最大位移/mm
动盘	123.9	9.954×10^{-2}
静盘	141.3	9.267×10^{-2}

从图中可以看出,动、静盘的应力最大值都出现在涡旋齿始端根部,而最大位移点都在涡旋齿始端顶部。这主要是由于此工况下为刚开始排气的瞬间,中心腔的压力最大,对动、静盘的涡旋齿始端内壁产生了较大的压差。

5. 工况五

(1) 动、静盘相对位置图(图 10.48)

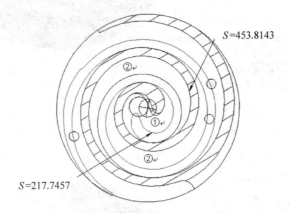

图 10.48　工况五压缩腔面积

(2) 动、静盘气压载荷计算。根据式(10-2)计算各压缩腔内压:

$$P_1 = P_{排} = 2.9 \text{MPa}$$

$$P_2 = 0.2 \times \left(\frac{620}{454}\right)^{\frac{4}{3}} = 0.25 \text{MPa}$$

涡旋齿内壁压差载荷:

$$\Delta P_1 = P_1 - P_2 = 2.65 \text{MPa}$$

$$\Delta P_2 = P_2 - P_0 = 0.05 \text{MPa}$$

(3) 动、静盘在气压载荷作用下的应力和变形分析。动盘最大应力发生在涡旋齿始端根部,大小为 108.8MPa,如图 10.49 所示。动盘最大位移量发生在涡旋齿始端顶部,大小为 4.359×10^{-2} mm,如图 10.50 所示。静盘最大应力发生在涡旋齿始端根部,大小为 47.58MPa,如图 10.51 所示。静盘最大位移量发生在涡旋齿始端顶部,大小为 2.518×10^{-2} mm,如图 10.52 所示。

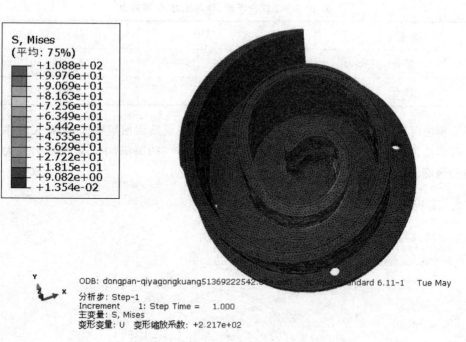

图 10.49　动盘应力云图(工况五)

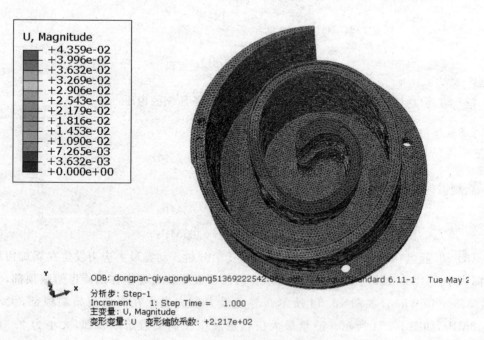

图 10.50　动盘位移云图(工况五)

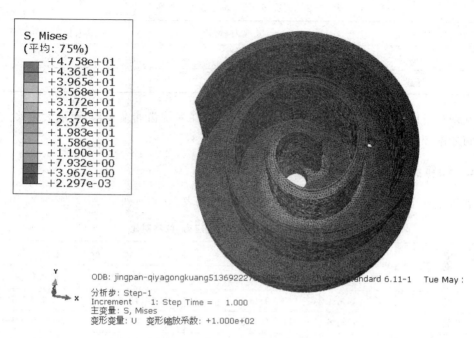

S, Mises
(平均: 75%)
    +4.758e+01
    +4.361e+01
    +3.965e+01
    +3.568e+01
    +3.172e+01
    +2.775e+01
    +2.379e+01
    +1.983e+01
    +1.586e+01
    +1.190e+01
    +7.932e+00
    +3.967e+00
    +2.297e-03

ODB: jingpan-qiyagongkuang513692227   ndard 6.11-1   Tue May :
分析步: Step-1
Increment   1: Step Time =   1.000
主变量: S, Mises
变形变量: U 变形缩放系数: +1.000e+02

图 10.51　静盘应力云图(工况五)

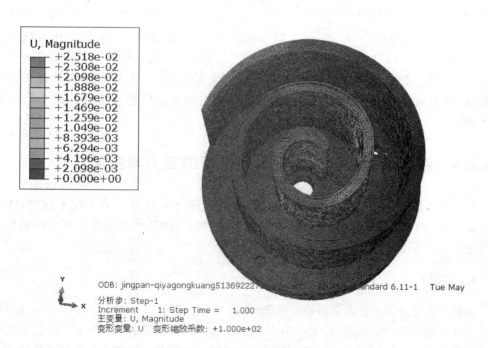

U, Magnitude
    +2.518e-02
    +2.308e-02
    +2.098e-02
    +1.888e-02
    +1.679e-02
    +1.469e-02
    +1.259e-02
    +1.049e-02
    +8.393e-03
    +6.294e-03
    +4.196e-03
    +2.098e-03
    +0.000e+00

ODB: jingpan-qiyagongkuang513692227   ndard 6.11-1   Tue May
分析步: Step-1
Increment   1: Step Time =   1.000
主变量: U, Magnitude
变形变量: U 变形缩放系数: +1.000e+02

图 10.52　静盘位移云图(工况五)

将以上结果整理成表 10.8。

表 10.8   工况五下动、静盘应力、位移对比

动、静盘	最大应力/MPa	最大位移/mm
动盘	108.8	4.359×10^{-2}
静盘	47.58	2.518×10^{-2}

从图中可以看出,动、静盘的应力最大值都出现在涡旋齿始端根部,而最大位移点都在涡旋齿始端顶部。

6. 计算结果总结

将以上 5 个工况的计算结果列在一起作比较,如表 10.9 所列。

表 10.9   各工况下动、静盘应力、位移对比

工 况	动 盘		静 盘	
	最大应力/MPa	最大位移/mm	最大应力/MPa	最大位移/mm
工况一	113.3	1.007×10^{-1}	145.3	9.359×10^{-2}
工况二	113.3	5.749×10^{-2}	61.09	2.976×10^{-2}
工况三	92.34	5.822×10^{-2}	100.9	6.222×10^{-2}
工况四	123.9	9.954×10^{-2}	141.3	9.267×10^{-2}
工况五	108.8	4.359×10^{-2}	47.58	2.518×10^{-2}

在只考虑气体压力的作用下,不同工况所得到的动、静盘应力和位移值有较大的差别,其中工况一、四的应力与变形最大。从关系图可以看出,这两个工况在时间点上较为接近,工况一是在内部密闭压缩腔即将排气前的瞬间,工况四则是在其刚开始排气的瞬间,这说明在内部压缩腔运动到排气孔位置附近时,动、静盘整体的应力与变形是最大的。

10.4.3   温度场和气体压力耦合作用下的应力与变形分析

由于气体压力是随时间变化的,我们仍然将计算过程分为 5 个工况来讨论,情况与 10.4.2 节所述对应。下面来比较在同时考虑热应力和气体压力的条件下各工况的应力位移变化。

1. 工况一

动盘最大应力发生在涡旋齿始端根部,大小为 106.5MPa,如图 10.53 所示。动盘最大位移量发生在涡旋齿始端顶部,大小为 1.518×10^{-1}mm,如图 10.54 所示。静盘最大应力发生在涡旋齿始端根部,大小为 144.2MPa,如图 10.55 所示。静盘最大位移量发生在涡旋齿始端顶部,大小为 1.473×10^{-1}mm,如图 10.56 所示。

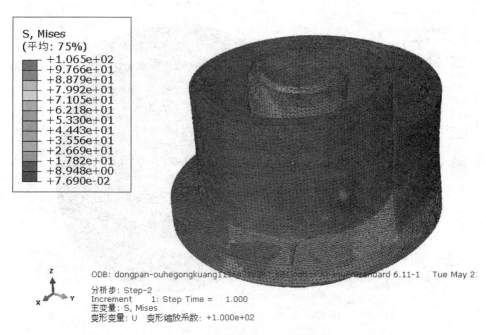

图 10.53　动盘应力云图（工况一）

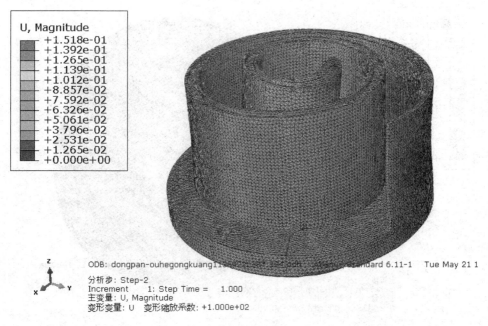

图 10.54　动盘位移云图（工况一）

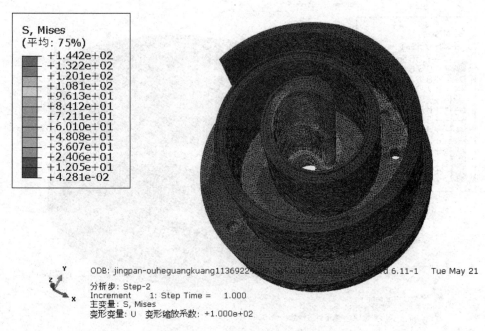

S, Mises
(平均: 75%)
　　+1.442e+02
　　+1.322e+02
　　+1.201e+02
　　+1.081e+02
　　+9.613e+01
　　+8.412e+01
　　+7.211e+01
　　+6.010e+01
　　+4.808e+01
　　+3.607e+01
　　+2.406e+01
　　+1.205e+01
　　+4.281e-02

ODB: jingpan-ouheguangkuang1136922　　　　　　　　　Abaqus　　　　d 6.11-1　　Tue May 21

分析步: Step-2
Increment　　1: Step Time =　　1.000
主变量: S, Mises
变形变量: U　变形缩放系数: +1.000e+02

图 10.55　静盘应力云图(工况一)

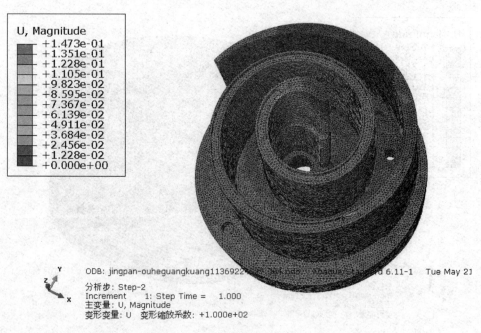

U, Magnitude
　　+1.473e-01
　　+1.351e-01
　　+1.228e-01
　　+1.105e-01
　　+9.823e-02
　　+8.595e-02
　　+7.367e-02
　　+6.139e-02
　　+4.911e-02
　　+3.684e-02
　　+2.456e-02
　　+1.228e-02
　　+0.000e+00

ODB: jingpan-ouheguangkuang1136922　　　　　　　bd5　　Abaqus　　d 6.11-1　　Tue May 21

分析步: Step-2
Increment　　1: Step Time =　　1.000
主变量: U, Magnitude
变形变量: U　变形缩放系数: +1.000e+02

图 10.56　静盘位移云图(工况一)

将以上结果整理成表 10.10。

表 10.10　工况一下动、静盘应力、位移对比

动、静盘	最大应力/MPa	最大位移/mm
动盘	106.5	1.518×10^{-1}
静盘	144.2	1.473×10^{-1}

从图中可以看出,动、静盘的应力最大值都出现在涡旋齿始端根部,而最大位移点都在涡旋齿始端顶部。

2. 工况二

动盘最大应力发生在涡旋齿始端根部,大小为 113.2MPa,如图 10.57 所示。动盘最大位移量发生在涡旋齿始端顶部,大小为 1.048×10^{-1} mm,如图 10.58 所示。静盘最大应力发生在涡旋齿始端根部,大小为 97.43MPa,如图 10.59 所示。静盘最大位移量发生在涡旋齿始端顶部,大小为 9.432×10^{-2} mm,如图 10.60 所示。

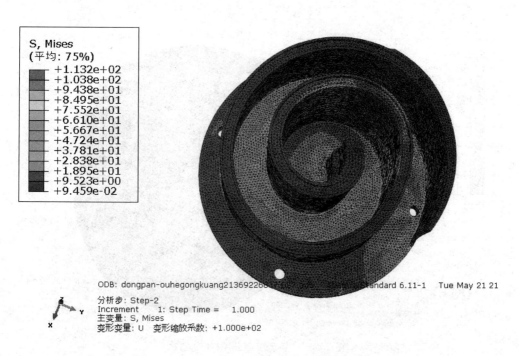

S, Mises
(平均: 75%)
+1.132e+02
+1.038e+02
+9.438e+01
+8.495e+01
+7.552e+01
+6.610e+01
+5.667e+01
+4.724e+01
+3.781e+01
+2.838e+01
+1.895e+01
+9.523e+00
+9.459e-02

ODB: dongpan-ouhegongkuang2136922... Standard 6.11-1　Tue May 21 21

分析步: Step-2
Increment　　1: Step Time =　1.000
主变量: S, Mises
变形变量: U　变形缩放系数: +1.000e+02

图 10.57　动盘应力云图(工况二)

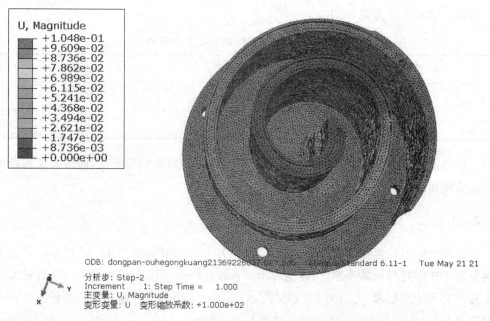

图 10.58　动盘位移云图(工况二)

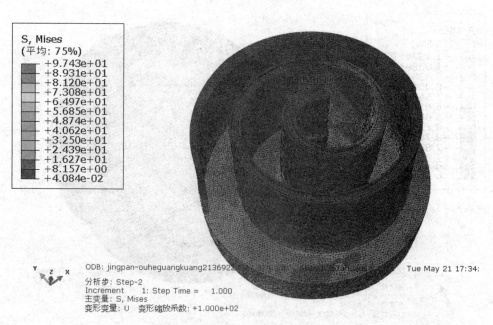

图 10.59　静盘应力云图(工况二)

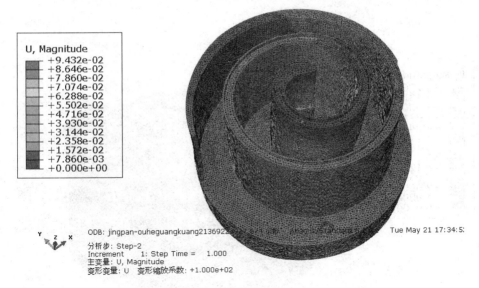

图 10.60　静盘位移云图（工况二）

将以上结果整理成表 10.11。

从图中可以看出，动、静盘的应力最大值都出现在涡旋齿始端根部，而最大位移点都在涡旋齿始端顶部。

表 10.11　工况二下动、静盘应力、位移对比

动、静盘	最大应力/MPa	最大位移/mm
动盘	113.2	1.048×10^{-1}
静盘	97.43	9.432×10^{-2}

3. 工况三

动盘最大应力发生在涡旋齿始端根部，大小为 111.0MPa，如图 10.61 所示。动盘最大位移量发生在涡旋齿始端顶部，大小为 1.236×10^{-1} mm，如图 10.62 所示。静盘最大应力发生在涡旋齿始始根部，大小为 100.6MPa，如图 10.63 所示。静盘最大位移量发生在涡旋齿始端顶部，大小为 1.262×10^{-1} mm，如图 10.64 所示。

图 10.61　动盘应力云图（工况三）

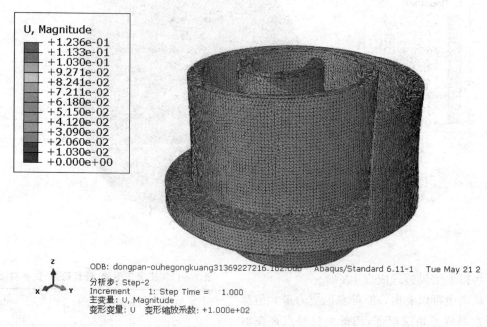

ODB: dongpan-ouhegongkuang31369227216.162.oub Abaqus/Standard 6.11-1 Tue May 21 2

分析步: Step-2
Increment 1: Step Time = 1.000
主变量: U, Magnitude
变形变量: U 变形缩放系数: +1.000e+02

图 10.62 动盘位移云图(工况三)

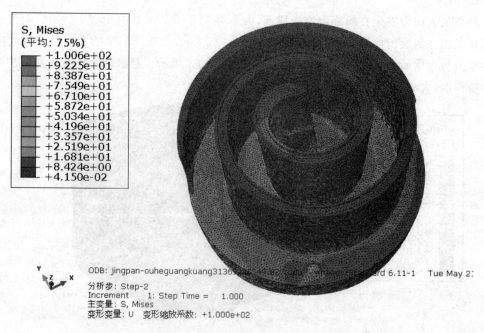

ODB: jingpan-ouheguangkuang31369... ... rd 6.11-1 Tue May 2:

分析步: Step-2
Increment 1: Step Time = 1.000
主变量: S, Mises
变形变量: U 变形缩放系数: +1.000e+02

图 10.63 静盘应力云图(工况三)

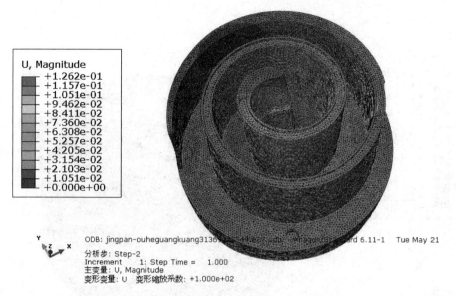

ODB: jingpan-ouheguangkuang31369... ... ...odb   Abaqus/Standard 6.11-1   Tue May 21

分析步: Step-2
Increment   1: Step Time =   1.000
主变量: U, Magnitude
变形变量: U   变形缩放系数: +1.000e+02

图 10.64　静盘位移云图(工况三)

将以上结果整理成表 10.12。

从图中可以看出,动、静盘的应力最大值都出现在涡旋齿始端根部,而最大位移点都在涡旋齿始端顶部。

表 10.12　工况三下动、静盘应力、位移对比

动、静盘	最大应力 /MPa	最大位移 /mm
动盘	111.0	1.236×10^{-1}
静盘	100.6	1.262×10^{-1}

4. 工况四

动盘最大应力发生在涡旋齿末端根部,大小为 106.2MPa,如图 10.65 所示。动盘最大位移量发生在涡旋齿始端顶部,大小为 1.511×10^{-1}mm,如图 10.66 所示。静盘最大应力发生在涡旋齿始端根部,大小为 142.8MPa,如图 10.67 所示。静盘最大位移量发生在涡旋齿始端顶部,大小为 1.466×10^{-1}mm,如图 10.68 所示。

ODB: dongpan-ouhegongkuang41369... ... ...odb   Abaqus/Standard 6.11-1   Tue May 2

分析步: Step-2
Increment   1: Step Time =   1.000
主变量: S, Mises
变形变量: U   变形缩放系数: +1.000e+02

图 10.65　动盘应力云图(工况四)

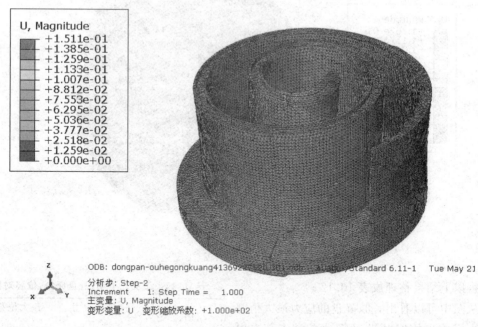

图 10.66　动盘位移云图（工况四）

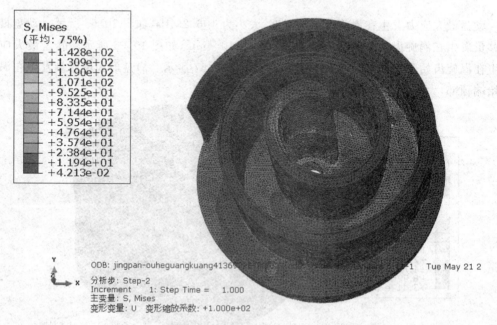

图 10.67　静盘应力云图（工况四）

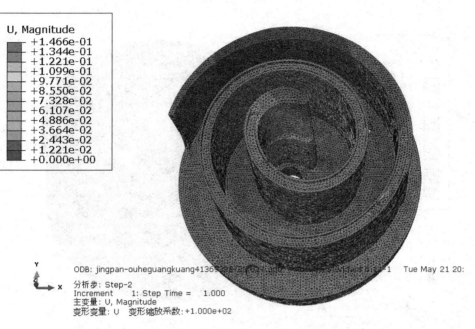

U, Magnitude
+1.466e-01
+1.344e-01
+1.221e-01
+1.099e-01
+9.771e-02
+8.550e-02
+7.328e-02
+6.107e-02
+4.886e-02
+3.664e-02
+2.443e-02
+1.221e-02
+0.000e+00

ODB: jingpan-ouheguangkuang4136……Standard……　Tue May 21 20:

分析步: Step-2
Increment　1: Step Time = 　1.000
主变量: U, Magnitude
变形变量: U　变形缩放系数:+1.000e+02

图 10.68　静盘位移云图(工况四)

将以上结果整理成表 10.13。

表 10.13　工况四下动、静盘应力、位移对比

动、静盘	最大应力/MPa	最大位移/mm
动盘	106.2	1.511×10^{-1}
静盘	142.8	1.466×10^{-1}

从图中可以看出,动盘的应力最大值出现在涡旋齿末端根部,静盘的应力最大值出现在涡旋齿始端根部,这是由于处在即将排气的瞬间,排气口压力较大,而且也正好在进气瞬间,动盘所处的吸气口应力也较大。而最大位移点都是在涡旋齿始端顶部。

5. 工况五

动盘最大应力发生在涡旋齿末端根部,大小为 108.7MPa,如图 10.69 所示。动盘最大位移量发生在涡旋齿始端顶部,大小为 1.078×10^{-1} mm,如图 10.70 所示。静盘最大应力发生在涡旋齿末端根部,大小为 105.7MPa,如图 10.71 所示。静盘最大位移量发生在涡旋齿始端顶部,大小为 1.016×10^{-1} mm,如图 10.72 所示。

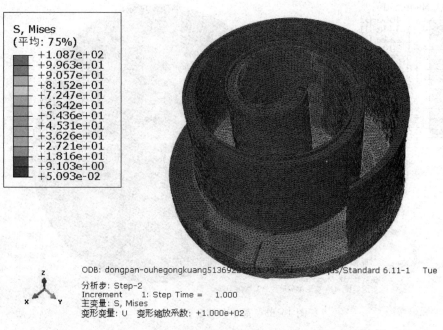

图 10.69　动盘应力云图(工况五)

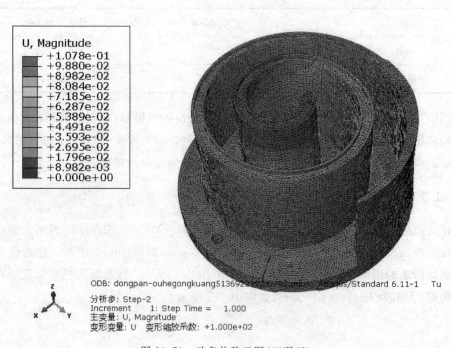

图 10.70　动盘位移云图(工况五)

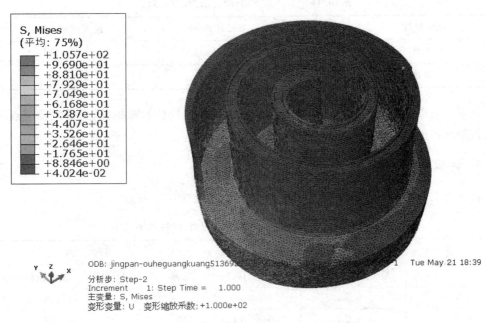

ODB: jingpan-ouheguangkuang51369... Tue May 21 18:39

分析步: Step-2
Increment　　 1: Step Time =　 1.000
主变量: S, Mises
变形变量: U　变形缩放系数: +1.000e+02

图 10.71　静盘应力云图(工况五)

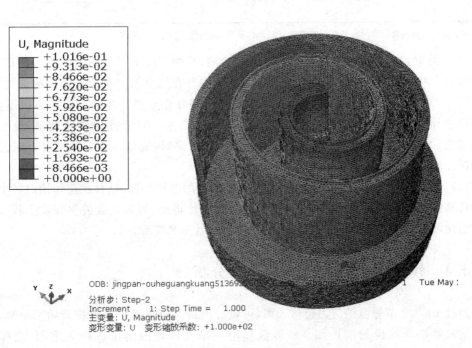

ODB: jingpan-ouheguangkuang51369... Tue May :

分析步: Step-2
Increment　　 1: Step Time =　 1.000
主变量: U, Magnitude
变形变量: U　变形缩放系数: +1.000e+02

图 10.72　静盘位移云图(工况五)

将以上结果整理成表 10.14。

表 10.14　工况五下动、静盘应力、位移对比

动、静盘	最大应力/MPa	最大位移/mm
动盘	108.7	1.078×10^{-1}
静盘	105.7	1.016×10^{-1}

从图中可以看出,动、静盘的应力最大值都出现在涡旋齿始端根部,而最大位移点都在涡旋齿始端顶部。

6. 计算结果总结

将以上 5 个工况的计算结果列在一起作比较,如表 10.15 所列。

表 10.15　各工况下动、静盘应力、位移对比

工　　况	动　　盘		静　　盘	
	最大应力/MPa	最大位移/mm	最大应力/MPa	最大位移/mm
工况一	106.5 ↓	1.518×10^{-1} ↑	144.2 ↓	1.473×10^{-1} ↑
工况二	113.2 ↓	1.048×10^{-1} ↑	97.43 ↑	9.432×10^{-2} ↑
工况三	111.0 ↑	1.236×10^{-1} ↑	100.6 ↓	1.262×10^{-1} ↑
工况四	106.2 ↓	1.511×10^{-1} ↑	142.8 ↑	1.466×10^{-1} ↑
工况五	108.7 ↓	1.078×10^{-1} ↑	105.7 ↑	1.016×10^{-1} ↑

注:数字后面的箭头表示与纯气压载荷计算结果作比较,应力和位移的变化趋势。

(1) 动、静盘应力分析。从表 10.15 可以看出,某些工况下温度场的存在会使动、静盘的整体应力变小,如工况一,而有些情况下温度场的存在则会增大某个盘结构的应力值,如工况二、三、四、五。这主要是由于不同时刻气体压差作用于涡旋齿内壁面的方向不同,当气体压力导致的机械变形与热变形方向相同时,会产生一定程度的叠加效果,使整体应力值变大;当两者方向相反时,则会有彼此抵消的效果,因而会出现某些工况下应力减小的情况。

(2) 动、静盘变形分析。与单纯气体压力作用下的变形相比,耦合载荷作用时各个工况下的位移量都有不同程度的增大,这是由于热膨胀使得动、静盘涡旋齿顶部发生较大的位移。由此可见,影响该机构整体变形量的主要因素就是热变形。

10.4.4　模型优化后的应力与变形分析

通过 10.4.2 节静盘的应力位移云图,可以看出最大应力发生在涡旋齿始端根部,最大位移量发生在涡旋齿始端顶部。对静盘模型在排气口处的倒角进行优化,并把模型在 Hypermesh 中进行网格处理,再来分析静盘的应力与位移,如图 10.73 和图 10.74 所示。

通过以上云图可以看出,静盘的最大应力为 141.4MPa,最大位移为 9.279×10^{-2} mm,与同样情况下 10.4.2 节静盘的最大应力 145.3MPa,最大位移 9.359×10^{-2} mm 相比,均有

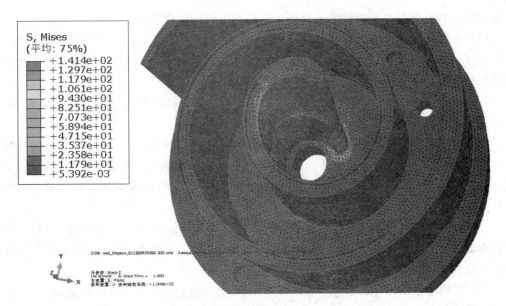

图 10.73　优化后静盘应力云图

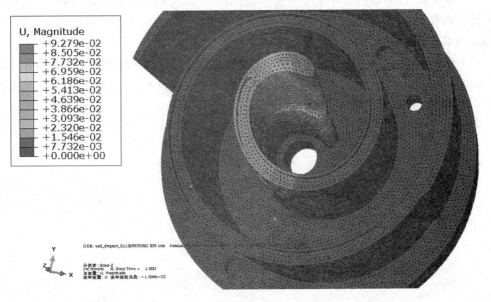

图 10.74　优化后静盘位移云图

不同程度的减小,这是因为初期建模时忽略了倒角的影响,而导致应力集中的现象。但是静盘的最大应力还是发生在涡旋齿始端根部,最大位移量发生在涡旋齿始端顶部。

10.5　总结与展望

本章通过对动、静涡盘数字模型进行数值理论计算,采用有限元模拟的方法分别研究涡旋压缩机动、静盘的应力和变形分布规律,并根据热应力、气体压力和热-力耦合三个方面的

计算结果,对动、静盘的等效应力和涡旋齿轴向变形进行比较分析,得出以下结论:

(1) 通过计算得到的等效应力,所有值均小于 150MPa,这与材料的屈服强度 315MPa、拉伸强度 380MPa 相比,显然是安全的。因此可以认为:此种材料下动、静盘在各个工况下的结构强度都是可靠的。

(2) 在工作过程中,排气腔压力最大,分析计算结果可以得知在任何工况下最大 Mises 等效应力发生在齿头根部,最大变形发生在齿头顶部。

(3) 根据耦合分析结果可以发现,气体载荷导致的机械变形与温度载荷导致的热变形方向相同时,会产生一定程度的叠加效果,使整体应力值变大;当两者方向相反时,则会有彼此抵消的效果,会出现某些工况下应力减小的情况。而且影响机构整体变形量的主要因素是温度载荷造成的热变形。

(4) 由于本案例对模型进行网格划分时是在软件里划分的,存在一些缺陷,导致在分析过程中出现警告。前期在 Hypermesh 中进行网格处理,这样效果更好,然后再导入软件进行分析计算,计算速度会更快,结果会更精确。

(5) 在热边界条件设置中进行分区处理,我们是运用截面把模型划分区域,用函数的方法更能使分析得到的云图流畅、自然。

(6) 在对动、静涡盘进行有限元分析时,计算的气体力载荷为径向的气体力,只分析了它们的径向变形。可在实际的工作过程中,还存在接触力、切向力以及轴向力等气体力,以后需要对其作深入、全面的分析。

(7) 由于动、静盘在工作过程中,其涡旋齿的各个位置所受到的相对内压力值在不断变化,相应的应力和变形也随之在不断变化,考虑到涡旋压缩机寿命、密封性等问题,需要做疲劳分析。

第11章

虚拟现实技术在自动变速器 3D 仿真的应用

本章主要开发完成了一套"汽车 01N 自动变速器虚拟实验设备",建立 01N 自动变速器三维数字化模型,利用虚拟现实技术,构建 3D 虚拟仿真的交互环境,并用面向对象的方法,真正实现 01N 汽车自动变速器的行为交互和 3D 虚拟仿真。

11.1 虚拟现实概述

"虚拟现实"(Virtual Reality,VR)是一门集人工智能、计算机图形技术、计算机仿真技术、传感与测量技术等为一体的实用技术,是一种以沉浸性、交互性及构想性为主要特征的计算机系统,通过视觉、听觉、触觉、嗅觉等方式创建和体验虚拟世界,用户可以融入这个二维虚拟世界,并目睹与场景中的对象进行交互,使用户感到作为主角存在虚拟环境之中;虚拟现实的实现需要硬件和软件两方面的支持,硬件方面主要包括数据手套、二维鼠标、运动跟踪器、力反馈装置、语音识别及合成系统等,软件方面的选择则很多,其中法国达索公司的 Virtools 开发平台是目前较为流行的一种。

本章重点研究基于 CATIA、3DVIA Composer、3D Max 和 Virtools 的汽车自动变速器仿真系统的基本实现方法,创建了具有交互性的虚拟现实模拟。首先利用 CATIA 建立自动变速器的简化模型,并导出格式为 3DXML 模型文件。再导入 3DVIA Composer 里将格式转换为.3DS。再导入 3D Max 里做渲染、分坐标,以 NMO 格式输出文件,最后将模型导入 Virtools 中进行交互模块设计。

11.2 系统开发工具简介及其作用

11.2.1 三维模型建模平台 CATIA

1. CATIA 简介

CATIA 是法国达索公司的产品开发旗舰解决方案。作为 PLM 协同解决方案的一个重要组成部分,它可以帮助制造厂商设计他们未来的产品,并支持从项目前阶段、具体的设计、分析、模拟、组装到维护在内的全部工业设计流程。

2. CATIA 建模的一般过程

草图设计→零件设计→装配设计。

1）草图设计

要画出零件的基本二维俯视图或剖视图的外部轮廓，并确定其几何尺寸、定位尺寸，力求全约束。

2）零件设计

经过草图设计的草图，简单地通过拉伸、旋转、打孔等基础命令形成零件的大体轮廓。再经过各个 BODY 之间的摩尔运算（此步骤可以缺省），最终得到具体精确的零件。

3）装配设计

通过装配约束对每个建好的零件进行装配，使之成为一个有机的机械机构整体。

3. 模型合理简化

为了以后虚拟交互方便，需要将自动变速器模型简化，这样既明了，也容易理解。简化模型如图 11.1 所示。

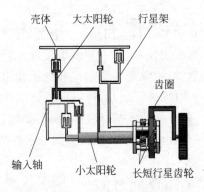

图 11.1　简化模型

11.2.2　模型的格式转换平台 3DVIA Composer

1. 3DVIA Composer 的简介

3DVIA Composer 使用 3D 模型中的信息，将设计更改以无缝方式直接更新到产品文档中，从而创建精确和最新的印刷及交互材料。

利用 3DVIA Composer，非 CAD 用户可直接从 3D CAD 数据创建相关的 2D 和 3D 产品文档。通过利用 3D 数据和其他工具，3DVIA Composer 可在文档编制、销售、市场推广、客户服务、培训、支持和制造方面助用户一臂之力，改进产品信息的同时还可节约时间和费用。

2. 利用 3DVIA Composer 将模型转换格式

从 CATIA 导出模型的格式为 .3dxml 格式，导入 3DVIA Composer 后再导出格式为 .3ds。

3. 格式转换的步骤

将需要打开的.3dxml 格式的文件拖拽至 3DVIA Composer 界面中,即用 3DVIA Composer 打开.3dxml 文件。如图 11.2 所示。

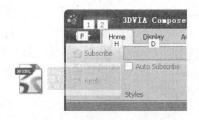

图 11.2　3DVIA Composer 打开.3dxml 文件

.3dxml 文件在 3DVIA Composer 中打开,如图 11.3 所示。

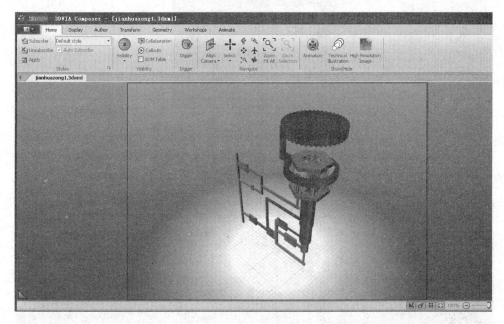

图 11.3　.3dxml 文件在 3DVIA Composer 中打开

模型导出,单击"另存为"按钮,选择.3ds 格式,单击"保持"按钮即可,如图 11.4～图 11.6 所示。

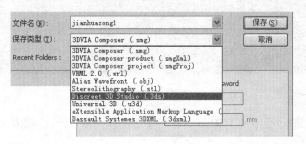

图 11.4　模型文件的导出

图 11.5　从 CATIA 导出的
　　　　模型文件

图 11.6　从 3DVIA Composer
　　　　导出的模型文件

11.2.3　三维模型的渲染以及分坐标平台 3D Max

1. 文件导入

导入时会出现如图 11.7 所示菜单,选择"完全替换当前场景"然后单击"确定"按钮。

图 11.7　文件导入 3D Max 时的菜单选择

这样选择,就可以默认模型的坐标原点与 3D Max 的操作坐标原点重合,有利于以后的操作。选择并操作其中某个部件,如图 11.8 所示。

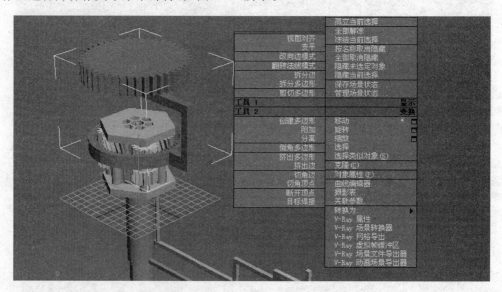

图 11.8　模型部件的选择与操作

在 3D Max 中,进行模型的渲染和坐标的分离,以便在以后的操作中,使模型有更逼真的效果。

2. 文件的导出

选择导出格式为.3DS,如图 11.9 所示。

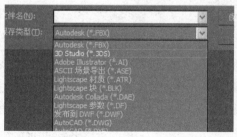

图 11.9　模型文件的导出

11.2.4　虚拟交互平台 Virtools

1. Virtools 简介

Virtools 是由法国交互三维开发解决方案公司 VIRTOOLS 所开发,是虚拟现实的一款开发软件,被广泛运用于游戏开发、工业仿真、虚拟训练等方面,它提供了丰富的 Building Blocks(互动行为模块,BB),以实现对 3D 虚拟环境的交互编辑,运用它可以制作出许多不同用途的 3D 交互产品。

2. Virtools 的特点

Virtools 与其他三维交互软件的不同之处在于它不需要使用者编写代码,而是采用拖放的方式,将 BB 赋予适当的 Object(对象)或者 Character(角色),并在 Script(脚本)编辑区域对 BB 的先后顺序及连接关系进行编辑,从而形成一个完整的虚拟交互环境。BB 是已经编写好并经过封装的能实现某项交互功能的程序代码,BB 的结构如图 11.10 所示,①是参数值,可以根据需要自行设置,也可以通过与其他 BB 的输出参数连接而获得;②是参数输入;③是参数输出,可将其数值传递给其他参数输入以供使用;④是行为模块的入口,只有入口被激活时该模块的行为才能启动;

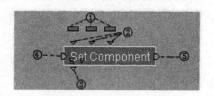

图 11.10　BB 结构示意图

⑤是行为模块的出口,当该 BB 的行为执行完后程序从这里流出从而激活下一级 BB。BB 之间的连接形式如图 11.11 所示,实线表示行为连接,用于连接程序流程;虚线表示参数连接,主要负责数据的传递。

Modifications(模型结构网格修改)、Narratives(叙事)、Optimizations(优化)、Particles(粒子)、Players(播放器)、Shaders(着色器)、Sounds(音频)、Video(视频)、Visuals(视觉特效)、VSL、Web(网页)、World Environments(虚拟环境),涵盖了运动控制、逻辑控制、摄像机控制、灯光控制、材质-纹理控制、输入设备控制、网络控制、视音频素材控制、界面设计等

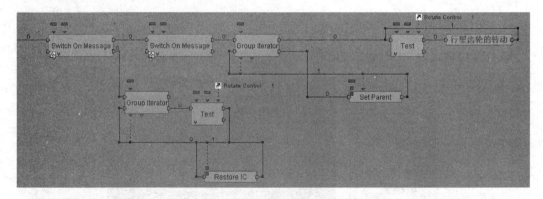

图 11.11　BB 连接示意图

功能,只要将这些 BB 适当组合、编辑就可以实现非常强大的交互功能。Virtools 除了提供丰富的内置 BB 以外,还提供 Physics Pack(物理属性)、VR Pack(虚拟现实)、AI Pack(人工智能)与 Xbox Kit(游戏开发)等多元应用的可选扩展模块,这些模块都是编写、封装好的程序代码,可以直接调用实现某些功能,满足了低编程水平者的开发需要。

3. 选择 Virtools 的理由

Virtools 是一款非常优秀的三维交互开发软件,具有交互性强、移植性好、灵活易用等特点。本案例选择使用 Virtools 作为虚拟实验交互功能的主要开发工具,主要基于以下方面的考虑:

(1) Virtools 是一款功能强大又实用的可视化程序开发软件,在 3D Layout 窗口中可以直接看到制作好的效果,并能随时对制作好的交互行为进行测试,使用非常方便。还提供了很多能实现某项交互功能的互动行为模块(BB),利用这些预设好的互动行为模块,可以有效地对对象进行交互设计,而且在帮助文档中对每个 BB 的功能和使用方法都进行详细的描述和说明,对该模块的具体功能、适用对象、参数的含义等进行详细的介绍,并且还提供了一个范例来说明其具体的使用效果,这使得用户在使用的过程中较容易理解其功能和使用方法。因此,Virtools 具有易学易用的特点。

(2) Virtools 提供了 700 多个 BB,涵盖了运动控制、逻辑控制、输入设备控制、网络控制、视音频素材控制、界面设计等功能,利用不同功能的 BB 进行组合,可以实现大多数的交互功能。除此之外,Virtools 还提供 Physics Pack、VR Pack、AI Pack 与 XboxKit 等多元应用的可选扩展模块,以实现更加强大的交互功能。Virtools 具有 VSL 程序语言模块,可在软件接口直接编写程序并编译,对于编程水平较高的使用者,还可以通过编写程序实现复杂的交互功能。Virtools 强大的交互功能及较好的扩展性,完全能够满足虚拟实验开发的需要。

(3) Virtools 不仅可以将设计好的程序输出成单机运行的可执行文件,还可以输出成可在网络上浏览的网页格式文件,这样可以非常方便地将虚拟实验发布到网络或嵌入到课程学习网站上,学习者只需要安装一个 3D Life Player 播放插件。既便于实验教学中使用,也便于将其嵌套在网络学习平台中方便远程教育实验教学运用。

(4) Virtools 与其他的可用于虚拟实验开发的软件比较,如表 11.1 所列。

表 11.1 Virtools 与其他的可用于虚拟实验开发的软件比较

软件 / 特性	Flash	Java 3D	Cult 3D	VRML	Virtools
交互动能	较强	强	强	强	很强
界面友好程度	很好	一般	很好	很好	很好
开发软件的硬件要求	无特殊要求	无特殊要求	高	高	高
开发难易程度	一般	较高	高	较高	高
制作方式	图形设计脚本语言	Java 语言编程	Java 语言编程	VRM 虚拟现实建模语言	Building Blocks（行为模块）——VSL 语言
播放工具	Flash 播放器	直接播放器	Cult 3D 播放器	VR 播放器	3D Life Player 播放器
实现效果	二维交互	二维交互 三维交互	三维交互	三维交互	三维交互

11.2.5 辅助工具 Photoshop CS4

Photoshop 是 Adobe 公司推出的一款功能强大、使用范围广的平面图像处理软件，目前，Photoshop 是众多平面设计师进行平面设计和图形、图像处理的首选软件。在本系统开发中，大部分图形处理都是通过 Photoshop CS 完成的。

11.3 模型从 CATIA 到 Virtools 之间的关键技术

11.3.1 格式问题

格式问题是产品能否被下一个文件打开或操作的关键所在，也可以说文件的格式，是文件的"身份证"。因此在任何操作过程中，时刻要注意文件的格式。

本章案例模型在 CATIA 里建立装配成功为 .CATProduct 格式，导出为 .3dxml 格式，这样只有简单的面，存在参数化的数据很少，便于后续的虚拟仿真。再将 .3dxml 格式的文件导入 3DVIA Composer，并导出为 3D Max 可导入的文件格式 .3ds。在 3D Max 导出时，应导出 Virtools 可导入的文件格式 .3DS，具体流程如表 11.2 所列。

表 11.2 格式与软件的流程图

CATIA	3DVIA Composer		3D Max		Virtools
.CATProduct	.3dxml	.3ds		.3DS	.cmo

11.3.2　模型的渲染

为了更好地区分装配模型中的各个零件，并且比较真实地反映模型材料的特性，也为以后的美观显示，需要对简化模型进行渲染，渲染所用的软件为 3D Max。3D Max 是一款功能强大的动画设计软件。本节案例主要用 3D Max 的渲染插件 VR 渲染器进行渲染。具体步骤如下：

（1）选择同一材质（纹理）的零件。打开"材质编辑器"（图 11.12）进行编辑，并选择 Standard 选项按钮。

图 11.12　"材质编辑器"界面

（2）如图 11.13 所示，选择"VR 材质"，双击就可以进入 VR"材质编辑器"，如图 11.14 所示。

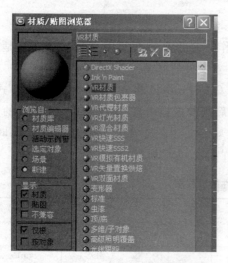

图 11.13　调质球材质选择编辑器

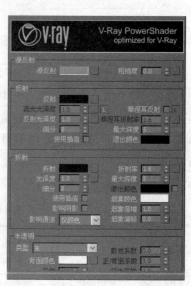

图 11.14　VR"材质编辑器"对话框

（3）调节漫反射系数以及颜色。每个物体都有漫反射，这也是反映实际物体在光照中真实的表现。反射系数设为 0.8。任何物体都有反射光的性质，只是表面光滑度不同，反射光的程度不同，越是光滑的物体，反射程度越高，反射系数就越小，反射斑越大。

（4）再编辑材质"双向反射分布函数"的"各向异性"∈（−1，1），大概取值为−6。该值表明反射光斑的形状以及随调质球曲面拉伸的变化程度，如图 11.15 所示。

图 11.15　编辑材质的"双向反射分布函数"编辑器　　　　图 11.16　调质球最终效果

（5）调完所有系数后，最终调质球效果如图 11.16 所示。再将调质球拖拉至所选实体的零件上即可。单击"渲染"按钮，计算机会自动渲染，如图 11.17 所示。

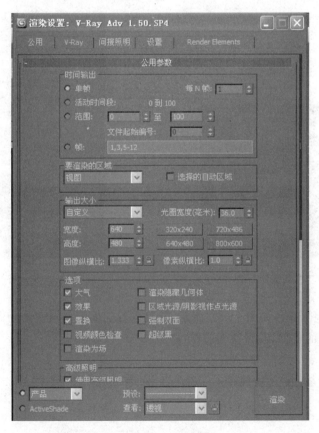

图 11.17　渲染编辑器

11.3.3 分坐标

为何要分坐标？因为在模型建模时，系统默认的坐标只有装配坐标，即所有零件的坐标为一个，以后在 Virtools 做交互时，要做动作时所用坐标皆以自己的坐标为准，例如旋转，必须绕着自己的轴旋转，也就是说，做动作的零件，凡是不以总体坐标做动作的（例如：所有行星轮），拥有独立坐标系，而坐标原点应在其自身的中心。

分坐标的具体步骤如下：

（1）选择需要分坐标的零件，再选择"层次"，就出现如图 11.18 所示选择菜单。

（2）选择"仅影响轴"，显示屏幕上就会显示粗细可调整的坐标轴，如图 11.19 所示。

图 11.18　选择菜单

（3）选择"工具"菜单栏，选择"对齐"选项，并选择"对齐"（或者组合键 Alt＋A），看到鼠标箭头改变，并单击该零件，就可弹出"对齐"窗口，如图 11.20 所示。

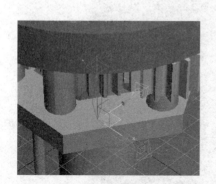

图 11.19　可调整轴的显示

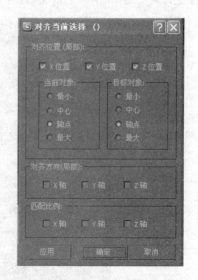

图 11.20　对齐当前选择

（4）选择轴点和中心，如图 11.20 所示，就可以看到显示坐标在该物体中心。制作好每个所需要反坐标轴的零件，并另存为.3DS 格式。

11.3.4　模型导入 Virtools 的初步设置和对象建立

1. 初始设置

为了使模型能更好地在 Virtools 中操作，需要对 Virtools 进行初始设定。步骤如下：打开 Editor 菜单，选择 Variables Manager 进行初始设定，选项如图 11.21 所示。

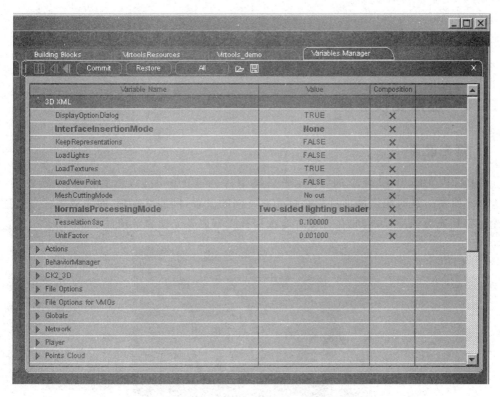

图 11.21　Virtools 的初始设定

2. 对象的建立

打开 Virtools 软件,选择 Resources→Create New Data Resources,创建新资源。选择所要保存的路径,并输入文件名"自动变速器虚拟实验系统",并选择保存格式.rec,单击"保存"按钮。在所选路径所得文件夹内自动生成如图 11.22 所示的文件夹。

图 11.22　自动生成的文件夹

将所需各种文件放入各自对应的文件夹里。例如,为准备做界面和按钮的图片,放入 Textures 文件夹中,3D 模型文件则放入 3D Entities 文件夹中。在 Virtools 中,选择 Resources,单击 Import File,选择放入 3D Entities 文件夹中的 3D 模型文件,再选择"打开",便建立了对象。

11.4　虚拟装配平台开发

11.4.1　虚拟交换环境

1. 灯光设置

若在 3D Max 中没有添加灯光,那么模型导入 Virtools 后,看到模型为黑色的,如图 11.23 所示。这时应该添加灯光。灯光有不同的设置,例如点光源、面光源等。当然这些灯光也有其光源的坐标,因此在设置时要选择其类型以及光源坐标值。

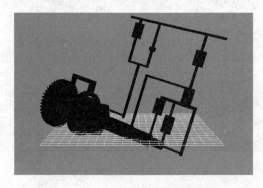

图 11.23　未添加灯光的模型显示

添加灯光时,单击 Create Light(添加灯光)按钮,就可以在显示区域看到灯光光源的坐标轴。在编辑区,可以看到灯光的编辑器,如图 11.24 所示。在 Type(类型)后选择 Directional,并调节坐标,在显示区可以看到模型在光照下的情况,如图 11.25 所示。

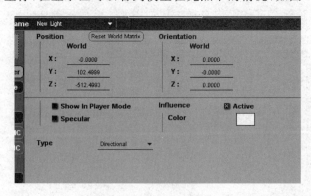

图 11.24　灯光编辑器

2. 摄像机的设定

Virtools 自带 5 个固定的摄像机,但这 5 个固定摄像机是固定的,不满足摄像机可操作的要求,因此需要建立一个环绕摄像机,具体步骤如下:

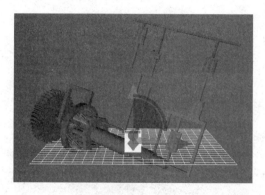

图 11.25　调好灯光后的显示效果

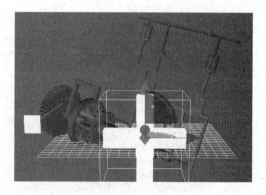

图 11.26　创建三维帧

1）建立 3D 帧

在创建面板中，选择创建 3D 帧的命令，创建一个新的三维帧，如图 11.26 所示，作为摄像机的参考对象。点选 Level Manager 按钮中的 Global 目录，选择 3D Objects 目录，找到所需要承载的参考体，例如"小太阳轮"。然后打开小太阳轮的设置窗口，如图 11.27 所示。

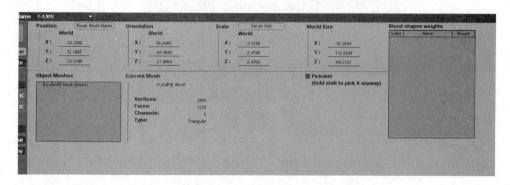

图 11.27　小太阳轮设置窗口

记下控制面板中 World 的 X,Y,Z 坐标值，再将刚建好的三维帧的坐标值与小太阳轮对应改好即可。

2）设定摄像机

在创建面板上选择"创建摄像机"按钮，创建一台新的摄像机，并在其脚本编辑面板上创建脚本，包括 Mouse Waiter BB 交换模块以及其他的 BB 脚本模块。具体连接方式以及 BB 如图 11.28 所示。

11.4.2　2D 帧的设置

在本节案例中，所有的图片以及界面按钮，都必须"附着"于二维帧（2D Frame setup）。因此，在设计图片和按钮之前必须先设计好其"附着"的二维帧，包括二维帧的坐标（起始位置）、大小等，二维帧显示如图 11.29 所示。

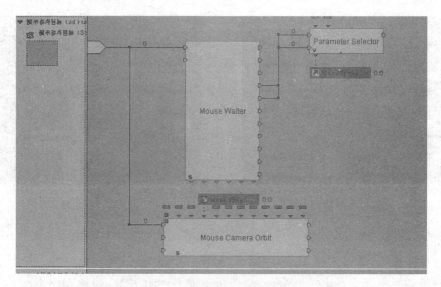

图 11.28　摄像机设定脚本面板

图 11.29　二维帧显示效果

1. 创建二维帧

首先创建二维帧。在创建面板上,单击二维帧创建按钮,就可得到如图 11.30 所示的二维帧编辑器。在这里可以设计二维帧的坐标,如图 11.31(a)所示,长宽尺寸,如图 11.31(b)所示,材质属性,如图 11.31(c)所示,以及"附着"界面,如图 11.31(d)所示。

2. 创建二维帧材质

要想图片"附着"于二维帧,必须经过中间途径——材质,也就说图片附着于材质,材质附着于二维帧。那么首先要创建材质,在控制面板上有创建材质按钮(Material)。此时在编辑区就可以出现材质编辑器,如图 11.32 所示。

在这里可以选择材质赋予的图片,以及图片赋予的情况。对于界面没有鼠标识别的特性(即鼠标滑动到图片上时,图片发生明暗、颜色变化等,这样会使按钮有质感),界面的材质就可以用一个材质。而对于按钮的二维帧,需要两个材质,这两个材质就需要相同的图片两

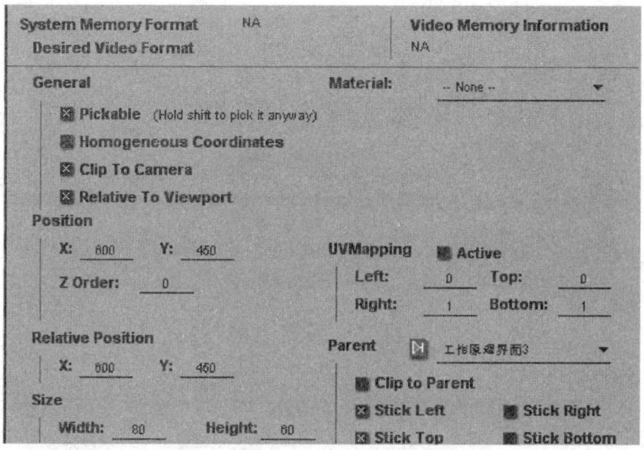

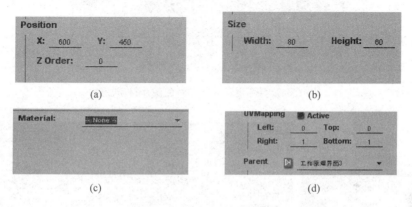

图 11.30　二维帧编辑器

图 11.31　二维帧的编辑数据

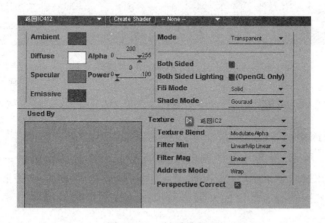

图 11.32　材质编辑器

幅,而这两幅图片所不同的就是其"附着"材质的方式不同。当鼠标不在按钮上时材质的设置如图 11.33 所示,而鼠标滑动在二维帧的图片材质设置如图 11.34 所示。

　　而对两种不同材质,在二维帧设置时,其选择是靠 BB 来控制的,其 BB 设计以及参数设计如图 11.35 所示。

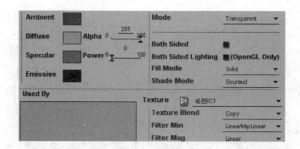

图 11.33　鼠标不在按钮上时材质的设置

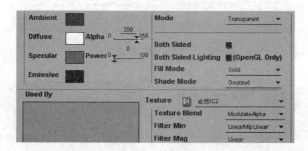

图 11.34　鼠标滑动在二维帧的图片材质设置

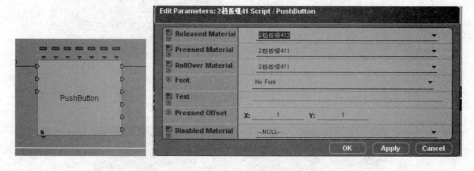

图 11.35　按钮 BB 设计以及参数设计

3. 赋予二维帧材质图片

通过打开材料库中的 Texure,从而实现材质添加图片功能。里面存放的是事先处理好的图片,如图 11.36 所示,将图片拖到显示区,就可以打开图片编辑器。一种是普通图片,不需要设计其透明区域等,如图 11.37 所示。而一些播放界面需要设计其透明区域,如图 11.38 所示,在图片右侧单击鼠标右键就会出现选择菜单进行设计。

11.4.3　2D 帧的 BB 设计

1. 界面交换设计

界面交换也就是当单击界面组上按钮时,就会激活另一个界面组,使其显示并激活其上

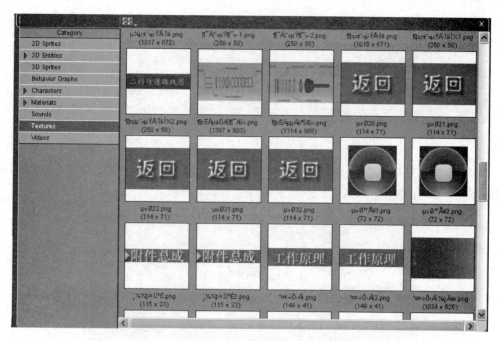

图 11.36　材料库中存放的处理好的图片

图 11.37　不需要特殊处理的图片设置

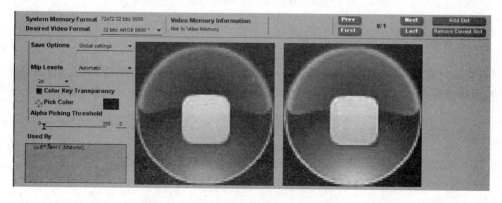

图 11.38　需要设置透明区域的图片设置

的按钮。其 BB 设计以及 BB 的连接方式如图 11.39 所示。

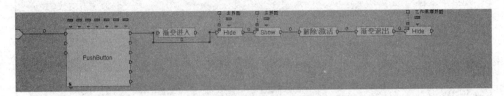

图 11.39　界面交换的 BB 设计以及 BB 连接方式

图 11.39"渐变进入"及"渐变退出"BB 包中,BB 以及 BB 连接方式如图 11.40 所示。"解除/激活"BB 包中,BB 以及 BB 连接方式如图 11.41 所示。

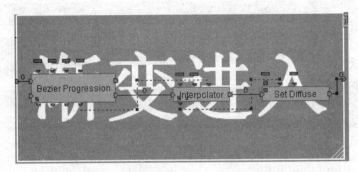

图 11.40　"渐变进入"及"渐变退出"的 BB 包中 BB 以及 BB 连接方式

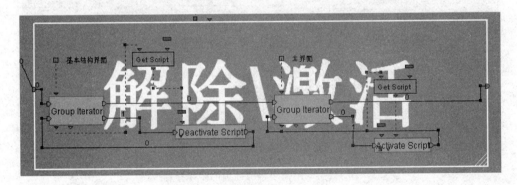

图 11.41　"解除/激活"BB 包中 BB 以及 BB 连接方式

2. 图片调用以及画栅的设计

有些图片在调用时,图片不仅作为一个界面,而且作为一个画栅所调用。首先创建画栅,在创建面板上选择创建画栅的按钮,并编辑画栅的编辑器,如图 11.42 所示。

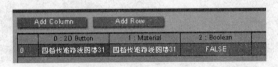

图 11.42　光栅编辑器

11.4.4　动作 BB 的设置

1. 旋转 BB

模型的运动全靠 BB 控制，当然也包括旋转运动。这个旋转运动的 BB 需要靠按钮触发，这就需要 Send Message /Send Message to Group 这个 BB。而模型运动首先要接受这个 Message 及其所需 Switch Message 的 BB。于是运动控制按钮 BB 设置如图 11.43 所示，模型的 BB 设置如图 11.44 所示。

图 11.43　运动控制按钮 BB 设置以及连接方式

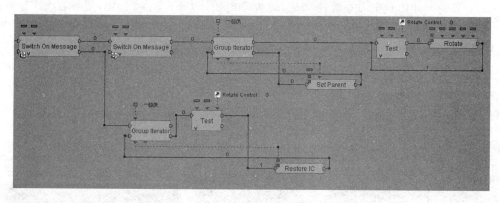

图 11.44　运动模型的 BB 设计

图 11.44 中，行星齿轮 BB 包等设置如图 11.45 所示。

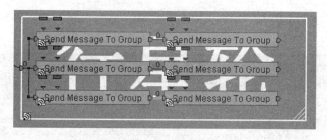

图 11.45　行星齿轮 BB 包

Send Message /Send Message to Group BB 的参数设置如图 11.46 所示。

Switch on Message BB 的参数设置如图 11.47 所示。

图 11.46 Send Message to Group BB 参数设置

图 11.47 Switch on Message BB 参数设置

2. 暂停

在本案例设计仿真中需要暂停功能,而暂停需要添加一个参数 BB,用参数 BB 控制运动。参数 BB(Identity)和判断 BB(Test)设置分别如图 11.48 和图 11.49 所示。当参数为 1 时,判断 BB 就会终止 BB 循环;而当参数为 0 时,判断 BB 就会通过循环,因此我们就用这对 BB 来控制暂停,如图 11.50 和图 11.51 所示。

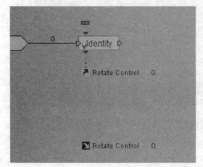

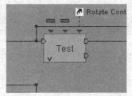

图 11.48 参数 BB(Identity)   图 11.49 判断 BB(Test)   图 11.50 参数 BB 的参数设置

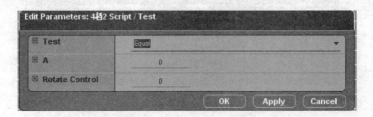

图 11.51 判断 BB 参数设计

3. 返回 IC

在本案例设计仿真中需要返回初始状态,而返回初始状态需要添加一个返回 IC 的 BB (Rostore IC)来控制。而其触发需要一个按钮的 Send Message to Group 的 BB(前面已经介绍过)。返回 IC 的 BB 及其连接方式如图 11.52 所示,其没有参数,无须参数设置。

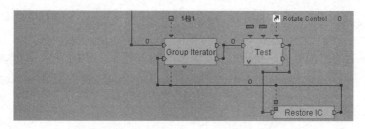

图 11.52　返回 IC 的 BB 以及其连接方式

11.4.5　整体界面

完成的 01N 型自动变速器虚拟实训系统主界面以及按钮如图 11.53 所示,基本组成界面以及按钮如图 11.54 所示,基本工作原理界面以及按钮如图 11.55 所示,动画播放界面以及按钮如图 11.56 所示。

图 11.53　主界面以及按钮

图 11.54　基本组成界面以及按钮

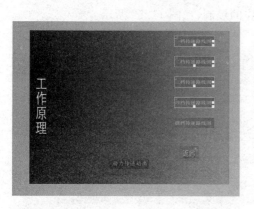

图 11.55　基本工作原理界面以及按钮

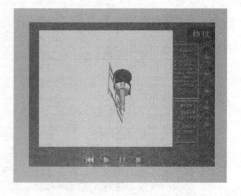

图 11.56　动画播放界面以及按钮

11.5　总结与展望

11.5.1　操作 BB 的技巧

1. BB 的创建

在 BB 面板上的空白处,按住 Ctrl 键,双击并输入所需 BB 的开头字母,即可选择所需 BB,如图 11.57 所示。这样只需要知道 BB 开头几个字母,就能以简便和快捷的方式创建 BB。

2. BB 的复制

按住 Shift 键,单击需要复制的 BB,拖动到空白处,就可方便快捷地复制 BB,如图 11.58 所示。

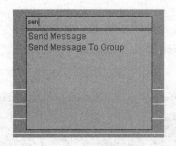

图 11.57　快捷键创建 BB

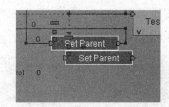

图 11.58　BB 复制的快捷方式

11.5.2　模型以及界面的分组

在创建面板上可以创建组,并为组命名,这样在 Level 的 Global 中的 Group 就可以找到。选择 Group 成员,单击鼠标右键,在出现的菜单中选择 Send to Group,就可以将所选的对象放入所需的组中,我们就更好地控制整组的动作。注意,同一对象,可以多次放到不同的组中,这样可以是同一的物体,可做不同的动作的控制,如图 11.59 所示。

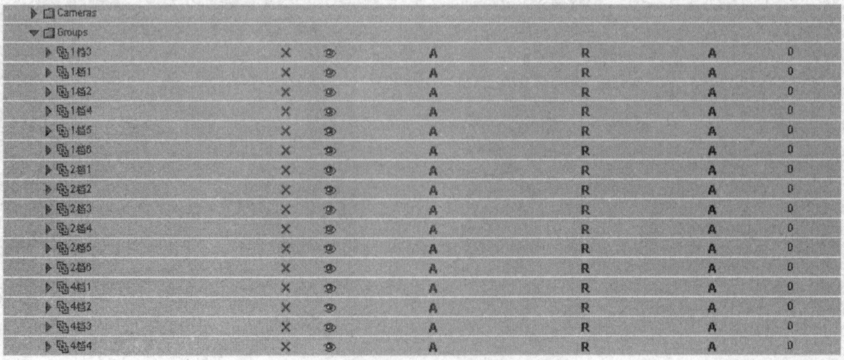

图 11.59　创建组

11.5.3　IC 的设置

在界面之间 IC 状态下,需隐藏和显示的界面,可以在其对应的对象后面小"眼睛"上单击,"眼睛"就闭上或张开,所对应的对象就被隐藏或显示,如图 11.60 所示。选择该对象单击 Set IC Selected 按钮,对象其后面有叉的符号即可被设置,如图 11.61 所示。

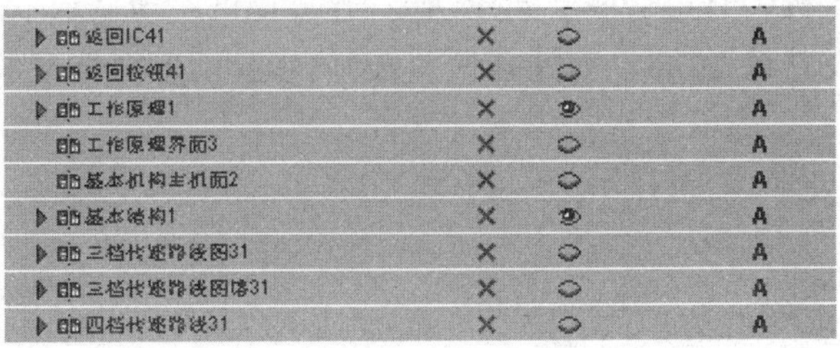

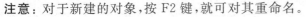

图 11.60　对象的显示与隐藏

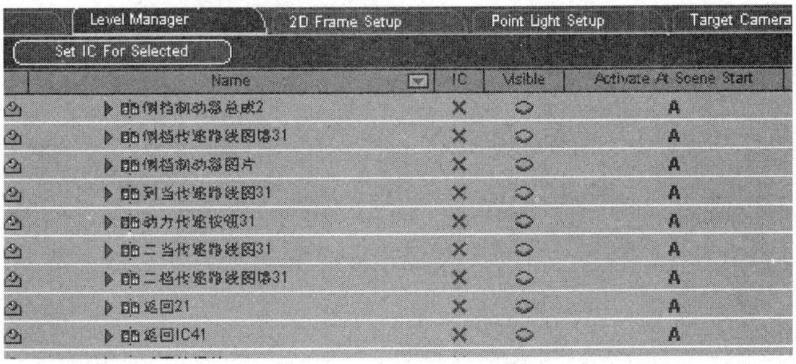

图 11.61　对象的 IC 设置

11.5.4　命名技巧

对于一般按钮二维帧,其对应的材质就有两个,而两个材质又对应两幅图片。本系统界面和按钮多,其命名非常多,因此一定要系统地命名,这样才不乱。

命名的规则:[名称]+[其所在第几个界面]+[其材质是第几个材质(材质的命名)]+[其图片是第几幅(图片的命名)]。如图 11.62 所示的"返回 IC412"即为一种命名。

图 11.62　命名规则

注意:对于新建的对象,按 F2 键,就可对其重命名。

11.5.5　展望

本项目以 01N 型自动变速器为应用对象,基于 CATIA 建立自动变速器各零部件的全三维 CAD 数字化模型,进行装配建模和装配仿真整个虚拟装配过程,从而实现自动变速器的动态装配仿真。

后续的工作可从如下几个方面进行：

（1）系统可根据变速器各零部件之间的约束关系进行整体装配建模，能实现虚拟装配及零件装配路径的规划与静态干涉检查，并自动检验零件的可装配性。

（2）系统具备安装和加密保护功能。

（3）该系统可以设置虚拟零件库和工具库，用户可经两库自选零件和工具进行虚拟装配，并具有给予零件装配路径正确与否的提示功能。

（4）具备接收 PC 机（上位机）底层调用功能，开放提供自动显示不同挡位虚拟运行的正确路径，最终实现与硬件设备（自动变速器试验台）同步显示不同挡位虚拟运行功能。

第 12 章

面部碰撞对行人头部生物力学模型损伤影响

本章结合具有详细面颅特征的 50 百分位人体头颈部有限元模型,使用 Nahum 和 Trosseille 的经典实验数据进行较全面的有效性验证。通过若干种面部碰撞损伤方案分析,研究面部碰撞对创伤性脑损伤影响的生物力学响应,为研究中国人体头部损伤机理及损伤评判标准提供科学依据。

12.1   研究背景及意义

在汽车道路交通事故中,头部损伤已逐渐成为最严重的损伤类型。据世界卫生组织(WHO)统计,在道路交通事故中,弱势道路使用者占到总死亡人数的 50%,其中行人占到总死亡人数的 22%。2010 年的统计数据表明:在中国,行人死亡人数占交通死亡总人数的 25%,因此开展有关行人损伤,尤其是行人头部损伤的相关研究是非常必要的。

面部损伤和创伤性脑损伤在过去的几十年里已经成为研究的热点。在解剖学中,面部骨骼和头骨非常接近,这就导致带有面部损伤患者存在脑损伤的风险很高,面部碰撞造成的损伤与脑损伤有一定的相关性,研究面部碰撞与脑损伤之间的关系有助于在交通事故中对行人损伤进行预测。

近年来,对面部交通碰撞损伤的研究不断深入,尤其在流行病学、损伤生物力学、损伤机理、损伤治疗和损伤评价等方面,都取得了不少成果,但仍有大量的工作有待进行。在已有的这些研究中都或多或少地对面部骨骼特征和颅内组织进行了简化,大部分研究都对实际碰撞状态进行了简化或者只对少部分碰撞位置的生物力学响应和损伤机理进行了分析,对于面部碰撞及创伤性脑损伤的分析还不够全面透彻。因此,亟须一个具有详细面颅结构的人体头部有限元模型,并对其进行真实有效的实际碰撞场景模拟,以此来分析面部碰撞对行人创伤性脑损伤机理及生物力学响应。

12.2   头颈部有限元模型

1. 有限元模型构建与验证

本案例几何模型数据来自 50 百分位中国成年男性志愿者 CT 和 MRI 医学成像图片,建立符合中国人体特征的 50 百分位头颈部有限元模型。该模型具有详细的解剖学结构,细化了面颅结构,使用 Nahum、Trosseille 和 Hardy 等的经典实验数据进行了全面的有效性验证。模型总质量 4.73kg,描述了头颈部详细解剖学特征,包括头骨、面部骨骼、窦、大脑、小脑、大脑白质和灰质、脑室系统、中脑、脑干和脑脊液等结构,如图 12.1 所示。

有限元模型必须验证其生物逼真度,才能够用于车辆碰撞事故中人体动力学响应和致伤机制的研究。国外较早开始使用尸体进行头部损伤方面的实验研究,如 Nahum 等进行尸体头部碰撞实验测量颅内压力;Trosseille 等通过尸体碰撞实验测量颅内动力学响应;Hardy 等使用先进的高速 X 光摄影系统和微型传感器,获得头部冲击过程中颅脑相对运动的位移量。头颈部有限元模型的验证基于这三组实验,通过模拟相同的实验条件,分析了颅内压力、颅内动力学响应以及颅脑相对位移等生物力学参数,并与实验数据对比分析。结果显示,构建的头颈有限元模型具有较好的稳定性和生物逼真度,能够正确反映碰撞过程中的生物力学响应,可用于碰撞过程中颅脑损伤评估等相关工作。

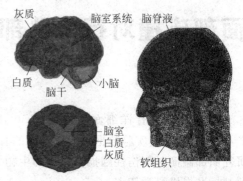

图 12.1　生物力学有限元模型

2. 面部碰撞仿真条件设定

本研究中模拟的 9 种不同碰撞方向(图 12.2),是现实生活中经常遇到的几种碰撞情

案例1:
在鼻梁骨斜前方碰撞
冲击角=35°
到横向平面

案例2:
在鼻梁骨斜前方碰撞
冲击角=35°
到横向平面
冲击角=45°
到中矢面右侧

案例3:
在鼻尖上外侧软骨正面碰撞

案例4:
对牙齿正面碰撞

案例5:
基底对下颌的影响

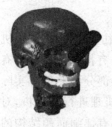

案例6:
对下颌骨横向冲击
(R.Ramus)

案例7:
在颧骨外侧倾斜的影响
冲击角=65°
到中矢面

案例8:
上颌骨-颧骨斜前方碰撞
冲击角=25°
到矢状切面

案例9:
下颌底部斜向上冲击
冲击角=35°
到矢状切面

图 12.2　9 种常见的面部损伤碰撞场景

况,这样能够更好地了解面部碰撞对脑损伤的影响及机制。本研究根据 Cormier 等在尸体实验中的设定,使用一个质量为 3.2kg、直径为 28.66mm、厚度为 100mm 的圆柱形刚体以 2.5m/s 的速度碰撞人体头部有限元模型,碰撞面积为 645mm²,平均的冲击能量为 10J。与 Cormier 等在实验中通过安装支架产生刚性约束不同,在本研究的模拟中,在 C7 椎骨下表面的节点上施加了一个固定边界条件,以模拟更加真实的颈部伸缩和弯曲。

12.3　面部碰撞对头部生物力学模型损伤影响

在本节中,使用具有详细面颅结构的有限元模型模拟了 9 种常见的面部碰撞场景。通过分析颅骨骨骼和颅内组织的生物力学参数,确定面部碰撞对行人创伤性脑损伤的影响及损伤机制;同时,分析应力波通过面部骨骼和颅骨到达颅内的具体传播路径,进行面部损伤与创伤性脑损伤的相关性研究。

12.3.1　应力波传播路径

通过 Abaqus 仿真模拟,得到 9 种面部模拟碰撞情况下,应力波在大脑的传播情况,如表 12.1 所列,展示了应力波在人类头部传播的动态过程。

1. 鼻骨斜碰撞

案例 1 中的鼻骨斜碰撞,碰撞方向与横断面成 35°,撞击器直接击中鼻骨的前尖端,应力先集中在碰撞位置,然后传播到上颌骨的双侧额叶以及鼻骨的后端。应力波也在内部向前行进到眼眶底部,同时一部分应力波向上行进直到额骨区域。从正中矢状断面视图可以看出,在 $t=0.2$ms 及 $t=0.4$ms 时刻,在内部由前鼻骨行进的应力波,通过密度较小的鼻中隔软骨传播到犁骨,同时在筛骨垂直板的应力波通过鼻骨传播。在斜碰撞后的大约 1ms 时刻,观察到在犁骨和筛骨交界处的应力有中等幅度的升高。应力波通过犁骨,继续在内部向后传播到蝶骨和枕骨大孔,最终到达颈部。由于头部模型的底部固定,弯曲的头颈部在下颈部(C3~C7)引起一些局部应力。由于头颈部弯曲引起的头部和大脑之间的相对运动,导致了应力集中在大脑额叶和大脑颞叶。随后头颈部继续弯曲(从 $t=1$ms 到 $t=3.6$ms)导致颈部应力不断增大,同时,集中在大脑颞叶前面的应力继续向后传播,在 $t=2.6$ms 时应力会反映在枕叶。高应力会出现在双侧上颌骨鼻面,产生这一现象是由于通过鼻中隔软骨传播的应力波。在 $t=2.0$ms 时,在前鼻棘(ANS)以及鼻中隔软骨和外侧软骨之间的交界处出现了大约 65MPa 的应力。从上述颅骨骨骼外表面视图还可以看出,来自眼眶底的应力波通过颧骨额突和颧弓传播到双侧下颌分支。

2. 鼻骨斜侧碰撞

案例 2 的鼻骨斜碰撞,碰撞发生在鼻额骨区,碰撞方向与横断面成 35°,与正中矢状断面呈成 45°,自碰撞位置的应力波以两种方式传播:一种是先向后通过额骨、筛骨筛板,然后到达大脑的下额叶;另一种是向下通过筛骨垂直板、鼻中隔,然后到达上颌骨的腭底面。从外

表 12.1 9 种不同的碰撞场景下人体头部应力传播过程

续表

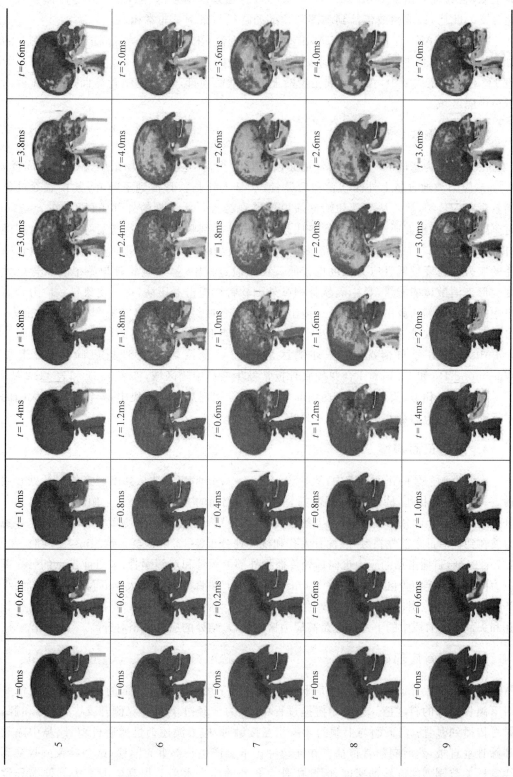

表上看,自碰撞开始至 $t=1.0$ms 时刻,应力波也通过眼眶顶部、颧额突、颧弓传播到双侧下颌分支。此后,该应力波传播到脑部和颈部的路径与案例 1 非常相似。

基于在 75MPa 下的 von Mises 准则的断裂理论,在案例 1 的鼻骨周围以及案例 2 的鼻骨和双侧上颌骨中,可以观察到发生在鼻骨上的正面碰撞及其骨折形式(表 11.1 和表 11.2)。在案例 2 中,骨折区域还包括上颌骨眶底前部、双侧上颌骨鼻面、筛骨筛板以及下鼻中隔区域。

3. 鼻外侧软骨正面碰撞

由暴力行为造成的鼻外侧软骨正面碰撞很常见,在这种碰撞场景中,从 $t=0$ms 至 $t=7.6$ms,应力波通过鼻上外侧软骨和后鼻骨,从鼻下外侧软骨传到下额叶,紧接着通过鼻中隔软骨和 VE 结,然后从额骨和筛骨筛板传播到蝶骨。从头骨的外部正面看,在 $t=7.6$ms 时刻,应力波还能够通过上颌骨额突从鼻骨横向传播到眼眶底部,这与案例 1 中鼻骨斜碰撞(横断面向上 35°)时的应力传播路径非常相似。但在鼻外侧软骨正面碰撞中,在颅骨中传播的应力波速度较低且应力强度也较低。在碰撞过程中,鼻外侧软骨与鼻中隔软骨以大幅度变形来消散碰撞能量,鼻中隔软骨和鼻外侧软骨被撞击器压溃,这一现象导致应力升高且集中在鼻尖周围和鼻中隔软骨处。撞击器对面部骨骼结构的高速撞击产生较大冲击力,冲击力不断加剧软骨的应力水平,因此在筛窦和额叶区域产生更高的应力。根据案例 3 中 von Mises 应力分布情况,在鼻外侧区域和前鼻骨区域存在骨折风险,而临床常见 Wassmund IV 和 Le Fort I 合并颅底骨折常发生在鼻中隔区域,如表 11.1 和表 11.2 所列。

与案例 1 相似,头颈部弯曲在颈部较低区域会引起局部应力集中,导致颅骨和大脑的相对运动,因此,应力会集中在额叶和颞叶。

4. 牙齿正面碰撞

在对上颌门牙的正面碰撞中,从 $t=0$ms 至 $t=4.4$ms,应力波从高度密集的门牙处开始传播,一部分沿梨状孔,特别是中线膈、筛骨、中间和侧面的上颌窦壁通过上颌骨牙槽突,另一部分迅速地通过上颌牙槽突、犁骨及上颌骨腭突,再分别到达上颌骨双侧额突和蝶骨。这导致应力波在到达后部之前先在颞叶、枕骨大孔和枕叶处分布($t=2.0$ms 至 $t=4.4$ms)。同时,在 $t=4.4$ms 时刻,自撞击点的应力也向远处传播到外部上颌骨和双侧颧骨,来自撞击点的另一部分应力向上传播至额骨区域。在 $t=4.4$ms 时刻,在上颌骨处出现最大 von Mises 应力,大小为 203.66MPa,这表明在上颌牙槽突处存在 Le Fort I 型骨折。从 $t=3.2$ms 至 $t=4.4$ms,枕骨大孔和头颈弯曲阶段中的下颈部也是高应力区,而 VE 结处的应力也相对升高。

5. 下颌骨底部碰撞

另一个发生外伤的常见位置是下颌底。案例 5 是对下颌骨底部的垂直碰撞,案例 9 是对下颌骨底部的斜碰撞。在整个碰撞过程中,应力波经过下颌骨双侧升支、下颌弓和髁,沿颧弓传播到颧骨;当下颌与上颌的牙齿相互接触时,应力波还会迅速通过犁骨、鼻中隔软骨和筛骨垂直板,然后向额骨传播。在连续冲击下会产生头部重心偏移,这会导致颅骨受到围绕寰枕关节剧烈的旋转加速度,因此枕骨大孔处的应力水平会提高。由于头部伸缩导致的颅骨和大脑之间的相对旋转运动,使得应力集中在大脑额叶处,在案例 5 中,应力在 $t=$

6.6ms时传播到后方；在案例9中,应力在 $t=7.0$ms 时传播到后方。

案例5中,在 $t=3.0$ms 时刻,在下颌升支和下颌体处出现峰值应力,大小为 209.55MPa；案例9中,在 $t=3.6$ms 时刻出现峰值应力,大小为 267.52MPa。此外,容易发生骨折的高应力区还包括下颌骨喙突、下颌切迹、下颌骨髁、颧颞缝和双侧上颌骨鼻面。而从 $t=3.6$ms 至 $t=7.0$ms,应力在 VE 结和筛骨筛板处加剧很容易导致筛骨筛板的 Le FortⅢ型骨折。

6. 下颌骨横向碰撞

从 $t=0$ms 至 $t=1.2$ms,冲击器横向碰撞下颌骨右支,导致应力迅速传播到下颌髁突和下颌骨体。从右侧下颌骨髁突开始,应力波继续传播到颞骨的鳞状部分及颧骨,随后到达上颌骨鼻面；而自下颌骨体处的应力波传播至对侧下颌升支。在正中矢状断面图中,从 $t=1.2$ms 至 $t=5.0$ms,可以看出应力波通过上颌骨鼻面向密度较小的鼻中隔软骨传播。在 $t=2.4$ms 时出现最高颅骨应力,大小为 328.89MPa,主要集中在下颌骨髁突处及下颌切迹,然后应力分散传播到内部蝶骨、枕骨大孔及椎骨,这与正面碰撞案例中应力波在到达内部蝶骨之前绕过犁骨完全不同。在内部,应力也可以通过蝶骨传送到眼眶底。与其他案例一样,在 $t=5.0$ms 时刻,案例6中的局部应力首先发生在 VE 结和筛骨的薄筛板处,这表明它们是复杂面中部结构中最薄弱的地方,这可能是由于连续击打刚度较低的鼻中隔软骨导致应力集中在鼻棘(ANS)区域。在碰撞发生的1.8ms后,头部的横向弯曲导致应力集中在大脑的右颞叶、右顶叶及右额叶处。此后,右叶的表面应力继续向前方和后方传播,然后反映在顶部并且在顶部融合。

7. 颧骨外侧斜碰撞

表12.1还分别展示了在颧区(案例7)和颧上颌区(案例8)的斜碰撞以及应力从碰撞位置到颧区和颧上颌区的传播路径。

从表12.1可以看出,在内部,应力波主要通过上颌腭突、上颌骨以及蝶眶面向蝶骨和面中部结构传播。案例7中,在 $t=1.0$ms 时刻,颧骨处出现最大集中应力,大小为244.69MPa,而且在颧骨额突、上颌骨以及颧眶表面还存在局部应力集中；而在案例8中,在 $t=1.2$ms 时刻,颧上颌区出现最高应力,大小为537.94MPa。两个案例中,在颧骨、上颌骨的轨道表面存在大量的集中应力,尤其是在案例8中,碰撞的位置最接近眼眶区域。从 $t=1.2$ms 至 $t=4.0$ms,鼻外侧软骨受到严重的击打,导致在外侧软骨处产生局部应力集中。从 $t=2.6$ms 至 $t=4.0$ms,由鼻外侧软骨引起的对鼻中隔软骨的附随冲击,还会导致 VE 结和鼻棘(ANS)处的局部集中应力有所升高。尽管颧骨斜碰撞的集中应力低于直接横向碰撞(案例6),但头骨前额区域和大脑额叶之间的相对位移仍相当大,这导致应力后来集中在大脑前额叶和右侧颞叶处,随后,大脑中的应力波继续向枕叶传播。

12.3.2　颅内生物力学参数

颅内生物力学响应或参数不能在体内直接测量,但可以通过有限元模拟来确定。正如前面所提到的,这些颅内生物力学参数已被假定为创伤性脑损伤(TBI)评估工具来预测各种头部损伤。在9种碰撞场景下,当碰撞力达到峰值时,确定了这些位置的颅内生物力学参数的最大值和临界值,得到了如图 12.3～图 12.8 所示的等高线图。表 12.3 显示了关键颅内生物力学参数的详细解剖位置。

表 12.2　可能的颅骨骨折的位置和相关的脑损伤

案例	颅骨骨折位置	其他可能骨折位置	TBI 可能的类型	TBI 发生部位
1	鼻骨及上颌骨额突	前上颌骨眶底、双侧上颌骨鼻面和筛骨筛板	严重损伤或轻度损伤; 轴索损伤; 严重损伤或轻度 DAI; 可恢复损伤	下额叶; 下额叶; 后小脑,前额叶,下额叶,脑干上部; 下额叶
2	鼻骨	前上颌骨眶底、双侧上颌骨鼻面、筛骨筛板和鼻中隔	严重损伤或轻度损伤; 轻度 TBI; 严重损伤或轻度 DAI; 轻度 TBI	前额叶,下额叶; 下额叶; 侧枕颞叶,小脑; 颞极
3	鼻骨前端	外侧软骨和下鼻中隔	轻度损伤或无损伤; 轻微可恢复损伤或无损伤	前额叶; 额窦附近前下额叶
4	上颌牙槽突	犁骨-筛骨交界及双侧上颌骨鼻面	轻度损伤; 中度神经病变; 轻度 DAI; 可恢复损伤	下额叶; 颞叶,下额叶; 延髓; 侧枕颞上回
5	下颌支	犬齿,下颌骨喙突,下颌切迹,颞下颌关节,颧颞缝,犁骨,筛窦结,犁骨-筛骨交界及双侧上颌骨鼻面	轻度损伤; 局部挫伤; 轻度 DAI; 可恢复损伤	额叶; 前上部脑干; 前下额叶; 颞叶
6	下颌支,下颌切迹及颞下颌关节	下颌骨喙突,颧弓及双侧上颌骨鼻面	轻度损伤; 脑震荡; 轻度 DAI; 轻微可恢复损伤	额颞叶; 后小脑; 后延髓; 后下脑干
7	颧骨	颧骨额突,颧弓,颧眶面, 上颌眶底,下颌骨喙突及上颌骨颧突	轻度损伤; 轻度 TBI; 严重损伤; 可恢复损伤	颞叶; 额颞叶; 颞叶,小脑前上部,下额叶; 额颞叶
8	颧区	颧眶面,上颌骨眶底及蝶骨颞下窝	轻度损伤; 轻度 TBI; 严重损伤; 可恢复损伤	前下额叶; 颞极; 前脑干,前额叶,小脑; 颞极
9	下颌支和身体	门齿,下颌骨喙突,下颌切迹,颞下颌关节,颧颞缝,颧弓,犁骨,犁骨-筛骨交界及双侧上颌骨鼻面	轻度损伤; 脑震荡; 严重损伤; 轻微可恢复损伤	前下额叶; 额颞叶; 大脑颞极,前下额叶,前脑干; 颞叶

表 12.3　颅内生物力学参数临界值

案例	最大 ICP/MPa		最大 von Mises 应力/MPa		最大剪应力/MPa						最大应变	
	P_{max}	位置	σ_{max}	位置	$\tau_{12,max}$	位置	$\tau_{13,max}$	位置	$\tau_{23,max}$	位置	ε	位置
1	2.367×10^{-1}	垂体附近的下额叶(−0.5mm)	2.597×10^{-2}	垂体附近的下额叶(−0.5mm)	1.143×10^{-2}	脑干上部(+8.98mm)	1.325×10^{-2}	额叶扣带回(−0.5mm)	1.578×10^{-2}	乳头体附近的下额叶(−12.96mm)	8.858×10^{-2}	下额叶(−1.5mm)
			1.807×10^{-2}	颞叶海马旁回(+16.73mm)	-1.196×10^{-2}	下额叶(+8.98mm)	-1.635×10^{-2}	后小脑(−0.5mm)	-1.537×10^{-2}	前额叶(−12.96mm)	8.082×10^{-2}	颞叶下额回(+39.9mm)
2	2.340×10^{-1}	前额叶(+10mm)	2.270×10^{-2}	下额叶(+38.5mm)	1.298×10^{-2}	额叶和前胼胝体(+0.5mm)	1.549×10^{-2}	枕颞侧回与侧枕脑(+39mm)	1.117×10^{-2}	枕颞内侧回(+23.5mm)	1.273×10^{-1}	颞极(+35mm)
	2.295×10^{-1}	下额叶(+6.5mm)			-1.147×10^{-2}	后小脑(+0.5mm)	-1.517×10^{-2}	枕颞侧回(−34.5mm)	-1.165×10^{-2}	下额叶(−2.25mm)		
3	1.014×10^{-1}	前额叶(+13mm)	5.724×10^{-2}	前额叶(+0mm)	3.146×10^{-3}	前脑干(+7.8mm)	3.621×10^{-3}	胼肢体回在额叶(+1.35mm)	6.121×10^{-3}	前下额叶(+4mm)	2.296×10^{-2}	下额叶(−16.5mm)
					-4.574×10^{-3}	前额叶(+7.8mm)	-3.435×10^{-3}	中央旁小叶(+1.35mm)	-4.823×10^{-3}	前额叶(+1.35mm)		
4	1.618×10^{-1}	蝶窦附近下额叶(+2.5mm)	1.727×10^{-2}	蝶窦附近下额叶(+2.5mm)	1.205×10^{-2}	后延髓(−16.5mm)	9.950×10^{-3}	顶枕叶(−9mm)	-1.020×10^{-2}	延髓(−13.5mm)	8.072×10^{-2}	枕颞侧回(+22mm)
	1.166×10^{-1}	前下额叶(+2.5mm)	1.816×10^{-2}	颞叶海马旁回(−24.5mm)	-1.000×10^{-2}	后延髓(+6.5mm)	-1.062×10^{-2}	后延髓(−9mm)	9.857×10^{-2}	延髓(+3mm)		

续表

案例	最大 ICP/MPa		最大 von Mises 应力/MPa		最大剪应力/MPa						最大应变	
	P_{max}	位置	σ_{max}	位置	$\tau_{12,max}$	位置	$\tau_{13,max}$	位置	$\tau_{23,max}$	位置	ε	位置
5	1.839×10^{-1}	前下额叶 (+0.80mm)	1.352×10^{-2}	乳头体附近的下额叶 (+6mm)	9.477×10^{-3}	前脑干 (-3mm)	2.012×10^{-2}	垂体附近下额叶和上脑干 (+3.35mm)	1.365×10^{-2}	上额-顶叶 (-5.5mm)	7.753×10^{-2}	颞叶回钩 (+19mm)
					-1.002×10^{-2}	枕叶及上小脑 (+18mm)	-1.448×10^{-2}	后胼胝体和枕叶 (+3.35mm)	-1.679×10^{-2}	前下额叶 (-2mm)		前下小脑/后下脑干 (+5mm)
6	1.401×10^{-1}	眶回和额颞叶 (-40mm)	1.769×10^{-2}	后小脑 (-4mm)	1.004×10^{-2}	后小脑 (-10mm)	8.885×10^{-3}	前脑干 (-8mm)	1.230×10^{-2}	前下小脑和后延髓 (+0mm)	4.118×10^{-2}	
					-1.078×10^{-2}	前小脑 (+43mm)	-1.116×10^{-2}	后小脑 (-8mm)	-1.048×10^{-2}	后上小脑 (+0mm)		
7	1.866×10^{-1}	颞叶回钩 (-20.5mm)	2.152×10^{-2}	额颞叶区域 (+22.5mm)	1.456×10^{-2}	额内回 (-5mm)	1.796×10^{-2}	上前小脑 (+35mm)	1.668×10^{-2}	额内回 (+0.75mm)	9.452×10^{-2}	前穿质附近额颞颞叶区域 (+23.5mm)
					-1.807×10^{-2}	颞叶 (-58mm)	-1.460×10^{-2}	上额回 (+48mm)	-1.755×10^{-2}	下额叶 (-1mm)		
8	2.076×10^{-1}	前下额叶 (-4.5mm)	2.003×10^{-2}	颞极附近额颞颞叶区域 (-29.5mm)	1.567×10^{-2}	前脑干 (+8mm)	1.626×10^{-2}	前脑干 (-1.8mm)	1.378×10^{-2}	前下额叶 (+3mm)	9.603×10^{-2}	颞极颞颞叶区域 (-30mm)
					-1.184×10^{-2}	前小脑 (+26.5mm)	-1.896×10^{-2}	前额叶 (+12mm)	-1.322×10^{-2}	后小脑 (-24mm)		
9	1.633×10^{-1}	前下额叶 (+36mm)	1.881×10^{-2}	额颞颞极 (+36.5mm)	1.341×10^{-2}	前脑干 (+9mm)	1.937×10^{-2}	大脑颞极 (+35mm)	1.026×10^{-2}	额内回 (+0.45mm)	4.191×10^{-2}	颞叶回钩 (+15.5mm)
					-1.020×10^{-2}	枕叶及上小脑 (+22mm)	-9.354×10^{-3}	后胼胝体和侧脑室 (+13mm)	-1.905×10^{-2}	前下额叶 (+0.45mm)		

1. 颅内压（ICP）

图 12.3 是大脑在达到峰值压力瞬间的颅内压的矢状断面图，分别展示了 9 个案例中的最大值和临界值。从图中可以看出，正面碰撞和下颌骨底碰撞的最大 ICP 出现在中矢状面附近的前额叶和下额叶，而在横向碰撞中，最大 ICP 值发生在撞击侧附近的区域。在所有案例中，对鼻骨的正面碰撞（案例 1 和案例 2）是最严重的，它的峰值压力接近于大脑耐受阈值 235kPa，这个值是由 Ward 等提供的。其次是在颧上颌区的斜碰撞（案例 7 和案例 8）中，最大 ICP 发生在额颞叶处。在额颞区、前下侧额叶（案例 6）和下颌底（案例 5 和案例 9）的碰撞中，ICP 值都分别有中等幅度的升高。在正面碰撞的案例（案例 3 和案例 4）中，鼻外侧软骨和牙齿处的压力相对较低。

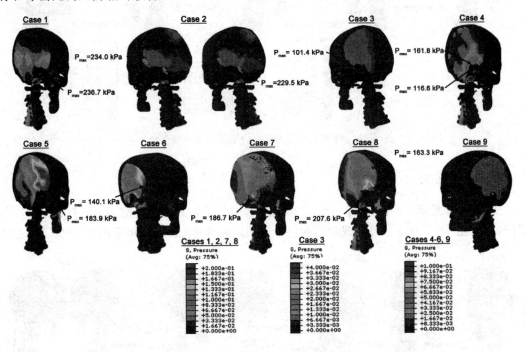

图 12.3　9 个案例的颅内压（ICP）等高线矢状断面图

2. von Mises 应力

von Mises 应力分布如图 12.4 所示，图中分别展示了 9 个案例中的最大值和临界值。从图中可看出，最大 von Mises 应力出现在额叶和额颞叶区域，而在案例 6 中，它的峰值 von Mises 应力位于后小脑区域。鼻骨碰撞（案例 1 和案例 2）在所有案例中是最严重的，其次是横向碰撞中（案例 7 和案例 8），它们的峰值应力均超过轻度创伤性脑损伤的耐受值。对下颌骨的底部碰撞（案例 9）或者对牙齿正面碰撞（案例 4）产生最大 von Mises 应力时，都有可能发展成中度神经病变。最轻微的损伤情况是鼻外侧软骨正面碰撞（案例 3），其最大应力为 5.72 kPa，有产生局部挫伤的风险。

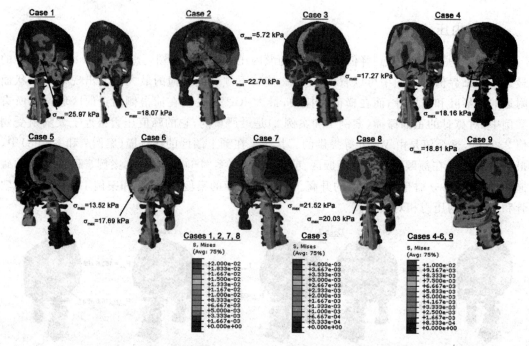

图 12.4 9 个案例的 von Mises 应力 σ 的等高线矢状断面图

3. 剪切应力

所有模拟案例中，临界剪切应力位置主要在 3 个方向上（前后、左右、上下），如图 12.5～图 12.7 所示。可以观察到在颧上颌横向碰撞中（案例 7 和案例 8）产生了左右方

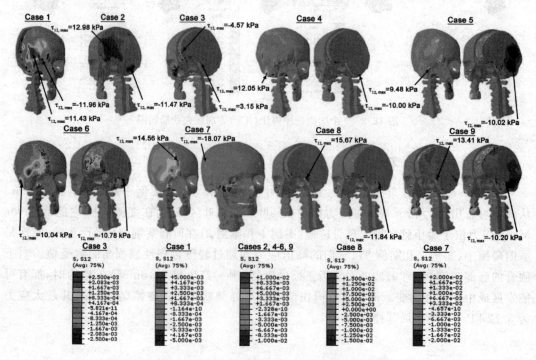

图 12.5 9 个案例的剪切应力 τ_{12} 等高线矢状断面图

向的最大剪切应力,而在下颌骨底部碰撞中,会引起脑组织在上下方向上极大的剪切变形。根据剪应力的耐受限度,除了案例 3,在大部分的案例中都有可能导致轻度创伤性脑损伤(TBI)或轻度弥漫性轴索损伤(DAI)。

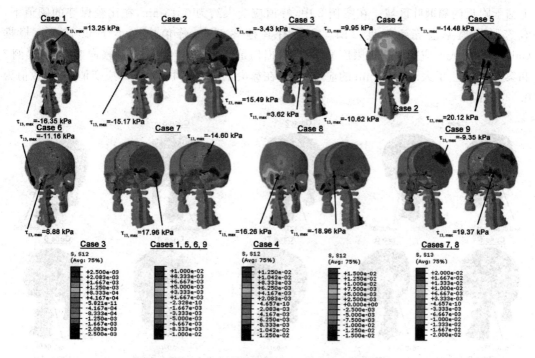

图 12.6　9 个案例的剪切应力 τ_{13} 等高线矢状断面图

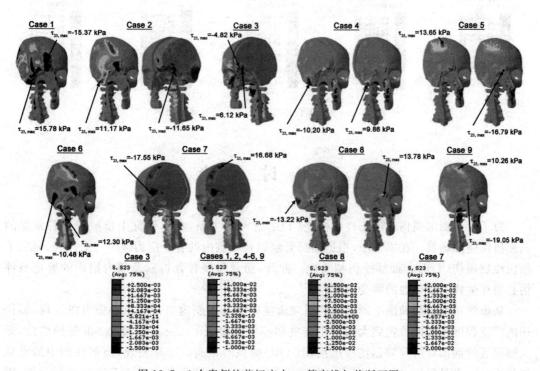

图 12.7　9 个案例的剪切应力 τ_{23} 等高线矢状断面图

4. 应变

从图 12.8 可以看出,除了案例 3、案例 4 和案例 6,大部分案例中临界应变值出现在前上脑干附近的额颞叶区域。在案例 2 中,峰值应变大约为 0.13mm,在比较保守的阈值下,有 25% 的概率会导致轻度 TBI。在所有其他案例中,峰值应变小于 0.10mm,根据 Galbraith 等人的应变损伤极限度显示,这种损伤是可恢复的。在颧上颌横向碰撞中(案例 7 和案例 8)产生了大于 0.09mm 的应变值,而在鼻尖正面碰撞中(案例 3)应变值最小,数值为 0.023mm。

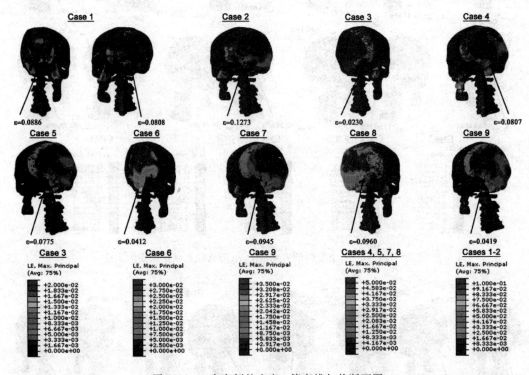

图 12.8　9 个案例的应变 ε 等高线矢状断面图

12.4　讨　　论

为了探讨面部损伤和创伤性脑损伤(TBI)之间的关系,在本研究中模拟了 9 种常见的面部损伤碰撞场景。在本章中,根据面部骨骼以及颅脑内的各个应力波的传播途径,研究了创伤性脑损伤(TBI)与面部外伤相关性。此外,面骨和颅骨骨折以及颅内损伤的鉴定与评估必须在生物力学参数的耐受限度内。

从鼻骨正面碰撞和颧上颌区域的横向碰撞中的最大颅内参数的总趋势可以发现,脑损伤的严重程度与碰撞位置到大脑的距离密切相关。验证了 Lee 等以及 Zandi 等的结论,即大脑附近的面部骨折导致创伤性脑损伤(TBI)的风险很高。结果发现,面部外伤中最常见的骨折——鼻骨骨折,通常伴有上颌骨眶底骨折、双侧上颌骨鼻面骨折及筛骨筛板骨折,因此,此类损伤被称为鼻-眶-筛复合体骨折,如表 12.2 所列。由于其靠近大脑,前下额叶受伤一般较为严重,这与 Khalighi 等的回顾性研究是一致的。在 Haug 等的研究中,颧骨骨折也与颅内损伤严重程度密切相关,这一类骨折总是伴随着上颌骨骨折和眼眶骨折。

上颌骨骨折通常伴有鼻筛部骨折,并且,上颌骨骨折与额颞叶区的中度神经病变以及延髓处的轻度弥漫性轴索损伤(DAI)相关,如表 12.2 所列。这与 Haug 等发表的关于最严重的颅内损伤是在颧上颌骨骨折中的结论相悖。这可能是由于两者对面部骨骼和脑损伤的分类及命名的不同,以及研究的方法不同引起。正如 Chang 等的假设,上颌骨连同其他面中部骨骼在面中部形成一个结构,这一结构在大脑受到撞击时能够吸收大量的能量来保护大脑。在撞击时,冲击能量的一部分由面中部结构吸收,而剩余的能量传到了颅内,而面部骨折和颅脑损伤的严重程度就是由冲击力的大小决定的。

根据损伤预测,在鼻侧软骨正面撞击时,颅骨骨折和颅内损伤的风险最低,这是因为外侧软骨和鼻中隔软骨具有较少的刚性结构,能通过变形和断裂来衰减冲击能量。这与 Weller 和 Drake-Lee 的临床损伤诊断结果一致。本书的研究也表明鼻软骨可作为一个冲击力缓冲区来大大地减少传递到头骨的撞击力,最大限度地减少发生严重创伤性脑损伤(TBI)的可能性。

在下颌骨骨折中,随之而来的面部骨折位置包括冠突、颧颞缝、颧弓、VE 结及双侧上颌骨鼻底,同时伴随创伤性脑损伤(TBI)的范围从轻微可恢复性损伤到脑干、下额叶及小脑的轻度弥漫性轴索损伤(DAI),如表 12.2 所列。虽然下颌骨不接近大脑,但是它的骨折通常伴随着面中部骨折,仍然会导致轻度至中度的创伤性脑损伤(TBI),尤其是在下额叶处。这与 Lee 等以及 Pappachan 等的临床诊断结果是一致的,并且还可以通过由于距离头部重心的力臂较长而导致大量的绕寰枕关节矢状旋转来说明。

应力波在骨骼中的传播不仅决定了各种面部骨折模式的发病和发展,而且对于颅内组织损伤机制的发展具有很重要的临床意义。本书的研究表明,即使鼻骨斜碰撞不是直接作用在大脑上,但仍会导致大脑产生严重损伤。这可能导致人们推测这种碰撞力是通过面中部骨结构传递到大脑的。然而,在通过仔细观察应力波的传播时发现,应力波在通过额窦之前,在前额叶处已经出现了应力集中。这说明,额叶与颅骨内表面脊状突起发生碰撞后,颅-脑的相对运动引起了额叶区域压力的升高,而不是应力波传递导致的。尽管如此,由于应力波传播而导致的局部应力集中仍然是其他部位损伤的相关因素,例如对于小脑和脑干,压力会透过较厚的腔内充满液体的蝶窦传播到小脑和脑干。

研究结果表明,在大部分的碰撞案例中,在 VE 结区域均发现了较高的 von Mises 应力,这与临床诊断一致。根据 Stranc 等以及 Harrison 的研究,位于鼻中隔软骨后部的 VE 结骨折,是鼻外伤当中最常见的骨折。这表明面中部骨骼结构可能是应力传播的焦点,在这里冲击能量被进一步消散到筛窦的"缓冲区",降低了颅脑损伤的风险。

12.5　总结与展望

本章基于 Nahum 和 Trosseille 的经典实验数据进行了模型的有效性验证,并且模拟了 9 种生活中常见的面部碰撞场景,将得到的生物力学参数与头部组织耐受阈值对比分析,研

究面部碰撞损伤与创伤性脑损伤的相关性,虽然在本研究中取得了一定的成果,但是仍存在一些不足之处:

（1）实验中使用的头部有限元模型中,并未考虑脑脊液与大脑之间的流-固关系,脑组织结构过于简化,若要进行更加准确、深入的研究,还需进一步对模型进行详细建模,建立更加全面逼真的颅骨和脑组织有限元模型。

（2）在本研究中,只基于两组尸体实验数据进行头部有限元模型的有效性验证,验证结果在一定程度上仍缺乏可信度,如果要进一步提高模型稳定性及生物逼真度,则需要进一步对模型进行验证,以确保建立的模型能够适用于各种条件。

（3）在对 9 种常见的面部碰撞场景的模拟研究中,由于个体解剖结构和材料特性的变化可能会导致不一样的结果,因此,还需要进一步考虑材料参数的影响。在规定的载荷下,不同的碰撞场景并不能完全代表实际的创伤病例,因此,需要总结更多碰撞案例,结合模型开展更加真实的仿真分析研究,以便得到更加准确的结论。

第 13 章

基于 3D 打印制造的汽车踏板设计优化

本章将介绍一款基于 3D 打印制造的汽车踏板的设计方法。利用这一案例介绍 3D 打印在汽车部件中的应用,并利用三维设计优化软件 Altair Inspire 展示这一制造方式与传统制造方式在设计优化及建模方面的区别。

13.1 基于 3D 打印制造踏板的设计背景及功用

踏板是车辆操控的基本部件,针对不同车辆选用不同的材质和工艺进行针对性的设计,以既满足功能需求又符合经济性和轻量化要求,如在常见的乘用车中一般采用注塑方法制作塑料踏板,而在重型工程车辆中则多使用钢板焊接的制造方式。

由于乘用车产量大,使用注塑生产可大批量低成本地得到重量轻的踏板零件。重型工程车则一般为非标产品,根据用户调节系统时,为满足强度等需求,踏板也将调整不同的设计,使用焊接方式无须开模。但两种工艺方式也各有不足,如注塑需要先制造模具,成本不菲,不适用于小批量需求,焊接则仅能满足简单造型要求,且因工艺对板厚等的要求,重量往往较大,轻量化方面存在明显劣势。

3D 打印是近些年逐渐推广普及的一种灵活的加工制造方式,在面对小批量和复杂造型要求时有其灵活的优势,并且此技术也在飞速发展。随着制造成本的降低,打印速度的提高,也逐渐增加了其适用范围,目前各大车企也都逐渐开展将这一技术应用于部分车型生产的研究。

值得指出的是,3D 打印并非万能制造方式,也有其工艺限制,在设计时应当注意。如何利用工艺上外形灵活的特点提升产品性能,也是企业和设计师关注的问题。本章应用拓扑优化方法进行踏板结构外形的最优设计,并利用空间曲面建模的方式最大限度满足踏板的强度和刚度、质量小的需求,并得到适合打印且具有外形特点的设计结果。

13.2 Altair Inspire 软件简介

13.2.1 Altair Inspire 产品的特点

Inspire 是一款全球领先的优秀三维设计软件,它引入一种全新的设计思路,帮助设计工程师获取优质的结构方案,缩短开发周期,提升设计质量;拥有几何建模、结构仿真和优化功能；通过设定约束、工况、材料等条件进行优化及仿真；支持传统工艺及增材制造工艺的零件及装配体设计优化。

13.2.2 Altair Inspire 各功能模块及优化流程

Inspire 拥有颠覆性的设计理念，在一个友好易用的软件环境中提供"仿真驱动设计"的创新工具。它应用于设计流程的早期，为设计工程师量身定制，帮助他们生成和探索高效的结构基础。Inspire 采用 Altair 先进的 OptiStruct 优化求解器，根据给定的设计空间、材料属性以及受力需求生成埋想的形状。根据软件生成的结果再进行结构设计，既能减少整个设计流程的时间，还能节省材料及减重。

1. 颠覆性的设计思路，提升设计周期效率

Inspire 应用于设计周期的早期概念设计阶段，一开始就考虑了结构设计要素。通常以往的设计流程为：概念设计→结构设计→工程校核和结构优化，而结构上的不合理可能直到第三个环节才被发现，然后所有的工作要返回到第一个环节重新开始，这样周而复始进行多次更改才能达到较好的效果。但应用了 Inspire，即把通常在第三个环节才应用的优化方法引入概念设计环节，让设计工程师以一种简单的方式掌握这种方法，从而设计出合理的结构。与传统的"设计→论证→再设计"思路相比，这种流程因前期奠定了良好的基础，从而节省了大量反复工作，提升了整个流程的效率，如图 13.1 所示。

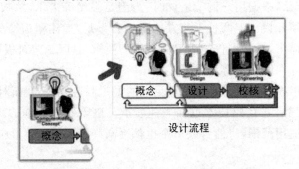

图 13.1　Inspire 提升设计流程的效率

Inspire 中设计结构流程如图 13.2 所示。

- 第一步：从其他几何造型软件中导入实体几何模型，或者在 Inspire 中建立几何模型。
- 第二步：对模型进行特征简化，去除倒角、孔等不必要特征。
- 第三步：根据设计目的，赋予材料性质，施加载荷和工况，设定优化条件。
- 第四步：获得优化结果，并分析结果合理性。如果结构不够合理，则增加制造工艺、结构对称等条件，再次进行优化计算。
- 第五步：直接在 Inspire 中对新结构进行分析，确定可行性。
- 第六步：根据优化结果直接建立模型或在几何造型软件，如 CATIA、UG、Pro/E 等中根据优化结果重新定义几何。

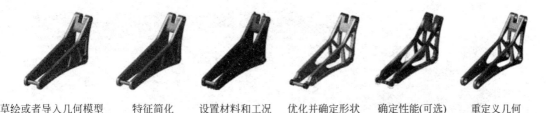

草绘或者导入几何模型　　特征简化　　设置材料和工况　　优化并确定形状　　确定性能(可选)　　重定义几何

图 13.2　Inspire 的应用流程

2. 满足实际设计功能并最大程度减重

利用 Inspire 软件,用户可以根据实际工况,为模型施加各种约束、集中力、压力、转矩,设定多种工况等,并可为其设定材料。同时,还可以施加对称(周期、非周期)、拔模方向(单向、双向、挤出、悬空等)等制造约束,完全考虑了制造工艺对优化结果的影响,如图 13.3 所示。

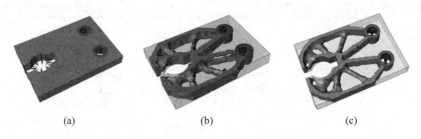

(a)　　　　　　　　　　(b)　　　　　　　　　　(c)

图 13.3　满足实际设计功能进行优化

(a) 施加了约束与各种受力的基础模型;(b) 保留一定原始材料后的优化结果;(c) 增加了制造约束后的优化结果

3. 稳定的格式输入与输出

(1) 可直接读取数据:Acis,CatiaV4/V5,IGES,JtOpen,Parasolid,ProE SolidWorks,STEP,STL,UGNX,Inventor。用户可把在其他 CAD 软件中构建的实体连同装配分组信息导入 Inspire 中,作为原始优化空间,导入模型可以保持模型间的主从关联性。

(2) 可导出数据:IGES,Parasolid,STEP,STL。生成的优化形状由 STL 格式导出至其他软件环境,或直接应用于 3D 打印。

(3) 在运行有限元仿真或结构优化时都可以输出 OptiStruct(∗.fem)CAE 文件,如图 13.4 所示。

4. 几何创建、修改、简化

(1) 使用草图工具绘制草绘曲线,以此来创建和修改零件。可通过功能区的几何选项卡进入,包括点、线、矩形、圆、弧、打断,支持捕捉、相切、垂直、中点等草图约束,如图 13.5 所示。

(2) 使用编辑工具修改或创建实体。可通过功能区的几何选项卡进入。推/拉工具用于推拉使用草绘创建的平面或圆柱面,它可用于将面挤出成实体、创建孔或改变孔的尺寸、修改或消除圆角以及改变壁厚等。布尔运算工具利用一组实体编辑另一组实体,以此来创

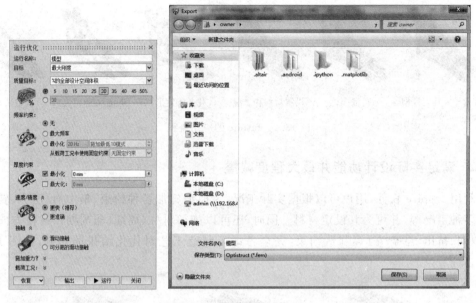

图 13.4　格式输入/输出

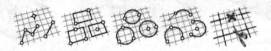

图 13.5　草绘曲线

建一个新的对象。分割工具利用分割平面分割一组对象。简化工具用于在运行分析或优化前清理模型几何体的问题区域。补块工具用于填充丢失的面,还可以用于删除或重绘效果不佳或有问题的面,如图 13.6 所示。

图 13.6　修改或创建实体

5. 结构仿真、优化

(1) 结构仿真、优化工具包括用于仿真设定、添加约束,以及运行优化或分析,包括创建螺栓连接、铰链和接触,将载荷、约束和材料施加或赋予模型来对优化或分析进行设定。如有必要,还可以创建集中质量零件、位移约束,以及形状控制,并提供工具定义、运行以及查看分析或优化,如图 13.7 所示。

图 13.7　结构仿真、优化工具条

（2）允许用户定义材料，并提供默认材料库。材料库文件参数来自或符合国标、美标、日标、德标。

（3）允许用户分析线性静力、热应力、结构屈曲问题并可以设定计算中是否包括简正模式以及简正模式的数量，如图 13.8 和图 13.9 所示。

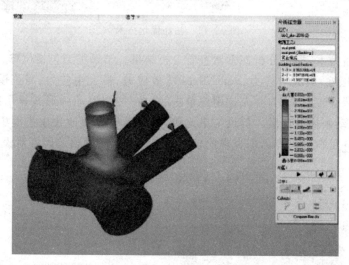

图 13.8 典型薄壁零件屈曲仿真结果

图 13.9 温度载荷帮助计算热变形

（4）自动化网格技术，并允许用户控制网格大小，如图 13.10 所示。

图 13.10 自动化网格技术

（5）支持多种优化技术，实体单元拓扑优化；支持壳体单元拓扑优化、壳体单元形貌优化；支持点阵优化，如图 13.11 所示。

图 13.11　拓扑优化技术

（6）结果图解技术，提供分析探索器查看分析结果。结果类型包括位移、安全系数、屈服百分比、拉伸与压缩、最大切应力、von Mises 等效应力、最大主应力、简正模式。默认情况下，所显示的结果会带有云图，并允许用户单击"播放"按钮以动画形式显示所选结果，单击"速度"按钮更改动画播放速度。提供结果比较，用户可以方便地找出模型中的最大最小值和指定点参数，并可在同一界面中直观比较多种工况、几何、网格等因素对设计结果的影响，如图 13.12 所示。

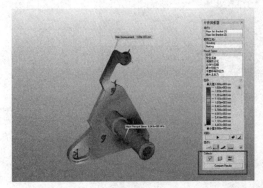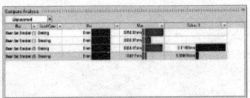

图 13.12　最大最小值显示、所选点结果显示、结果比较

（7）使用结构仿真功能区的载荷工具对模型施加力、压力、扭矩和约束。还可以使用模型浏览器添加重力载荷。在运行分析或优化前，需要定义至少一种载荷工况，一组作用于模型的载荷和约束。也可以创建带有多种载荷和约束的多载荷工况，了解其对分析和优化的影响。通常，载荷和约束应施加到非设计空间，而不是设计空间。载荷和约束还可以从模型中移除，并通过连接器将其与几何特征相连，如图 13.13 所示。

图 13.13　载荷和约束施加

6. 结果输出及重建

（1）将优化后的形状保存为 STL 文件，或自动光顺为几何模型，输出包括 stl、stp、igs

等主流 CAD 格式,方便导入 CAD 软件建模或 3D 打印,复杂零件优化结果可导出至各类 CAD 软件重建,如图 13.14 所示。

图 13.14　结果输出及重建

(2) 多边形建模(PolyNubs)能直接将优化结果包覆拟合成表面光滑利于加工的高质量 三维模型,并允许工程人员根据加工条件选择模型表面平直或圆滑,如图 13.15 所示。

图 13.15　多边形建模

7. 高效的计算能力

solidThinking 可以实现计算机多核并行运算(支持多达 32 核并行)。

13.3　踏板结构拓扑优化详细过程

13.3.1　踏板模型导入与优化空间指定

(1) 双击桌面上的 ![图标] 图标,进入 solidThinking Inspire 环境。

(2) 单击菜单栏中的"文件"→"打开",出现图 13.16 所示对话框,浏览至软件安装目录 下的 tutorial_models 文件夹,打开模型文件 arm_straight. x_t,如图 13.17 所示。

(3) 单击"创建" ![按钮] 按钮并选中踏板中部平面创建草图,如图 13.18 所示,单击 ![按钮] 按钮将 草图平面与模型相交的红色线框转换为黑色草图线,使用 ![图标] 以当前草图创建新零件"零件 1"。

(4) 在窗口空白处单击鼠标右键两次,退出草图模式,此时"推/拉"工具将被自动激活, 如 ![图标] 。右键单击零件 Brake Pedal 隐藏,使视图中仅显示"零件 1",如图 13.19 所示。

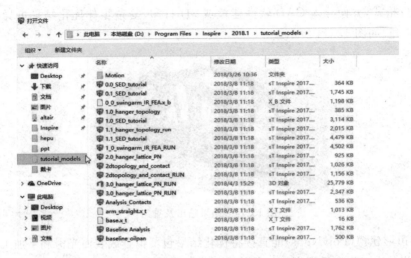

图 13.16　打开文件

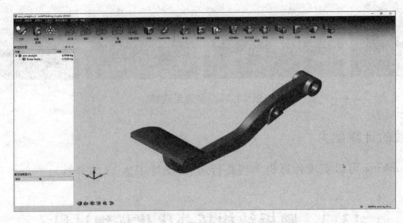

图 13.17　打开模型文件

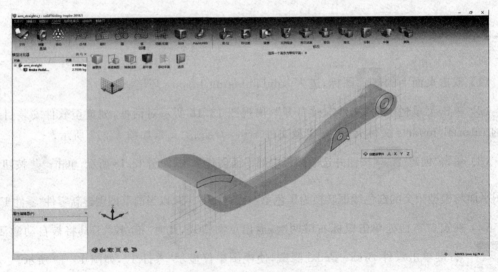

图 13.18　创建草图

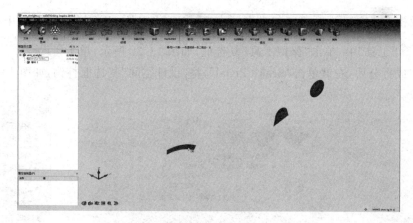

图 13.19　隐藏零件

（5）利用已激活的"推/拉"工具推拉响应面，如图 13.20 所示，使其大小能包裹踏板的头部、中部和尾部相关区域，并显示前步所隐藏的零件 Brake Pedal，如图 13.21 所示。

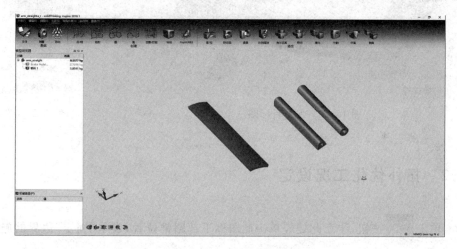

图 13.20　推/拉响应面

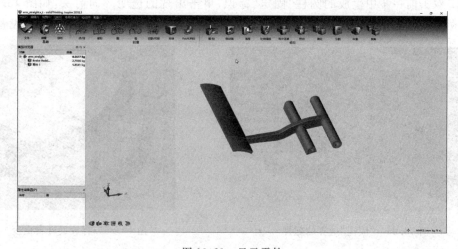

图 13.21　显示零件

（6）单击 按钮并选择二级菜单中的 ，将"零件 1"添加到"目标"中，而 Brake Pedal 添加到"工具"中，单击"保留工具"复选框，如图 13.22 所示，单击 ▶ 相交 。

（7）完成拆分后，右键单击"Brake Pedal"，将"设计空间"复选框打钩，如图 13.23 所示。

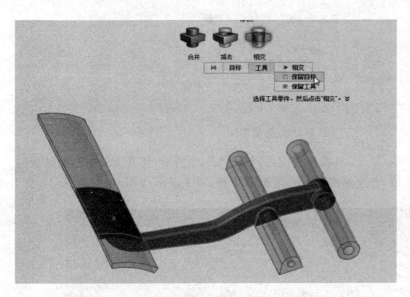

图 13.22　保留目标图

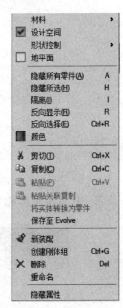

图 13.23　设计空间

13.3.2　拓扑优化工况设定

（1）单击 按钮，注意此处应单击此图标下部圆锥位置，表示"固定"边界的施加，选择中部支座的圆柱孔，如图 13.24 所示。

（2）双击前一步中生成的圆柱"固定"标识，单击出现的透明环向箭头，如图 13.25 所示。此处为释放这一固定的旋转自由度。重复同样操作令对侧圆柱孔也得到同样设置。

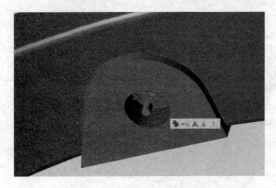

图 13.24　"固定"边界的施加

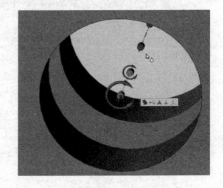

图 13.25　释放旋转自由度

（3）单击 ![按钮] 按钮，选择踏板尾部圆柱孔以固定，如图 13.26 所示。

（4）单击 ![按钮] 按钮，此处将加载力，注意应选择图标上部箭头，选择如图 13.27 所示力的加载位置，并设置力的大小为 300N。

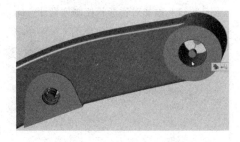

图 13.26　固定踏板尾部

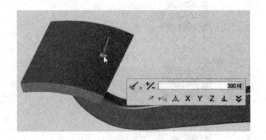

图 13.27　施加正面力载荷

（5）右键单击"载荷工况 1"→"新建"→"载荷工况"，如图 13.28 所示，以设置踏板的另一工况。

（6）在新工况中添加 ![图标]，加载到踏板头侧面，力的大小为 300N，如图 13.29 所示。复选"载荷工况 1"中的 3 个约束并右键单击，在菜单中选择"从…包括/排除"并勾上"载荷工况 2"，如图 13.30 所示。

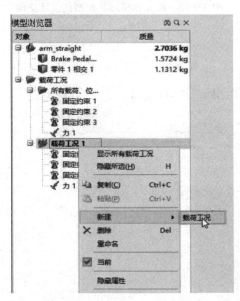

图 13.28　新建载荷

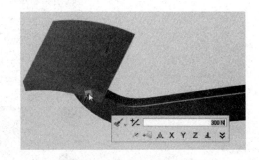

图 13.29　施加侧面力载荷

（7）单击 ![按钮] 按钮，选择 ![图标] 添加对称形状控制到设计空间，如图 13.31 所示。

（8）单击不需要对称的面，仅保留如图 13.32 所示的面。完成后在空白处单击右键。

（9）单击 ![按钮] 按钮，选择 ![图标] 添加拔模形状控制到设计空间，如图 13.33 所示。

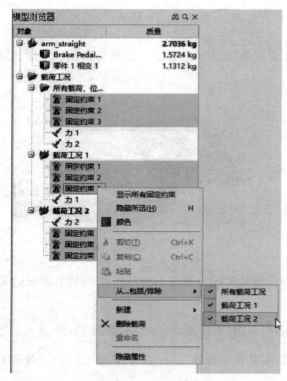

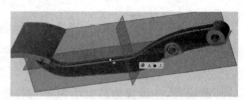

图 13.31 添加对称形状控制到设计空间

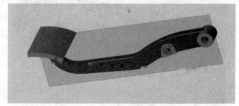

图 13.32 保留对称面

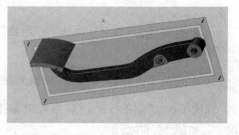

图 13.30 载荷工况

图 13.33 添加拔模形状控制到设计空间

13.3.3 拓扑优化设置并计算

(1) 单击 按钮,并做如图 13.34 所示设置,单击"运行"按钮。

图 13.34 拓扑优化设置

（2）出现"运行状态"提示框，如图 13.35 所示。

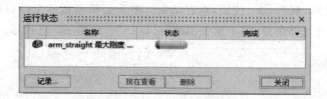

图 13.35　"运行状态"提示框

（3）计算完成后，状态栏出现 ⊘ 。

13.3.4　优化结果验证确认设计可靠性

（1）双击 ⊘ 按钮，读取优化结果，如图 13.36 所示。

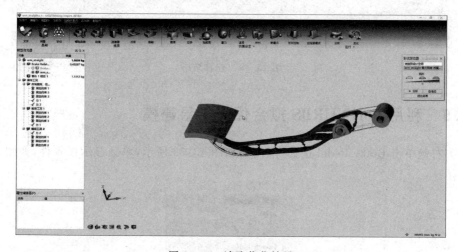

图 13.36　读取优化结果

（2）向右拖动滑动条至相应位置可显示完整设计，如图 13.37 所示。

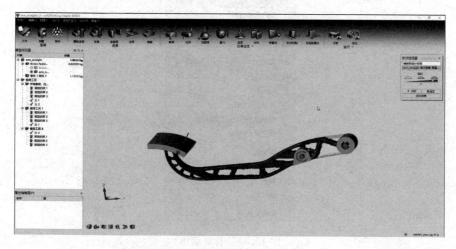

图 13.37　显示完整设计

（3）单击形状浏览器中的 [▶分析] 按钮，以分析计算当前设计的应力、位移等参数。

（4）计算完成后，双击 [◎] 按钮，查看结果。单击分析浏览各个条目以确认，所有设计要求都已满足，并有足够余量，但不至于出现"过设计"。如图 13.38 所示。

图 13.38　查看结果

13.3.5　利用 PolyNURBS 拟合优化结果建模

（1）右键单击 Brake Pedal 选择"隔离"，如图 13.39 所示，单独显示该零件，如图 13.40 所示。

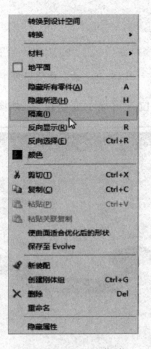

图 13.39　右键菜单

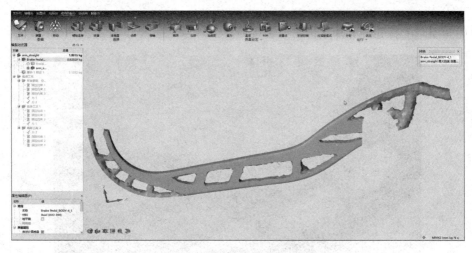

图 13.40　单独显示该零件

（2）单击 按钮并选中二级菜单中的 ，识别，并逐段包覆优化结果，如图 13.41
所示。

（3）选中相关控制点并移动，以拟合优化结果，如图 13.42 所示。

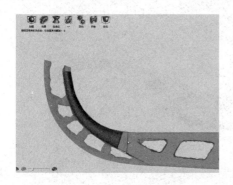
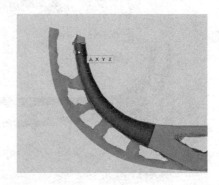

图 13.41　逐段包覆优化结果　　　　　　　　图 13.42　拟合优化结果

（4）重复上述步骤绘制所有主干结构，如图 13.43 所示。

（5）单击 按钮切分边界，为 PolyNURBS 增加面，使需要连接的块体间面数相等，如
图 13.44 所示。

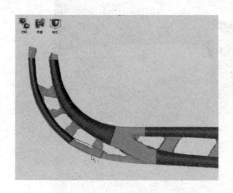
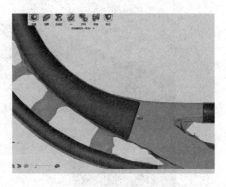

图 13.43　绘制所有主干结构　　　　　　　　图 13.44　切分边界

（6）单击 按钮并分别单击需要桥接的两个面，如图 13.45 所示。

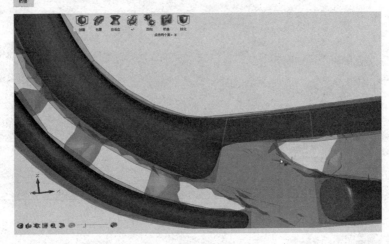

图 13.45　桥接曲面

（7）重复以上两步骤，添加更多筋条，如图 13.46 所示。

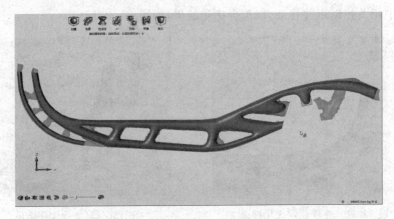

图 13.46　添加筋条

（8）使用步骤（3）的方法，调整细节，如图 13.47 所示。

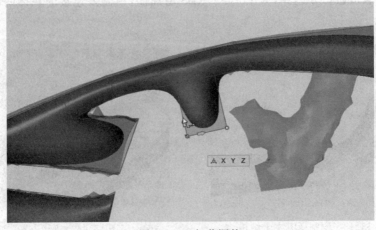

图 13.47　细节调整

（9）单击 ![button] 按钮，增加不适合用包覆生成的筋条，如图 13.48 所示。

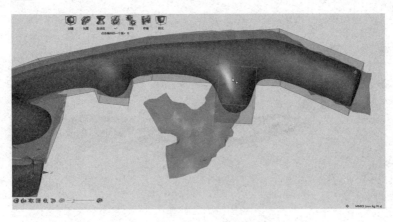

图 13.48 增加不适合用包覆生成的筋条

（10）基本构型完成后，编辑边界上的点，使模型进入周围部件，注意不要穿透，如图 13.49 所示。

图 13.49 编辑边界上的点

（11）单击 ![button] 按钮，选择与周围零件相连接的边界面，选择 ![高]，如图 13.50 所示。

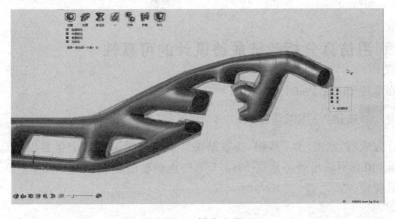

图 13.50 锐化边界面

（12）全部细节制作完成，如图 13.51 所示。

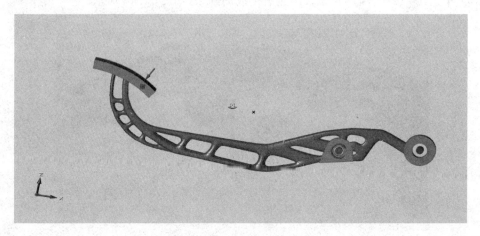

图 13.51　最终三维模型

（13）单击 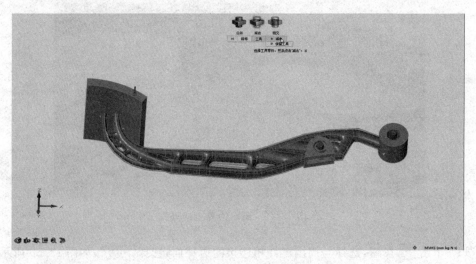 按钮，选择 ，将 PolyNURBS 零件选为目标，"零件 1"选为工具，复选"保留工具"，修剪多余边界，如图 13.52 所示。

图 13.52　布尔运算

13.3.6　利用仿真分析验证最终设计的可靠性

（1）删除零件 Brake Pedal。

（2）单击 按钮，使用默认参数，并单击"运行"按钮。

（3）计算完成后，双击 按钮，查看结果。单击分析浏览各个条目以确认，所有设计要求都已满足，如有不满足处可重复 13.3.5 节中点调整的步骤。

（4）完成验证。

参考文献

[1] 吴光强,张曙. 汽车数字化开发技术[M]. 北京：机械工业出版社,2010.

[2] 丁渭平. 汽车 CAE 技术[M]. 成都：西南交通大学出版社,2010.

[3] 杜静,何玉林. 机械 CAD/CAE 应用技术基础[M]. 北京：机械工业出版社,2008.

[4] 王隆太,朱灯林,戴国洪,等. 机械 CAD/CAM 技术[M]. 北京：机械工业出版社,2010.

[5] 肖世德,雄鹰,等. 工程软件基础(机械工程三维 CAD/CAE/CAM 基础)[M]. 北京：机械工业出版社,2004.

[6] 练章华. 现代 CAE 技术与应用教程[M]. 北京：石油工业出版社,2004.

[7] 石沛林,李玉善. 汽车 CAD 技术及 Pro/E 应用[M]. 北京：北京大学出版社,2011.

[8] 袁士杰,吕哲勤. 多刚体系统动力学[M]. 北京：北京理工大学出版社,1992.

[9] 屈翔,游四海,贾秋红. 多学科优化设计及其在汽车设计中的应用[J]. 重庆工学院学报,2006,20(11)：26-28,58.

[10] 吴宝贵,黄洪钟,原薇. 汽车设计的多学科设计优化方法[J]. 应用科学学报,2005,23(4)：420-423.

[11] 孔凡国. 基于 Agent 模型的汽车车身多学科设计优化研究[J]. 机械设计与研究,2006,22(6)：10-12,22.

[12] 钟志华,周彦伟. 现代设计方法[M]. 武汉：武汉理工大学出版社,2001.

[13] 徐志刚,吴锦. 汽车设计开发 CAE 应用三部曲[J]. 微型机与应用,2007(1)：76-77.

[14] 温志伟,陈江海. CAE 在汽车开发中的应用[J]. 中国水运,2007,5(8)：149-150.

[15] 夏卫华. 汽车 CAE 应用亟待突破[J]. 微型机与应用,2007(1)：74-75.

[16] 张艳. 平台化是 CAE 发展的必然[J]. 中国制造业信息化,2008(7)：24-24.

[17] 安世亚太. 汽车 CAE 技术的新进展——虚拟试验场(VPG)技术[J]. CAD/CAM 与制造业信息化,2004(12)：64-66.

[18] 童秉枢,吴志军,李学志,等. 机械 CAD 技术基础[M]. 3 版. 北京：清华大学出版社,2008.

[19] 朱新涛. Pro/ENGINEER Wildfire 3.0 中文版在工程中的应用——汽车变速器设计[M]. 北京：机械工业出版社,2008.

[20] 何雪明,吴晓光,王宗才. 机械 CAD/CAM 基础[M]. 武汉：华中科技大学出版社,2008.

[21] 陈鑫. 车身 CAD 技术[M]. 北京：人民交通出版社,2005.

[22] 过学迅,邓亚东. 汽车设计[M]. 北京：人民交通出版社,2005.

[23] 蔡汉明,陈清奎. 机械 CAD/CAM 技术[M]. 北京：机械工业出版社,2007.

[24] 陈国聪,杜静. 机械 CAD/CAE 应用技术基础[M]. 北京：机械工业出版社,2002.

[25] 刘锡锋. 机械 CAD/CAM 技术及应用[M]. 北京：机械工业出版社,2006.

[26] 张幼军,王世杰. UG CAD/CAM 基础教程[M]. 北京：清华大学出版社,2006.

[27] 葛友华. CAD/CAM 技术[M]. 北京：机械工业出版社,2004.

[28] 张英杰. CAD/CAM 原理及应用[M]. 北京：高等教育出版社,2007.

[29] 郭启全. CAD/CAM 基础教程[M]. 北京：电子工业出版社,1997.

[30] 张选民. Pro/ENGINEER Wildfire 3.0 实例教程[M]. 北京：北京大学出版社,2008.

[31] 余强,周京平. Pro/E 机械设计与工程应用精选 50 例[M]. 北京：清华大学出版社,2007.

[32] 曾洪江,黄聪. CATIA V5 机械设计从入门到精通[M]. 北京：中国青年出版社,2004.

［33］　张胜兰，郑冬黎，郝琪，等.基于 HyperWorks 的结构优化设计技术［M］.北京：机械工业出版社，2007.

［34］　高伟强，成思源，胡伟，等.机械 CAD/CAE/CAM 技术［M］.武汉：华中科技大学出版社，2012.

［35］　程晓民.机械 CAD［M］.北京：机械工业出版社，2004.

［36］　张启明，关家午.汽车 CAD 技术［M］.北京：人民交通出版社，2005.

［37］　杜平安，范树迁，葛森，等.CAD/CAE/CAM 方法与技术［M］.北京：清华大学出版社，2010.

［38］　羊玢，杨敏，田杰，等.汽车 CAD/CAE 技术基础与实例［M］.北京：国防工业出版社，2013.